AU CŒUR
DE L'ANTITERRORISME

www.editions-jclattes.fr

Marc Trévidic

AU CŒUR DE L'ANTITERRORISME

avec la collaboration de Stéphane Arteta

JCLattès

Ouvrage publié sous la direction éditoriale
de Muriel Hees

Maquette : Atelier Didier Thimonier
Photo de la bande : Bruno Klein

ISBN : 978-2-7096-3569-1

Première impression février 2011.

PRÉSENTATION DE LA SCÈNE ET DES PERSONNAGES

La seule différence entre la lutte contre le terrorisme et une tragédie grecque, c'est l'absence presque totale de Grecs. Pour le reste, c'est à peu près pareil, une histoire de passions humaines, d'amour, de haine, de révolte, d'héroïsme, de bassesse, d'ambition, de traîtrise, de pleurs, de volonté divine… Pour pallier l'aspect déprimant du classicisme d'Eschyle et de Sophocle, des auteurs plus récents ont inventé la tragi-comédie. L'antiterrorisme est parfois aussi de cette veine-là. Une pièce tragique ou tragi-comique commence toujours de la même façon, par une présentation de la scène et des personnages.

La Scène : la galerie saint Éloi. Ce long couloir, entièrement rénové en 2004, se trouve tout en haut du Palais de Justice de Paris, au cœur de l'île de la Cité. Il est le siège du pôle antiterroriste. Trésorier du bon roi Dagobert, saint Éloi était le patron des ouvriers utilisant un marteau : charrons, bourreliers ou batteurs d'or. Parfait emblème pour la galerie : les juges eux aussi manient le marteau. Pour entrer à Saint-Éloi, il faut montrer patte blanche. Surtout depuis qu'a été installé à l'entrée un système de reconnaissance digitale. Juges, greffiers ou officiers de protection ont tous fait enregistrer deux de leurs doigts. L'appareil s'obstine à ne pas reconnaître celui pourtant dûment homologué, d'où l'utilité d'un deuxième enregistrement. La galerie Saint-Éloi est séparée en deux dans le sens de la longueur. La rive gauche est réservée aux avocats, aux personnes convoquées ou déférées et aux gendarmes de l'escorte. La droite dessert les bureaux des juges d'instruction et de leur greffier ainsi que les deux secrétariats. Au fond de la galerie se trouve le bureau du coordonnateur du pôle antiterroriste de l'instruction, le plus spacieux. Mon bureau se situe juste avant. Tout le long de la galerie, des placards accueillent les dossiers d'instruction, c'est-à-dire des centaines de tomes de procédure. Les plus vieux ont trente ans, sentent la poussière et la page jaunie.

LES PERSONNAGES PRINCIPAUX :

Jean-Louis Bruguière, alias « l'Amiral » : Ce n'est pas n'importe quel personnage, c'est Zeus et Poséidon réunis. Au deuxième jour, il a créé le pôle antiterroriste. Quand il était son coordonnateur, il était le seul à posséder la foudre. Premier vice-président de la section d'instruction de lutte antiterroriste, il était surtout le personnage central du monde antiterroriste. Les gros dossiers passaient nécessairement par lui. Respecté ou décrié, il était unanimement redouté. Après vingt-cinq ans de règne, il a quitté la galerie Saint-Éloi en mai 2007. J'ai hérité de son domaine réservé : une quarantaine de dossiers, dont les plus sensibles (les attentats de Karachi, du Rwanda ou de Tibéhirine).

Laurence Le Vert : Elle est arrivée à la création du monde antiterroriste en 1986. Elle s'occupe surtout des dossiers basques et travaille inlassablement. Elle est Hestia, déesse du foyer. Le soir, quand je quitte la Galerie, son bureau est toujours allumé. Comme Hestia, elle protège les familles et les villes. C'est un personnage historique mais très discret.

Gilbert Thiel : Il est arrivé à la Galerie en septembre 1995. Courageux, bourru, sensible, il est connu pour son humour cinglant. Il traite surtout des affaires corses. Dans sa carrière, il a connu des bonnes fortunes et des vents contraires. Les girouettes politiques ont essayé à plusieurs reprises de lui faire croire que le vent de la vérité avait tourné en Corse et que les poseurs de bombes d'hier étaient nos amis d'aujourd'hui (et inversement), mais il a toujours suivi le bon cap.

Jean-François Ricard : Il a quitté la Galerie en mars 2006 après presque onze années d'antiterrorisme. Il travaillait principalement avec l'Amiral sur les dossiers de terrorisme islamiste. Il aurait pu être calife à la place du calife. La tragédie grecque en a décidé autrement. C'était un gros travailleur, un perfectionniste à l'excès. Comme celle de Bruguière, son ombre plane toujours sur la Galerie.

Marie-Antoinette Houyvet : Elle a quitté l'antiterrorisme en mai 2009 après plus de cinq années passées à la Galerie. J'ai beaucoup aimé travailler avec elle car nous avons une conception identique de la Justice en général et du travail du juge d'instruction en particulier.

Philippe Coirre: Il est entré à l'École nationale de la magistrature la même année que moi, en 1989. Il est resté cinq ans et demi à la galerie Saint-Éloi jusqu'en août 2009. Il faut dire que le navire était en train de couler. Il est, depuis son départ, l'Oracle. Chaque fois que je le vois, il me conseille de partir à mon tour avant que les dieux ne se déchaînent. J'ai également beaucoup apprécié travailler avec ce grand perfectionniste sur les dossiers de terrorisme islamiste.

Les greffiers: Un juge d'instruction n'est rien sans son greffier. Il est une guitare sans cordes. Quand un juge fait un acte d'instruction en France (interrogatoires, confrontations, perquisitions, saisies, etc.), il doit être assisté de son greffier, qui valide tous ses actes. Le greffe attribue un numéro aux pièces de procédure, enregistre les demandes d'actes et les appels des avocats. Ma greffière s'appelle Claire. Elle a six cordes à notre guitare.

Les autres fonctionnaires de Saint-Éloi: Chargés initialement des tâches de secrétariat, de la délivrance des copies aux avocats et surtout de scanner les procédures, ils se font de plus en plus rares. Les greffiers, qui se font également des plus rares, assument en conséquence et de plus en plus des tâches de secrétariat.

Les officiers de protection: ces policiers sont affectés au service de protection des hautes personnalités (SPHP). Chaque juge d'instruction antiterroriste est protégé par deux équipes de gardes du corps qui alternent une semaine sur deux.

Nicolas Sarkozy : il est le président de la République française. Il veut supprimer les juges d'instruction et par conséquent la galerie Saint-Éloi. Il n'a pas été élu pour cela mais il y tient absolument. Même s'il n'apparaît que très peu, il est omniprésent.

Le ministère de la Justice : Il prépare une tragédie dans la pure tradition d'Euripide, à savoir le meurtre des juges d'instruction commandité par le président de la République. Toutefois, deux services du ministère sont essentiels dans l'antiterrorisme : la DSJ (direction des services judiciaires), qui délivre les ordres de mission à l'étranger pour exécuter des commissions rogatoires internationales, et le BEPI (bureau de l'entraide pénale internationale), qui apporte une aide appréciable dans l'acheminement aux autorités étrangères des commissions rogatoires internationales.

Le procureur de la République de Paris : Hiérarchiquement subordonné au procureur général de la cour d'appel de Paris, il est nommé après un avis consultatif du conseil supérieur de la Magistrature (CSM). Les affaires judiciaires les plus sensibles étant traitées à Paris, notamment toutes celles liées au terrorisme, la nomination du procureur de la République de Paris et celle du procureur général de Paris sont un choix avant tout politique. Le procureur de la République dirige, une fois nommé, le parquet. Les substituts, les vices-procureurs et les procureurs-adjoints sont sous son autorité. Un magistrat du parquet est sur un siège éjectable alors qu'un juge du siège est inamovible.

Le parquet antiterroriste : Si la Galerie où sont regroupés les juges d'instruction antiterroristes porte le nom prestigieux de Saint-Éloi, la section antiterroriste du parquet de Paris porte un numéro. Ça fait moins chic ! Ce numéro a changé plusieurs fois. La section antiterroriste s'est appelée la 14e section, puis la 6e section, et s'appelle aujourd'hui la C1. Les numéros 6 sont en voie de disparition. Le parquet est devenu rigide, strict et pesant, surtout dans la matière terroriste surveillée comme le lait sur le feu par le président de la République et donc, en cascade, par le ministère de la Justice, le procureur général de la cour d'appel de Paris et le procureur de la République de Paris.

Le parquet antiterroriste a néanmoins un rôle essentiel : il représente l'accusation. Les magistrats du parquet ont par ailleurs la tâche ingrate de rédiger, à la fin de l'instruction, le document de synthèse appelé le « réquisitoire définitif » qui reprend les principaux éléments du dossier. J'ai été moi-même substitut au parquet antiterroriste de Paris de mars 2000 à mars 2003.

Irène Stoller : Grande dame de l'antiterrorisme. Elle a été au parquet antiterroriste pendant une douzaine d'années avant d'en prendre la tête en octobre 1995. Elle fut ma supérieure en 2000 et 2001, jusqu'à son départ à la retraite. Calme et réfléchie, Irène Stoller, c'était Athéna : la sagesse et la force au service du droit.

Michel Debacq : il a remplacé Irène Stoller à la tête du parquet antiterroriste en mars 2001 où il est resté jusqu'en mars 2004. Doté d'une énergie exceptionnelle, il a été mon chef pendant plus de deux ans. J'ai beaucoup aimé travailler avec lui.

Les avocats : Ils sont le cœur de la tragédie grecque. Le « chœur », dans la tragédie grecque, vient souvent en contrepoint des acteurs principaux. En matière antiterroriste, les avocats des accusés ou des parties civiles sont parfois une bénédiction. Comme la bénédiction n'existe pas dans les tragédies grecques, il sera plus exact de dire qu'ils sont indispensables. À quelques exceptions près, je leur tire ma toque. Mention spéciale pour les avocats accrocheurs qui ne lâchent jamais rien, comme Me Morice dans l'affaire de l'attentat de Karachi ou Me Baudoin dans l'affaire des moines de Tibéhirine.

Les victimes : Mis à part une Électre assoiffée de vengeance que l'on rencontre rarement, les autres victimes sont davantage dans le registre de la fatalité. Elles en portent le poids. Elles aimeraient bien connaître la vérité. Parfois, elles s'organisent en « chœur », comme les avocats ou sous leur direction ; elles deviennent alors un acteur essentiel de la pièce. L'attentat de Karachi du 8 mai 2002 fait partie de ces tragédies terroristes modernes dont les victimes deviennent les héros, à force de se battre contre la fatalité et les dieux. L'un des ressorts principaux de la tragédie est cet affrontement inégal entre l'homme et une puissance supérieure. Certaines victimes ont une grandeur d'âme hors du commun. Leur force de caractère ranime ma détermination parfois vacillante, comme le vent qui souffle dans les voiles du bateau d'Ulysse pour l'amener sur les rivages de la vérité : le père Veilleux dans l'affaire des moines de Tibéhirine, Magali Drouet, Sandrine Leclerc et l'ensemble des parties civiles dans l'affaire de

Karachi, ainsi que toutes les victimes anonymes qui essayent de faire bouger des dossiers moins médiatisés.

Françoise Rudetzki : Elle a déplacé des montagnes avec le mélange de douceur et de volonté qui la caractérise. Avant même le vote de la loi du 9 septembre 1986 instaurant le système antiterroriste français, Françoise Rudetzki a fondé l'association SOS Attentats, le 24 janvier 1986. Elle sera d'une aide précieuse pour ancrer la lutte antiterroriste française dans le judiciaire. En utilisant abondamment son droit de se constituer partie civile, SOS Attentats a placé les victimes au cœur du débat. L'association s'est dissoute le 20 septembre 2008, mais son héritage est colossal. Françoise Rudetzki a également contribué à la création du fonds de garantie des victimes de terrorisme.

La DCRI : La direction centrale du renseignement intérieur. Dotée de grandes oreilles, elle renseigne la justice antiterroriste et les dieux de l'Olympe à la tête de l'État. Avant le 1er juillet 2008, elle avait deux oreilles : la DST (direction de la surveillance du territoire) et les RG (renseignements généraux). La DST se concentrait sur la lutte antiterroriste avec une double casquette : elle renseignait le pouvoir exécutif mais menait aussi des enquêtes judiciaires. Les RG ne faisaient que du renseignement intérieur. Ils informaient sur tout et, parfois, sur n'importe quoi. Depuis la fusion entre la DST et les RG, le renseignement intérieur français n'a plus qu'une grande oreille reliée directement à l'Élysée. La DCRI est en tout cas le principal service antiterroriste international. C'est avec elle que je travaille le plus souvent et elle est très efficace dans la lutte contre le terrorisme islamiste.

La SDAT : La sous-direction antiterroriste. C'est un service de police judiciaire qui a connu des hauts et des bas. Et de multiples appellations. Elle s'appela d'abord la 6e DPJ (division de police judiciaire), puis la DNAT (division nationale antiterroriste) et enfin la SDAT (sous-direction antiterroriste). Les magistrats antiterroristes lui confient en priorité les affaires basques et corses mais la SDAT a des vues sur le terrorisme islamiste, chasse gardée de la DCRI.

La SAT : section antiterroriste de la brigade criminelle de la préfecture de police de Paris. Elle se trouve au 36, quai des Orfèvres. Non seulement c'est une adresse mythique, mais l'état et l'exiguïté des locaux rendent immédiatement héroïques tous ceux qui y travaillent. Contrairement à la DCRI et à la SDAT, la SAT n'a pas de compétence nationale. Les magistrats antiterroristes peuvent cependant l'autoriser, si besoin, à mener ses investigations sur l'ensemble du territoire. La SAT est principalement compétente en région parisienne. Or c'est à Paris que les bombes explosent la plupart du temps.

Les enquêteurs : Qu'ils travaillent à la DCRI, la SDAT ou la SAT, ils ne doivent pas être confondus avec leur service. Ce sont des femmes et des hommes qui cherchent la vérité, comme les juges et avec les juges. Certains d'entre eux sont de vrais spécialistes de l'antiterrorisme. Leur expérience est indispensable pour les magistrats.

Le secret : C'est un personnage à part entière. Il a de multiples facettes. D'abord, le secret des sources et le secret défense (voire Très défense). Et puis le secret de l'instruction qui m'interdit, dans ce livre, d'exposer le fond des dossiers.

Oussama Ben Laden : Dans les tragédies grecques ou dans les tragi-comédies modernes, la distinction entre le bien et le mal n'est pas facile à faire. Fort heureusement, dans la lutte contre le terrorisme, nous avons Oussama Ben Laden. À défaut de personnifier le mal, il incarne en tout cas l'ennemi et il est indispensable d'identifier son ennemi.

Moi : Je suis magistrat depuis vingt et un ans. J'ai été juge d'instruction à Péronne, substitut à Nantes, substitut à Paris, vice-président chargé de l'instruction à Nanterre, vice-procureur sur l'île de La Réunion et je suis, depuis le 12 juin 2006, vice-président chargé de l'instruction à la galerie Saint-Éloi. Un vice-président chargé de l'instruction n'est ni plus ni moins qu'un juge d'instruction (ou magistrat instructeur). Il a juste un grade plus élevé. Je suis aussi actuellement président de l'AFMI (Association française des magistrats instructeurs). Je suis donc acteur de deux tragédies à la fois : la tragédie terroriste et la tragédie du meurtre programmé des juges d'instruction.

Catherine Giudicelli : Catherine était présidente de l'AFMI avant moi. C'était une jeune femme souriante aux yeux pétillants. J'étais déjà membre du bureau exécutif de notre association et j'ai vu avec quelle énergie, sitôt l'annonce par le président de la République, le 7 janvier 2009, de son désir de supprimer le juge d'instruction, elle prit le Minotaure par les cornes. Elle a été tuée le 7 août 2009 par un camion, alors qu'elle circulait en Vélib'. Elle avait quarante-trois ans. Ce fut une tragédie pour sa famille, ses amis et tous ses collègues. Ce livre lui est dédié. Le simple fait de pouvoir lui rendre hommage était une raison supplémentaire de l'écrire.

LA MÉMOIRE DES VICTIMES

Chacun de nous garde en mémoire des images de cette guerre en temps de paix que nous appelons terrorisme.

Cette guerre n'est d'ailleurs, pour la plupart des gens, qu'une succession d'images livrées brutes par la télévision. Entre les bulletins radio du matin et les JT du soir, le terrorisme n'existe pas. En période de crise, c'est un peu différent car il faut ouvrir son sac pour entrer dans un magasin et Ali ou Mohamed ont l'impression que des voyageurs les regardent avec suspicion dans le métro.

Si le public est abreuvé d'images terroristes, qu'évoquent pour lui aujourd'hui le drugstore Publicis, la rue Copernic, la rue des Rosiers, le magasin Marks&Spencer, la galerie Point Show, le pub Renault, la rue de Rennes, le City of Poros, le DC 10 d'UTA, Saint-Michel, Orsay, Maison-Blanche ou encore Port-Royal ? Dans notre mémoire collective résonnent de lointains échos de cris de douleur et de souffrance.

Certains noms sont toujours dans les esprits, accompagnés de leurs images d'épouvante, d'autres pas. Cette relative amnésie déforme la réalité de la menace terroriste. Aux multiples détournements d'avions, enlèvements, séquestrations et attentats qui ont marqué les années 1970 et 1980 a succédé une relative accalmie. La menace paraît lointaine, la peur s'est dissipée.

Si notre mémoire collective, réanimée par les feux follets de l'ultra-médiatisation, est défaillante, les souvenirs des victimes sont hantés. Pour elles, le temps s'est arrêté, l'image est gravée à jamais. Une rue dévastée, des hurlements, des sirènes, des habits déchiquetés. Leur mémoire est une pensée quotidienne. Un cauchemar éveillé. Cette image n'est pas seulement terrible en raison des larmes, du sang ou de sa violence. L'image terroriste, c'est avant tout une image arrêtée. Celle du calme avant la tempête : des chants d'oiseaux, des discussions de comptoir, des passants, un ciel sans nuage, des enfants embrassés avant de partir au travail, l'amour que l'on a fait pour la dernière fois, sans le savoir, à celle ou à celui que l'on aime, la rue calme au petit matin, des amoureux sur un banc public. Et puis la guerre. La déflagration, la terrible déflagration, un bruit sourd, un souffle mortel, des cris stridents, la poussière qui s'élève, les flammes… La guerre en temps de paix.

Bien sûr, la vie continue, les terroristes arrivent à peine à faire chuter les cours de la Bourse. Elle continue aussi pour leurs victimes mais c'est une vie évidemment amputée. Une partie de leur âme s'est envolée. Non seulement ces existences sont meurtries mais elles sont en suspens. Les victimes retiennent leur souffle tant qu'elles n'apprennent pas la vérité. Des années après, cinq, dix, vingt, trente ans après ! elles viennent dans mon bureau pour connaître cette vérité, ou un peu de cette vérité. Savoir, enfin. Des années longues comme l'éternité. Le souvenir, lui, datera tous les jours d'hier.

Pour le reste de la société, les images s'effacent et les cris s'estompent. D'autres viendront. Un attentat chasse l'autre.

La mémoire des victimes

La mémoire collective conservera bien entendu plus longtemps le souvenir des attaques les plus marquantes, mais sans retenir leur sens, pour peu que cette signification ait été connue un jour. Demain, peut-être…

RUE DE RENNES

Le 17 septembre 1986, une bombe a explosé rue de Rennes, devant le magasin Tati, tuant sept personnes et en blessant cinquante-cinq autres. Ce fut ma première « image terroriste ». Elle m'a bien sûr frappé par sa violence. Mais aussi par sa proximité. J'étais étudiant en droit à Malakoff et, comme j'étais captivé par la musique et les livres, je me rendais souvent à la Fnac de la rue de Rennes, à quelques pas du drame. Je fréquentais également les cinémas tout proches du quartier Montparnasse, particulièrement en ce mois de septembre. Les cours n'avaient pas encore repris à la fac, il fallait bien tuer le temps. Quand je n'étais pas dans une salle obscure, je passais des heures à feuilleter les livres et admirer les pochettes de vinyle à la Fnac. Un endroit rêvé. Je vivais dans un studio parisien depuis mon entrée à l'université en 1983 et mes parents me donnaient une enveloppe que j'essayais de ne pas dépasser. La Fnac de la rue de Rennes était un lieu idéal pour lire et écouter de la musique sans rien dépenser. J'adorais bouquiner à la terrasse d'un café. Près de la rue de Rennes, il y avait aussi, à l'époque, un magasin d'instruments de musique et de partitions où je passais un temps considérable sans presque rien acheter.

Je ne m'y trouvais pas ce 17 septembre 1986. Je ne sais plus ce que je faisais. Je me souviens seulement du choc que j'ai ressenti en regardant le journal télé du soir. Il est naturel de se sentir plus concerné par les attentats commis dans les lieux familiers. Mais ce n'était pas que cela. Il y avait une telle force dans ces images, une telle sensation de chaos, un tel désespoir que j'ai pensé à une scène de guerre. J'avais l'impression d'être en guerre. Je voulais en savoir plus. La première fois que je suis retourné à la Fnac, plusieurs jours après l'attentat, j'ai évité le trottoir du magasin Tati. Je suis descendu jusqu'au feu suivant. J'ai traversé de nouveau la rue de Rennes et je suis remonté jusqu'à la Fnac. Je suis persuadé que beaucoup d'autres ont pris ce curieux détour. J'ai suivi cet itinéraire pendant longtemps. Non par peur qu'une bombe explose de nouveau devant Tati mais par une sorte de respect, pour ne pas piétiner un lieu de douleur. Cet endroit où la télévision nous avait montré des corps étendus. J'aurais eu l'impression de profaner un sanctuaire, un lieu habité par des esprits comme les cimetières indiens. C'était un respect teinté de crainte, celle qui nous pousse à nous écarter du chagrin, à fuir le malheur des autres. La douleur fait peur, surtout lorsqu'elle frappe sans prévenir, à l'aveugle.

Après cet attentat, je me suis mis à dévorer les journaux. Je les lisais peu mais la couverture télé et radio de ce massacre au cœur de Paris ne suffisait pas à satisfaire ma curiosité. Les mots « piste, mystère, Moyen-Orient, Liban » revenaient constamment, mais ils restaient incompréhensibles. Dans cette sensation de flou, j'entrevoyais des contrées éloignées, des vérités cachées. Et une menace sourde qui planait au-dessus de tous.

En lisant la presse, j'ai découvert que bien d'autres attentats avaient eu lieu depuis 1985, et que celui de la rue de Rennes s'inscrivait dans une véritable campagne de terreur. J'ai commencé à percevoir une logique implacable. Je la ressentais, plus que je ne la comprenais. Il y avait à la fois cette impression de rouleau compresseur, cette pression constante, et aussi cette nécessité qu'ont les terroristes de devoir mettre la barre de plus en plus haut, ce « toujours plus » dans la terreur. La rue de Rennes était un cran supplémentaire. J'avais évidemment entendu parler de certains des autres drames et je m'étais prêté aux fouilles minutieuses à l'entrée des magasins ou des salles de ciné. Mais ces informations avaient coulé sur moi comme de l'eau sur les plumes d'un canard. Avec l'insoutenable massacre de la rue de Rennes, le terrorisme entrait pour de bon dans ma vie. Il s'y était immiscé trois jours auparavant. J'avais discuté avec mes parents de la bombe découverte dans le pub Renault des Champs-Élysées. Ils travaillaient tous les deux chez Renault et je m'étais souvent rendu avec eux au pub sur les Champs. Il y avait une dimension tragique et héroïque dans cet attentat puisque le serveur et les deux policiers qui avaient découvert l'engin explosif avaient trouvé la mort en le déplaçant.

Je sais aujourd'hui que la campagne d'attentats qui a frappé la France entre 1985 et 1987 répondait à ce double aspect de la mécanique terroriste : la permanence de la terreur et sa montée en puissance. Je n'avais à l'époque qu'une vision d'étudiant juriste. Des événements eux-mêmes, je ne retenais qu'une succession de crimes, de bombes posées dans des lieux sans distinction, pour tuer au hasard.

La série avait commencé le 23 février 1985 par l'attentat contre le magasin Marks&Spencer, suivi le 9 mars par celui commis dans le cinéma Rivoli-Beaubourg puis, le 7 décembre, par l'explosion de deux engins placés aux Galeries Lafayette et au Printemps Haussmann.

Le 3 février 1986, la galerie marchande de l'Hôtel Claridge des Champs-Élysées était prise pour cible alors qu'un engin explosif avait été découvert à temps au troisième étage de la tour Eiffel. Le lendemain, un attentat frappait une librairie Gibert-Jeune, suivi le jour d'après par une explosion dans la Fnac du forum des Halles. Un engrenage infernal.

La France n'était pas au bout de ses peines : toujours en 1986 se succédèrent un attentat dans un TGV à l'approche de la ville de Brunoy, dans l'Essonne, le 17 mars, un autre dans la galerie Point Show des Champs-Élysées, le 20 mars, une tentative, le même jour, dans la station RER du Châtelet. Le 4 septembre, les terroristes échouaient à nouveau à la station RER Gare-de-Lyon, mais parvenaient à leurs fins le 8 septembre dans le bureau de poste de l'Hôtel de Ville de Paris. Le 12 septembre, ils frappaient la Cafétéria Casino du centre commercial de la Défense. Le 14 septembre, c'était le pub Renault des Champs-Élysées. Dans cet enchaînement de la terreur, c'était le seul qui avait un tant soit peu attiré mon attention jusqu'à la rue de Rennes. Les suivants ne pouvaient plus m'échapper. Dès le 15 septembre, une nouvelle bombe explosa, cette fois dans le service des permis de conduire de la préfecture de police de Paris.

Celle liste impressionnante était répertoriée chronologiquement dans des articles de presse. Elle donnait le vertige. La terreur était encore accentuée par l'incompréhension du phénomène. Les Français ignoraient pourquoi ils étaient visés. Ils ignoraient de qui il fallait avoir peur et surtout pourquoi. La presse n'avait pas de certitude. Je ne doute pas que nos services de renseignements avaient à l'époque les clés pour y voir clair. Je ne doute pas non plus que les responsables de ces attentats s'étaient fait connaître d'une manière ou d'une autre auprès des autorités françaises pour les informer de leurs exigences, mais une chose est certaine : je n'y comprenais rien à l'époque et les Français non plus.

J'avais vaguement saisi qu'il y avait de l'Iran, du Hezbollah, peut-être un zeste de Syrie, un soupçon d'ASALA (l'armée secrète de libération de l'Arménie établie au Liban) ou de FARL (fraction armée révolutionnaire libanaise) derrière tout ça. Le tout sur fond de vente par la France de « super étendards » à notre allié Saddam Hussein, et aussi de négociations pour libérer les otages français du Liban. Ce cocktail explosif se trouvait plus ou moins dans les journaux mais de là à comprendre pour quelle raison la Syrie ou l'Iran auraient pu vouloir frapper la France... C'était encore pire pour l'ASALA et les FARL : seuls les grands spécialistes des groupes terroristes libanais étaient capables de les situer dans le décor.

La seule chose évidente était que la population française était prise en otage. Comme l'étaient les otages français du Liban, Marcel Carton, Marcel Fontaine, Michel Seurat et Jean-Paul Kauffman, enlevés en 1985. Je me souviens de leur visage chaque soir, au début du journal télévisé, avec le nombre de jours de captivité en incrustation. Le compteur tournait. Comment oublier ? Ce nombre était devenu insoutenable quand l'attentat de la rue de Rennes est survenu ! Après ce choc, les études allaient reprendre leur droit. Aux images de guerre succédaient bientôt celles d'un autre combat.

La loi sur les universités, dite loi Devaquet, est arrivée et la menace terroriste est passée au second plan de nos vies d'étudiants. Je ne sais pas pourquoi les attentats se sont arrêtés. Les terroristes voulaient-ils nous laisser manifester tranquillement ? J'en doute. Après le point culminant de la rue de Rennes était sans doute venu le temps des négociations. Je dis cela aujourd'hui, avec mon expérience. Il me paraît aujourd'hui logique qu'après une « action d'éclat » les terroristes se soient tournés vers les autorités françaises pour leur tenir ce genre de langage : « Vous avez vu de quoi nous sommes capables. Vous savez ce que nous voulons, alors nous allons vous donner un peu de temps pour réfléchir. » Le 25 novembre 1986, j'étais loin d'imaginer cela. C'était le jour de la première manifestation des étudiants et lycéens contre la loi Devaquet, le ministre délégué à l'Éducation nationale qui entendait augmenter les droits d'inscription à l'université. En défilant, nous étions nombreux à penser à la rue de Rennes. Un attentat aveugle au cours d'une manifestation étudiante aurait entraîné un massacre sans précédent. Mais il ne s'est rien passé sur le front du terrorisme et la menace elle-même a été totalement oubliée, reléguée au second plan par ce vaste mouvement de la jeunesse auquel j'ai participé avec la fougue de mes vingt et un ans.

J'ai même été très actif. N'aimant pas faire les choses à moitié, j'ai créé une association avec des amis étudiants appelée « Descartes truquées », car la faculté de Malakoff dépendait de l'université René-Descartes. L'objectif était de défendre ce que nous pensions être notre intérêt sans nous prendre au sérieux. Les distinctions « gauche/droite » n'avaient aucun sens et d'ailleurs la grande majorité des étudiants était contre la loi Devaquet. Un ami proche, fondateur du MAD (mouvement des anarchistes de droite), issu d'une scission avec le MAX (mouvement des anarchistes xénophobes), décida de rejoindre notre association.

Si la grève constituait un événement important pour nous, c'était aussi l'occasion de rigoler un peu. La joie fut de courte durée.

Dans la nuit du 7 décembre 1986, un étudiant en mauvaise santé, du nom de Malik Oussekine, était frappé à mort par « des voltigeurs ». Il s'agissait de duos de policiers motorisés, l'un conduisait l'engin tout-terrain et l'autre, à l'arrière, tapait sur tout ce qui courait à sa portée. Voir arriver une équipe de voltigeurs donnait immanquablement l'envie de détaler ! Je ne les ai vus en action qu'à la télé mais ça m'avait rappelé les images de films qui montraient avec quelle efficacité, au XIXe siècle, dans la Russie des tsars ou le Paris du Second Empire, l'on matait les manifestations. Les voltigeurs de l'époque étaient sur des chevaux. En décembre 1986, Robert Pandraud, le ministre délégué à la Sécurité du gouvernement de Jacques Chirac, avait décidé de moderniser le procédé. Après les images d'attentats, l'année 1986 allait se refermer sur le visage de Malik Oussekine.

La dernière manifestation à laquelle j'ai participé fut celle en sa mémoire. Nous étions environ un million et demi dans les rues de Paris le 10 décembre. Nous aurions été moins nombreux si Robert Pandraud n'avait trouvé utile de déclarer : « Si j'avais un fils sous dialyse, je l'empêcherais de faire le con dans la nuit. » Malik Oussekine aurait pu mourir rue de Rennes, ça n'aurait pas été plus absurde, et il aurait eu l'avantage d'être considéré comme une victime, et non comme un jeune con. Et puis, peut-être n'aurait-il pas eu le temps d'avoir peur avant de mourir.

Le lendemain, nous sommes tous retournés à nos chères études. C'était une année très importante pour moi car, en plus de ma maîtrise de droit, je préparais le concours d'entrée à l'École nationale de la magistrature. L'épreuve écrite puis orale de culture générale était dotée d'un coefficient redoutable et les sujets étaient traditionnellement liés à l'actualité. Pour les épreuves juridiques, il était également fortement conseillé d'être au fait des nouvelles lois.

Sur ces deux aspects, actualité et réformes législatives, l'année universitaire 1986/1987 était celle du terrorisme. Dès les premiers cours de procédure pénale, j'avais découvert le détail de la loi antiterroriste du 9 septembre 1986. Un dispositif essentiel dans les années à venir. Sur les bancs de l'Institut d'études judiciaires de Malakoff, je n'imaginais pas que des années plus tard je me retrouverais au cœur du dispositif qui venait d'être créé. L'étudiant que j'étais n'avait pas d'autre choix que d'ingurgiter les aspects juridiques d'une procédure pénale antiterroriste qui allait se révéler totalement révolutionnaire. Montrée du doigt dès sa promulgation par une partie de la classe politique, accusée d'être une justice d'exception portant atteinte aux libertés individuelles, cette loi, je peux en attester, s'est avérée redoutablement efficace. Dans les manifs comme en cours, 1986 fut une année révolutionnaire. Elle a marqué ma vie et influencé mon destin. Dans la presse, les noms de Marceau, Boulouque, Bruguière revenaient souvent. Ces personnages étaient, pour moi qui aspirais à devenir magistrat, entourés de mystère et enveloppés d'une aura. Eux étaient dans le secret.

Sitôt oublié le tumulte des manifestations étudiantes, le terrorisme est revenu sur le devant de la scène. Tout le monde s'attendait à ce que des bombes explosent à nouveau dans Paris.

C'est alors qu'éclata l'affaire Vahid Gordji. Cet attaché à l'ambassade d'Iran à Paris s'y réfugia lorsque le juge d'instruction Gilles Boulouque voulut l'entendre notamment sur ses liens avec Ali Fouad Saleh, interpellé avec plusieurs membres de son groupe en mars 1987 alors qu'une quatrième vague d'attentats était en préparation.

Pour mettre de l'huile sur le feu, spécialité iranienne s'il en est, l'ambassade d'Iran déclara officiellement que Vahid Gordji avait quitté son domicile avant le jour prévu de son interpellation parce qu'il avait été prévenu par un diplomate français. Bien entendu, je suis de ceux qui croient fermement que jamais l'État français, et en particulier le Quai d'Orsay, ne se permettrait de nuire ainsi à une enquête judiciaire.

Sans voir le mal partout, il faut reconnaître que la suite fut proprement édifiante. L'ambassade d'Iran fut encerclée à la demande du juge afin que Gordji ne puisse pas quitter la métropole sans avoir visité la galerie Saint-Éloi du Palais de justice de Paris où œuvraient les tout nouveaux juges d'instruction antiterroristes. Les Iraniens ne restèrent pas sans répliquer. Ils prirent nos diplomates français à Téhéran en otage et accusèrent, le 14 juillet 1987, notre premier secrétaire d'ambassade d'espionnage.

Finalement, tout s'arrangea pour le mieux. Deux journalistes français, Jean-Louis Normandin et Roger Auque, enlevés respectivement en mars 1986 et en janvier 1987 par le Hezbollah, furent libérés le 28 novembre 1987. Le lendemain, le juge Boulouque entendait Gordji. L'audition fut courte car le diplomate avait un avion à prendre pour Téhéran. J'allais comprendre plus tard que l'antiterrorisme marche parfois de pair avec la diplomatie.

Le 13 décembre 1990, Gilles Boulouque s'est donné la mort avec son arme de service. Magistrat exceptionnel confronté à des dossiers exceptionnels, il avait subi l'affront d'une mise en examen pour violation du secret de l'instruction à la suite d'une plainte d'Ali Fouad Saleh. Gilles Boulouque était l'un des membres fondateurs de l'Observatoire des libertés, association dénonçant les atteintes à l'indépendance de la Justice par le pouvoir politique. Déjà. L'histoire n'est-elle qu'un éternel recommencement ?

Gilles Boulouque fut, avec quelques autres, à la naissance de l'antiterrorisme moderne. De cette terrible campagne d'attentats, accentuée par la pression constante d'Action directe, naquit cette fameuse loi du 9 septembre 1986 qui constitue encore aujourd'hui le socle de notre système judiciaire de lutte contre le terrorisme. Les problèmes posés sont toujours d'actualité, qu'il s'agisse des liens entre la politique et l'antiterrorisme, des limites de l'action judiciaire et des protections des libertés individuelles et publiques.

Quand Gilles Boulouque s'est suicidé, je savais déjà que j'allais être juge d'instruction. J'avais réussi le concours de sortie de l'ENM et je suivais mon dernier stage de formation appelé stage de pré-affectation au TGI de Nanterre. La mort de Gilles Boulouque, alors que je me préparais dans l'angoisse à débuter ma carrière de magistrat, m'a marqué. Ce drame, qui me touchait humainement, décuplait ma fascination en épaississant un peu plus le mystère entourant le monde de l'antiterrorisme.

Vingt ans plus tard, dans la galerie Saint-Éloi, je découvre souvent, dans les dossiers que j'ai repris, son nom et sa signature. Il m'est arrivé, pour y puiser des informations précieuses, de faire remonter des archives du tribunal des dossiers qu'il a instruits. Je ne le connaissait pas mais je pense souvent à lui et puis je peux du moins donner mon avis de technicien : c'était un grand juge.

D'un point de vue plus personnel, il m'est assez facile de me mettre à sa place car, toutes proportions gardées, je suis à sa place. Je suis géographiquement à sa place, dans cette fameuse galerie Saint-Éloi. Mais je suis surtout mentalement à sa place. Je comprends la pression qui fut la sienne car je la vis au quotidien. Même si les difficultés de ma tâche sont loin d'égaler la complexité des situations qu'il a dû affronter, je sais comment cette pression incessante a pu affecter sa vie personnelle, comment le métier qu'il aimait et la Justice qu'il idéalisait ont pu tout emporter, comment les critiques, les attaques de toutes parts et le peu de soutien de sa hiérarchie ont sans doute eu raison de ses forces. Dans la guerre contre le terrorisme, les ennemis sont trop nombreux pour que l'on puisse sans dommages se passer de renforts. En lisant la signature de Gilles Boulouque, j'imagine la solitude qu'il a pu ressentir. Le nom de l'un des pères fondateurs du système mis en place en 1986 n'est plus entouré de ce mystère qui m'intriguait autrefois. S'il est resté à mes yeux une légende, j'ai depuis découvert l'homme. Maintenant que je suis dans le système, je sais que, derrière le mystérieux rideau, il faisait face au système. Vivre entouré de gardes du corps ou recevoir des menaces font partie de l'univers d'un juge antiterroriste mais ce n'est pas le plus difficile à supporter. Le plus éprouvant, c'est l'attitude de son propre camp, les luttes internes. Le stress le plus insupportable est généré par l'impression de n'être pas soutenu. Cette pression-là, on ne la laisse pas au bureau quand on rentre chez soi. C'est ce poids qui fait que l'on dort mal, que l'on cogite :

on dort terroriste, on parle terroriste, on lit terroriste, on vit terroriste, on mange terroriste. Et le terrorisme nous ronge.

En 1986, j'ignorais tout de cet ennemi intérieur.

DRÔLE DE GUERRE

« Vous connaissez Quévert ? » Lorsque Irène Stoller est entrée dans mon bureau, j'ai tout de suite compris qu'il s'était passé quelque chose de grave. Je n'étais substitut à la section antiterroriste du parquet de Paris que depuis quelques semaines quand l'attentat de Quévert s'est produit, le 19 avril 2000. Irène Stoller, la chef de la section, s'adressait au substitut et au Breton. Ce jour-là, j'avais la tête en Corse. J'étais de permanence et je suivais une affaire de villas de continentaux incendiées pendant une nuit bleue de plus.

— Quévert ? Ben, ça doit être en Bretagne mais je ne vois pas trop où.

— C'est à côté de Dinan, une explosion s'est produite vers 10 heures dans un Mac Donald. Il y a un mort, une jeune femme.

— À Quévert ! Et ça semble être terro ?

Dans notre jargon, tout ce qui touche au terrorisme est appelé « terro ». Et ma première enquête « terro » allait peut-être me conduire… dans une petite ville des Côtes-d'Armor. J'aime passer du temps en Bretagne. J'y vais généralement pour décrocher, me ressourcer. Comment imaginer que c'est sur « mes terres » que j'allais voir mon premier cadavre dans un dossier terroriste. À l'époque, j'étais censé me spécialiser dans l'islamisme radical. Quévert... Je la regardais interloqué.

— En tout cas, ce n'est pas une fuite de gaz. D'après le SRPJ de Rennes, la porte arrière du Mac Donald a été soufflée et il y a un petit cratère. C'est sans doute un engin explosif.

— À 10 heures du matin, dans un Mac Do de Quévert ? C'est n'importe quoi !

C'était effectivement n'importe quoi mais ce « n'importe quoi » avait coûté la vie à une jeune Bretonne de vingt-huit ans, Laurence Turbec. Quand on est substitut à la section antiterroriste, alors appelée la 6ᵉ section, on est mentalement préparé à vivre un attentat meurtrier un jour ou l'autre. On sait qu'on finira par se retrouver au milieu de l'une de ces scènes d'horreur décrites dans les dossiers, et dont on a vu des images à la télévision. Oui, j'étais préparé. Mais ce baptême du feu, cette épreuve, je l'imaginais dans un grand magasin, les débris d'un TGV ou ceux d'un avion. En tout cas, dans un endroit symbolique ou très fréquenté. S'il est un lieu où personne n'aurait jamais pu imaginer qu'un attentat meurtrier puisse se produire, c'était bien le Mac Donald de Quévert ! Je n'avais pas oublié la rue de Rennes, j'avais été horrifié, comme tous les Français, par l'attentat au métro Saint-Michel en 1995. Parfois, en traversant les lieux bondés de la capitale, j'imaginais avec effroi les dommages qu'y ferait un attentat. C'est dans la foule qu'on trouve les cibles du hasard. Laurence Turbec a été frappée au milieu d'un désert. Quel était le pourcentage de risque, la probabilité de mourir dans un attentat terroriste en sortant une poubelle par la porte arrière du Mac Donald de Quévert ? Tout cela me paraissait tellement absurde. Alors c'était donc cela, le terrorisme, un monde irréel, une quatrième dimension où n'importe quoi pouvait se passer ? Outre l'absurdité totale de cet attentat, j'ai été particulièrement ému par le fait qu'il ait été commis en Bretagne. Nous sommes tous ainsi. Ce qui nous touche, c'est ce dont nous sommes proches. Même si nous avons du mal à l'admettre, un attentat qui tue quarante personnes en Irak ou au Pakistan nous émeut à peine. Nous ne nous sentons pas vraiment concernés. En tout cas pas menacés. Un attentat en France, c'est autre chose ! Qu'il ait lieu dans notre région, notre ville, notre quartier, et nous devenons des victimes collatérales, des cibles potentielles. Quarante morts à des milliers de kilomètres pèsent moins lourd qu'une seule à proximité. Ce réflexe, amplifié par l'écho médiatique, est une malédiction pour les victimes du bout de monde. J'ai un peu honte de le reconnaître, l'attentat de Quévert m'a plus secoué que d'autres. Cela aurait pu être nous. Nous étions tous des Laurence Turbec.

— Marc, je pars tout de suite à Quévert, mais je ne pourrai pas rester, dit Irène Stoller, il faudrait que vous contactiez les experts et que vous prépariez leur désignation. Après, vous viendrez me remplacer à Quévert.

Après quelques heures de coups de téléphone, quelques formulaires, la désignation d'un expert en explosif et celle d'un médecin légiste, je suis parti à mon tour pour la Bretagne. J'ai pris le TGV. J'aime le train. J'aime regarder les paysages en laissant mon esprit vagabonder. Généralement, je pense à mes parents, aujourd'hui décédés.

À mon arrivée à Rennes, un policier du SRPJ m'attendait

sur le quai de la gare pour me conduire à Quévert. Sur place, j'ai retrouvé l'expert en explosifs, ainsi que Roger Marion, le directeur central adjoint de la police judiciaire. C'était la première fois que je rencontrais ce personnage haut en couleurs. En 2000, il n'y avait que deux monstres sacrés dans l'antiterro : le chef de la galerie Saint-Éloi, Jean-Louis Bruguière, que tout le monde appelait l'Amiral, et Roger Marion. Ce dernier n'était plus le chef de la division nationale antiterroriste (DNAT), de la police judiciaire, mais c'était tout comme. Il était alors directeur central adjoint de la police judiciaire. Peu importe, il était une légende. Celui qui dirigeait la division criminelle et de répression du banditisme de Marseille quand je préparais mon concours d'entrée à l'ENM était à Quévert. Il avait tenu à venir sur le terrain lui-même. Ce n'est heureusement pas tous les jours que l'on est confronté à un attentat meurtrier sur le territoire français. De plus, Roger Marion était un homme de terrain, pas du genre à combattre le terrorisme dans un bureau parisien. Cet aspect de sa personnalité est à mettre à son crédit, même si peu de policiers ont été autant critiqués que lui, y compris par certains de ses subordonnés, qui lui reprochaient des méthodes musclées, voire illégales. Je ne le connais pas assez pour émettre un avis. En tout cas, il était là, dans les débris du Mac Donald, à rechercher des indices. Je crois me souvenir qu'il faisait beau. Un hélicoptère tournait au-dessus de nos têtes. C'était une chaîne de télé qui tournait des images depuis le ciel, car le périmètre de sécurité était particulièrement strict. Les journalistes étaient bloqués à une cinquantaine de mètres. À cette distance, les caméras pouvaient tourner mais nos conversations restaient inaudibles. Et c'est tant mieux car dans ces moments tragiques, il nous arrive de plaisanter. Surtout moi. Ces scènes paraîtraient indécentes vues de l'extérieur. Comme pour les médecins confrontés chaque jour à la souffrance, le rire est évidemment un moyen de défense. Dans l'antiterrorisme, c'est aussi une première riposte. À Quévert, personne n'avait envie de plaisanter. L'atmosphère était lourde. Tant de personnes étaient sous le choc, la sœur de Laurence Turbec, tout d'abord, qui travaillait avec elle. Quand l'explosion était survenue, elle avait couru vers l'arrière du restaurant et si elle avait bien vu la porte arrachée, elle n'avait trouvé sa sœur nulle part. C'était mieux ainsi. La violence de l'explosion avait propulsé la victime derrière une haie. Il y avait aussi des collègues et le directeur de l'établissement, mais personne n'y comprenait rien. Un attentat terroriste ? L'hypothèse était si improbable, si absurde. Cette fois-ci, je n'ai pas eu le courage de discuter avec la sœur de la victime. Je savais qu'Irène Stoller l'avait déjà fait et moi, j'étais timide et ému. J'avais à plusieurs reprises rencontré des proches de victimes, peu de temps après le crime, et rarement trouvé les mots. Ce n'est pas du tout la même chose de rencontrer des parties civiles plusieurs mois après les faits. Quand l'événement vient de se produire, c'est... Que dire ? Vous, parfait inconnu, entrez dans la vie des gens par crime interposé. Quand j'étais substitut à Nantes, j'étais allé annoncer à des parents que leur fils de six ans avait été retrouvé mort. Sans doute avais-je dit des banalités comme : « Je vous présente mes sincères condoléances » ou « Nous ferons tout pour retrouver les assassins ». Je sais bien qu'un petit mot peut réconforter mais je suis si maladroit avec ça. Je crois aussi qu'il vaut mieux laisser faire les proches. Bien avant d'être à la section antiterroriste, j'avais pris l'habitude de donner ma carte de visite à l'un des membres de la famille de la victime en lui disant simplement que j'allais suivre cette enquête et que s'il avait des questions à me poser, il pouvait m'appeler. Après quelques années, j'ai dû arrêter. C'était trop difficile. J'ai réalisé à quel point les victimes ou leur famille n'ont aucun interlocuteur dans le système judiciaire. Alors quand elles tiennent quelqu'un… Un premier coup de fil, des appels plus rapprochés, puis plusieurs la même journée, des e-mails, des lettres… Vous voilà happé dans une spirale infernale de douleurs et d'obsessions. Leur attitude est compréhensible mais on peut s'y brûler. Comme j'étais à l'écoute, certaines familles ne prenaient même pas d'avocat. J'étais là pour les tenir au courant puisque je l'avais proposé moi-même !

À Quévert, je suis donc resté totalement en retrait. Éric Tabarly disait que ce n'est pas tant la mer qui l'intéressait que les bateaux, même si sans la mer il n'y aurait pas de bateaux. Moi je m'intéressais plus à l'enquête qu'au crime, même si sans crime il n'y aurait pas d'enquête. La technique est, il est vrai, un univers rassurant. Une enquête criminelle, ce sont, en grande partie, des actes obligés : audition de témoins, prélèvements sur les lieux du crime, expertises, identification du trafic téléphonique passé par les bornes des opérateurs de téléphonie se situant dans le périmètre des faits. Personne ne nous demande d'imaginer, de réfléchir, d'improviser. C'est un peu une partition de musique reproduite fidèlement, sans improvisation. Dans la direction d'un enquête criminelle, l'on peut être un bon technicien sans génie. À Quévert, j'ai fait mon travail de technicien substitut, des actes obligés, rien de plus. Et j'ai observé. L'expert en explosifs tournait autour du cratère pendant que les policiers recherchaient aux alentours les moindres débris. Une traque essentielle. Passer à côté d'un débris métallique minuscule, et l'on ne saura peut-être jamais de quoi était fait le dispositif de mise à feu. Ne pas remarquer un petit bout de papier rouge-orange, et l'on ne pourra jamais affirmer que la charge explosive était composée de dynamite. Sur les lieux du crime, à Quévert, les petits papiers rouge-orange ne manquaient pas. Ces fragments de l'emballage de bâtons de dynamite semblables à ceux dérobés quelques mois plus tôt dans une commune distante de quelques kilomètres, à Plévin, par un commando de l'armée révolutionnaire bretonne (ARB) et de l'ETA, étaient déjà une piste. Ce vol, qui scellait l'alliance entre l'ARB et les nationalistes basques, faisait partie des dossiers dont je suivais, côté parquet, l'instruction menée par Laurence Le Vert. Comme mon père était breton et que ma mère était basque, j'étais en quelque sorte la personne appropriée, même si ma principale activité concernait le terrorisme islamiste.

De retour au SRPJ de Rennes, Roger Marion était en pleine effervescence. Face à cette agitation spectaculaire, les enquêteurs n'en menaient pas large.

— Bon, on en est où, là ? Vous avez fait les hôtels du coin ? Il faut inspecter à Dinan, également Dinard, même la thalasso ! Faudrait voir les contrôles routiers, les radars, et tout le bordel. Pourquoi vous n'avez pas déjà les fadettes des opérateurs ? Et donnez-moi le listing des militants nationalistes bretons… Pas seulement des Côtes-d'Armor, de toute la Bretagne !

— Y compris la Loire-Atlantique ? osa un policier.

— Purée ! Faut demander au procureur, il est breton.

Avec son large sourire méridional, Marion me lança :

— Alors, c'est en Bretagne, la Loire-Atlantique ?

— Oui, et en outre, il y a encore plus de nationalistes qu'ailleurs.

— Bon ben, vous voyez bien, lança-t-il à un policier tétanisé, y compris la Loire-Atlantique ! Quand vous aurez fini avec vos questions à la con, vous vous mettrez peut-être au boulot !

Marion impressionnait. En l'écoutant, je comprenais pourquoi il était surnommé « Eagle Four » (« Y gueule fort »). Il hurlait. Quant au côté aigle, c'était manifestement un rapace, du genre à saisir toutes les enquêtes dans ses serres. J'apprécie les gens qui défendent leur bifteck, les gens à fort tempérament comme l'est Roger Marion.

À Quévert, j'étais toutefois inquiet de son goût prononcé pour les listings. Manifestement, l'aigle avait une envie furieuse de « corsiser » la Bretagne à vitesse grand V. À l'époque, Marion était un peu le général Custer de l'antiterrorisme. Pour Custer, « un bon Indien était un Indien mort ». Roger Marion avait transposé l'adage aux Corses, après l'assassinat du préfet Erignac, sous une forme plus acceptable : « Un bon Corse est un Corse en garde à vue. » Il y avait en Corse suffisamment de nationalistes plus ou moins actifs pour remplir les commissariats de l'île de Beauté mais en Bretagne, les indépendantistes n'auraient pas rempli une charrette. J'avais aussi exprimé mon doute au procureur de la République de Paris Jean-Pierre Dintilhac sur la volonté de Marion de perquisitionner chez tous les militants bretons dès le lendemain à 6 heures et de les coller tous en garde à vue « pour voir ce qui pourrait en sortir ». Roger Marion avait d'ailleurs finalement admis qu'il était préférable de temporiser. Avec le recul, on peut se demander si ses méthodes énergiques n'auraient pas été en l'espèce efficaces, mais j'ai toujours eu du mal avec la méthode de la « partie de pêche » consistant à balancer le filet en espérant rapporter quelque chose. Parfois, c'est efficace, mais, pour le coup, je ne voulais pas griller les cartouches de Gilbert Thiel qui allait être le juge d'instruction en charge du dossier à la fin de mon enquête de flagrance.

Avec une investigation propre mais sans excès de zèle, il aurait toute latitude pour définir sa stratégie à long terme.

Une fois retombées les grandes envolées de lyrisme antiterroriste, Roger Marion et moi partîmes assister à l'autopsie de Laurence Turbec. Pour une fois, la salle était très éclairée. Marion, qui ne goûtait guère les autopsies, était en retrait. Si désagréable soit-elle, l'autopsie est incontournable. Même quand la cause de la mort semble évidente, elle révèle toujours quelque chose. Les blessures de la victimes peuvent être bien sûr un indicateur de la puissance de la charge. Elles peuvent être extérieures, très apparentes, mais sont parfois invisibles sans autopsie. L'effet de « blast », le souffle, notamment, ne peut être diagnostiqué que par un médecin-légiste. Une explosion crée une différence importante de pression atmosphérique en aspirant l'air ambiant. Après cette phase d'aspiration survient l'onde de choc. C'est elle qui provoque des lésions importantes et notamment pulmonaires. Par ailleurs, si la victime était proche du point d'explosion, le médecin retrouvera sur ses vêtements et incrustées dans sa peau des particules qui permettront souvent de déterminer le type d'explosif. Seul l'aspect technique de l'autopsie permet d'oublier la mort. On écoute le légiste. On pose des questions. On échafaude des hypothèses. Le corps inerte est un terrain d'analyse, un matériau d'expertise. C'est ce qui rend l'exercice à peu près supportable. Au début de l'autopsie de Laurence Turbec, impossible d'oublier la mort. Le silence, la blancheur des murs, la rigidité du corps… La mort était omniprésente. J'ai repensé à la seule autopsie à laquelle je n'aurais jamais dû assister, celle du petit garçon de six ans dont j'avais annoncé la mort aux parents. C'était en 1994. Six ans après, devant le corps de Laurence Turbec, il réapparaissait. L'autopsie d'un enfant est un supplice. Aucune considération technique, aucune piste, aucune hypothèse ne peut vous détourner de l'horreur. À l'époque, mon fils aîné avait à peu près le même âge. Il a vingt-deux ans aujourd'hui. Ce gosse aurait lui aussi vingt-deux ans, et toute la vie devant lui. Je me souviens de son corps sans avenir allongé sur la table d'autopsie. Chez un enfant de six ans, tout est petit, beau, propre, net et lisse. Tout est doux, tout est rose, son petit cœur, ses petits poumons, ses veines fines, fragiles et transparentes comme des filets de verre. Tout est en parfait état de marche. Il suffirait d'un souffle pour que cette machine parfaite se remette à fonctionner, à faire d'abord ses premiers pas, puis courir, et puis rire. Mais ce simple souffle, personne ne pouvait plus le lui donner. Le corps d'un adulte, c'est autre chose : un peu de graisse jaune sous la peau, des artères épaisses, un foie plus ou moins sclérosé, les rides intérieures. Un enfant n'a pas de ride intérieure, rien qui indique qu'il est mortel.

Laurence Turbec n'était plus une enfant. Mais à vingt-huit ans, elle avait des années, des décennies devant elle. Un siècle peut-être. Son autopsie fut pénible. Comment ne pas penser à la bêtise du destin et à la condition humaine. En rentrant de l'autopsie, nous commencions déjà à entrevoir le scénario : la bombe devait sauter en pleine nuit, après la fermeture du Mac Donald. Mais le système de mise à feu s'est arrêté. La trotteuse du réveil n'est pas allée au bout de sa course. Elle s'est bloquée quelques secondes avant l'heure fatidique. Le drame n'était pas évité, il venait de se produire. Au matin, Laurence Turbec, en ouvrant la porte arrière du restaurant, a heurté l'engin explosif et a fait redémarrer l'horloge meurtrière. Il aurait été si simple, pour les terroristes, d'éviter cela. Il suffisait d'attendre l'heure de l'explosion et d'alerter la police en l'absence de déflagration pour avertir du danger. Où étaient-ils ces assassins amateurs, ces terroristes du dimanche ? En train de cuver le chouchen bu la veille, de dormir sur leurs deux oreilles ? Comme personne n'a été condamné dans cette affaire, comme ce crime reste impuni, j'espère que les responsables de cet attentat n'en dorment plus. Grâce aux meurtriers de Laurence Turbec, j'ai trouvé ma toute première définition du terrorisme : le terrorisme est le fait d'imposer sa connerie par la violence.

LE PARCOURS DU COMBATTANT

Avant l'enquête de Turbec, j'avais traité de nombreuses affaires. Elles n'étaient pas terroristes. Comment en suis-je arrivé là ? Comment suis-je devenu juge antiterroriste ? Pourquoi, moi qui aime le calme, la mer et la campagne, moi qui ne goûte pas à la politique, qui n'ai jamais eu mes entrées à la Chancellerie, je suis aujourd'hui au cœur du pôle antiterroriste de Paris ? La matière est passionnante, certes. Les dossiers de Karachi, du Rwanda, des moines de Tibéhirine, de la rue Copernic ou des victimes du World Trade Center, obséderaient n'importe quel juge en quête de vérité. Mais pour tout dire, ce destin, je ne l'ai pas vraiment choisi. Étudiant, l'antiterrorisme me fascinait. Mais le poste que j'occupe doit plus au hasard qu'à la vocation. À moins de vouloir suivre à tout prix une voie tracée, l'existence nous échappe. Je ne vous apprendrai rien, encore moins aux victimes, en disant que la vie est réglée par des enchaînements de circonstances, des effets papillons et des coups de théâtre. Comme tant d'autres, je me suis retrouvé à un endroit où je n'aurais jamais pensé être, à faire ce que je n'aurais jamais pensé faire. C'est peut-être ce parcours qui explique mon goût pour la liberté. Je n'avais pas l'ambition d'être juge antiterroriste. J'ai attrapé le virus en chemin. Je me suis retrouvé sur cette route par des coups du sort. Je ne sais pas si le fait d'avoir traversé des épreuves et côtoyé la mort peut faire de quelqu'un un bon juge antiterroriste, ou si les tragédies personnelles vous préparent à affronter la lutte contre la terreur. Le fait est que c'est la mort qui m'a conduit à la galerie Saint-Éloi. Pas la vocation. Rien n'était plus éloigné du Palais de justice de Paris que le tribunal de Péronne, où j'ai débuté en 1991 comme juge d'instruction. Des petits commerces, quelques cafés, un château médiéval. Dans cette jolie petite cité de Picardie (neuf mille âmes), entourée de champs de betterave, la question terroriste était loin, très loin d'être une préoccupation. Aujourd'hui, elle n'a plus de tribunal. La carte judiciaire est depuis passée par là. J'étais parti depuis longtemps. Dans la magistrature, il est d'usage de changer régulièrement d'affectations. J'ai été nommé substitut du procureur de la République à Nantes en septembre 1994. Je m'y trouvais bien. J'étais en Bretagne, c'est-à-dire sur le coin de la terre où il fait le meilleur vivre… pour un Breton. Là encore, le terrorisme semblait à des années-lumière. Les indépendantistes agités n'étaient qu'une poignée. Laurence Turbec était bien vivante. Elle avait vingt-huit ans. Je serais bien resté en Bretagne jusqu'à la fin des temps et je n'aurais alors jamais connu les affres de l'antiterrorisme. La vie en a décidé autrement, ou plutôt la mort. En 1997, il est arrivé ce qui arrive à tellement de gens, une catastrophe, un chamboulement, une petite fin du monde. Mon père est tombé malade, tellement malade qu'il est mort une semaine après son hospitalisation. C'était un cancer. Pour mon père, la machine fut bien peu hospitalière. Comme me l'a dit une infirmière à 3 heures du matin, alors que je suggérais avec insistance qu'on lui donne un peu plus de morphine : « Vous n'avez pas de chance, le chef du service pense qu'il faut mourir dans la souffrance. » Mon sang n'a fait qu'un tour et l'interne de permanence, qui n'y était pour rien, a été contrainte d'augmenter le dosage sur-le-champ. Mon père est décédé à l'âge de cinquante-cinq ans. Mon frère et moi avons entouré notre mère, du genre cellule nucléaire, sans penser que le plus dur était à venir. Il paraît que la foudre ne tombe jamais deux fois au même endroit. J'en doute. Deux mois à peine après la mort de mon père, la médecine diagnostiquait une leucémie aiguë à ma mère. Elle avait atteint le taux considérable de 80 % de globules blancs anormaux appelés les « blasts ». Un terme que, décidément, je déteste. C'est l'effet de souffle en langage terroriste. Et un poison. D'après le spécialiste qui avait reçu ma mère en urgence, elle en avait pour quinze jours à moins de passer immédiatement à une chimiothérapie très lourde. Un diagnostic choc effectué dans l'hôpital où mon père était mort. Trop déprimant. Grâce à un piston, ma mère a pu être hospitalisée à l'Hôtel-Dieu à Paris et c'est, dans le malheur, la meilleure chose qui nous soit arrivée. L'équipe médicale a été extraordinaire, mais ma mère est morte, un an et demi plus tard, à l'âge de cinquante-six ans.

En janvier 1997, au début de sa maladie, nous étions encore pleins d'espoir. La situation était toutefois problématique car mon frère voyageait tout le temps. Le médecin qui suivait notre mère nous avait expliqué le protocole : chaque chimiothérapie serait suivie d'une période d'aplasie. Notre mère allait donc être en état de grande faiblesse quand elle rentrerait à la maison. Elle aurait besoin de transfusions sanguines fréquentes. Le tableau n'était guère réjouissant et dès le lendemain, j'écrivais de ma plus belle plume à la direction des services judiciaires de la

Chancellerie pour demander ma mutation en urgence au tribunal de Grande Instance de Paris. J'ai été reçu à la Chancellerie par un collègue de ma promotion qui m'a expliqué qu'en urgence je ne pourrais avoir qu'un poste de substitut du procureur au Tribunal de Paris. C'était parfait : le Tribunal était à deux cents mètres de l'Hôtel-Dieu. Je pourrais aller voir ma mère pendant les chimiothérapies, entre midi et deux, ainsi que le soir. J'étais heureux et elle aussi. J'ai finalement été nommé substitut du procureur de la République de Paris en septembre 1997. L'attente a été longue.

À mon arrivée, j'ai été reçu par le procureur de la République de Paris de l'époque, Gabriel Bestard. Il m'a temporairement affecté à la 7e section consacrée aux règlements des affaires d'atteinte aux personnes dont les viols, meurtres et assassinats divers. Pour moi, c'était l'idéal. C'était une section dans laquelle il y avait énormément de boulot mais c'était un travail de rédaction. Il s'agissait de rédiger les règlements définitifs, c'est-à-dire les documents de synthèse des éléments d'un dossier à la fin d'une instruction. Après l'exposé des éléments du dossier, le parquetier prend des réquisitions tendant au renvoi devant la cour d'assises ou le tribunal correctionnel ou, au contraire, au non-lieu partiel ou total. Ce document est fondamental dans les affaires criminelles. Rien ne m'empêchait donc, quand ma mère rentrait de l'hôpital, de rédiger à la maison. Deux mois plus tard, un substitut de la 8e section quittait le Tribunal et il fallait le remplacer. Or personne ne voulait aller dans cette fameuse « 8e ». C'était la section des crimes et délits flagrants. Celle des cadences infernales, des affaires qui s'enchaînent, avec les moyens du bord. En 1994, Raymond Depardon avait fait un film édifiant sur le sujet, *Délits flagrants*. Le procureur Bestard me convoqua :

— Monsieur Trévidic, je suis très ennuyé, d'autant que votre supérieur, Mme Odile Faivre, dit que vous faites un remarquable travail à la 7e section, mais je dois vous affecter à la 8e.

Je ne sais pas s'il était « très ennuyé » mais pour moi, c'était une catastrophe.

— Monsieur le procureur, vous connaissez ma situation. J'ai du mal à comprendre ce qui vous y oblige.

— Vous avez fait la permanence à Nantes. Vous avez toutes les qualités requises et je n'ai aucun candidat en interne. Comme vous êtes le dernier arrivé, je n'ai pas le choix.

Dans le plus grand parquet de France, avec quatre-vingts substituts, il n'avait pas le choix.

Le soir, j'ai proposé à ma mère de faire une demande de mise en disponibilité mais elle a refusé. J'aurais dû le faire. J'ai gâché quelques mois que j'aurais pu passer à ses côtés dans un box sordide ou dans les rues à traquer les cadavres de nuit.

Les six parquetiers de cette section assuraient toute l'année, 24 heures sur 24, la permanence pénale du Parquet de Paris. Nous allions sur les lieux en cas de découverte d'un cadavre suspect, dirigions les enquêtes de flagrance, assurions la permanence téléphonique puis les quelque quarante déférements quotidiens, pour la plupart en comparution immédiate, avant d'aller œuvrer pour une justice expéditive devant la 23e chambre correctionnelle, véritable cour des miracles. Et une justice de gestion de flux. Il s'agissait de vider le dépôt où étaient entassées les personnes déférées afin de pouvoir le remplir de nouveau le lendemain, et ainsi de suite. Par ailleurs, la faiblesse des effectifs de « la 8e » astreignait chaque substitut à une permanence au Tribunal un week-end sur deux.

La 8e section fut le premier asile que j'aie fréquenté. Un bon nombre des personnes qui nous étaient déférées étaient dans un état physique ou mental piteux. Quant à nous, nous naviguions entre l'hystérie et l'abattement. Plus aucun magistrat n'accepterait aujourd'hui de travailler dans des conditions pareilles. L'aspect le plus intéressant était de loin la direction des enquêtes de crime flagrant. J'ai vu des cadavres en tout genre et un peu partout, naviguant sur le canal de l'Ourcq ou sur la Seine, retrouvés découpés en morceaux dans un immeuble cossu du 16e arrondissement ou tassés soigneusement dans une grosse poubelle verte de la ville de Paris. J'ai au moins appris à connaître la capitale. Il m'en est resté une interrogation en partie sans réponse : pour quelle raison les cadavres sont-ils presque toujours découverts la nuit ? Je veux bien admettre que les gens s'entretuent plus volontiers une fois la nuit tombée, mais à ce point-là ! Après le décès de ma mère, la situation a été plus facile pour moi, pas dans ma tête, mais pour mon emploi-temps. Peu de temps après, le nouveau procureur de la République de Paris, Jean-Pierre Dintilhac, a décidé de supprimer la 8e section. À la fermeture définitive de la section, j'étais un zombie, mais un zombie tout-terrain, un zombie compétent. Doué pour les règlements, rodé à la permanence et rompu aux cadavres en tout genre, j'étais une recrue de choix pour la prestigieuse section antiterroriste installée dans la galerie Saint-Éloi. Au début de l'année 2000, Jean-Pierre Dintilhac m'a convoqué dans son bureau pour m'y proposer un poste à la section antiterroriste, m'expliquant que celle qui la dirigeait, Irène Stoller, recherchait un profil comme le mien. De gros dossiers d'instruction arrivaient à leur terme et elle cherchait un bon régleur, c'est-à-dire un moine-écrivain de la République capable de pondre des documents de deux cents à cinq cents pages. Les dossiers antiterroristes peuvent avoisiner cent tomes ! J'ai accepté la proposition. Je n'avais pas imaginé me retrouver là mais dans ma tête de « petit » substitut, cette section était inatteignable. Elle était prestigieuse, quasi mythique. C'était ici que, dans le secret, avaient été traités les attentats de 1986 qui m'avaient tant marqué. C'était le début de ma plongée au cœur de l'antiterrorisme.

Du jour au lendemain, je devenais compétent nationalement. Je pouvais toiser mes collègues étriqués dans leurs ressorts territoriaux. Un juge d'instruction ou un procureur de Lyon sont compétents sur le ressort du tribunal de Grande Instance de Lyon, et c'est ainsi pour toutes les juridictions françaises en droit commun. Le système antiterroriste reposait sur sa centralisation à Paris. Il n'y avait qu'une section du parquet et une seule galerie d'instruction sur l'ensemble du territoire. J'allais découvrir ce qui se cachait derrière les portes du « bunker », ce long couloir situé au dernier étage d'une aile intérieure du Tribunal de Paris. C'est là qu'officiaient l'Amiral Jean-Louis Bruguière, son bras droit Jean-François Ricard, Laurence Le Vert, chargée des dossiers basques et corses, ou encore Gilbert Thiel, qui deviendra plus qu'un collègue, un complice. À mon arrivée au parquet antiterroriste en mars 2000, ce service regroupait quatre parquetiers et quatre juges d'instruction. Le législateur de 1986 avait bien compris qu'il n'était pas possible de lutter efficacement contre des phénomènes qui dépassent les frontières si on ne supprimait pas les frontières procédurales internes. Les groupes terroristes se déplacent, agissent ici, frappent là, et nouent des liens entre eux. Le découpage classique de ressorts territoriaux est totalement inadapté à leur mobilité. En arrivant à Saint-Éloi, je ne m'attendais pas à ce qu'Irène Stoller me confie prioritairement le suivi et le règlement des dossiers ayant trait à l'islam radical. À mes yeux, c'était la matière la plus intéressante et j'imaginais que l'un des substituts déjà en poste dans la section voudrait récupérer ce contentieux. Irène Stoller avait souri avant de m'expliquer la situation :

— Vous n'y êtes pas du tout. Je croule sous les règlements des dossiers d'ETA et je ne peux absolument pas m'occuper de l'islam radical. Dans les semaines à venir, des dossiers islamistes monstrueux vont arriver au règlement, les attentats de 1995 mais aussi un vrai dossier Al-Qaida, l'affaire Fateh Kamel, et je ne vous parle que des plus gros. En plus, vos deux collègues ont vu ce qui était arrivé à celui que vous remplacez. Il s'est fait massacrer pendant le procès Chalabi !

Mohamed Chalabi était le responsable présumé d'un réseau de soutien logistique au Groupe islamique armé (GIA) algérien, implanté en Europe. J'avais suivi dans la presse ce procès de cent trente-huit prévenus du réseau, organisé dans un gymnase proche de la maison d'arrêt de Fleury-Mérogis. Il s'était transformé en véritable combat sportif, digne du championnat du monde d'arts martiaux : peut-être l'effet gymnase ! La plupart des avocats avaient d'ailleurs jeté leurs robes-kimono. Celui que j'avais remplacé avait encaissé coup sur coup. Et la presse proclamait, en parlant de Jean-Louis Bruguière : « Il voit des islamistes partout. » Il y avait sans doute une grande part de vérité là-dedans mais ceux qui n'en voyaient nulle part avaient à l'inverse les « yeux grands fermés ». Beaucoup n'en voyaient nulle part. Nous étions à un peu plus d'un an des attentats du 11 Septembre. Après le procès Chalabi, les nerfs étaient à vif. C'est dans cette ambiance sympathique que j'abordai ma nouvelle matière. Et puisque l'Amiral voyait des terroristes partout, le travail ne manquait pas. Je me consacrais principalement à l'islam radical mais, à l'occasion des permanences qui revenaient toutes les quatre semaines, je découvrais d'autres terrains de jeux comme la Corse, la Bretagne et le Pays basque. Mes principaux interlocuteurs à la galerie Saint-Éloi étaient donc Jean-Louis Bruguière et Jean-François Ricard qui instruisaient tous deux les dossiers islamistes, comme l'attentat du RER Saint-Michel. J'étais tétanisé quand j'ai rencontré pour la première fois Jean-Louis Bruguière, le mythe, la légende. Un juge bien éloigné de l'image que l'on m'avait enseignée à l'École nationale de la Magistrature. À l'époque, les travaux n'avaient pas refaçonné la galerie Saint-Éloi et le vaisseau amiral, son bureau se trouvait juste après l'entrée. Il y avait une porte vitrée de sécurité et un gendarme en faction, mais pour le reste, les lieux étaient à l'image du Tribunal, chargés d'histoire mais exigus et non fonctionnels. J'ai attendu dix minutes dans le couloir puis Jean-Louis Bruguière est venu me chercher en personne. J'étais si impressionné que je n'aurais pas pu le décrire après. J'avais vu une icône. Peut-être avait-il sa pipe, son accessoire inséparable lorsqu'il fumait encore. Peut-être tirait-il sur son oreille, l'un de ses tics. Je ne sais plus. Il s'agissait de ma visite protocolaire de présentation et, excepté Irène Stoller qui admirait l'Amiral, mes collègues me l'avaient décrit d'une façon guère encourageante. L'idée générale était qu'un substitut venant se présenter à Bruguière était un être transparent. Il ne s'adressait pas à la personne mais à sa fonction. C'était parfaitement exact, sauf qu'il n'appartenait qu'à ce substitut de devenir par la suite un peu plus consistant. Si Bruguière en imposait, c'est parce qu'il était bel et bien le véritable patron de la lutte antiterroriste, son ambassadeur plénipotentiaire. Les autres étaient là pour faire fonctionner son système. Et ce système fonctionnait... mais il fonctionnait *intuitu personae.* Tout passait par lui. Lors de cette première rencontre, l'Amiral a été très cordial et un tantinet maître d'école. J'ai eu droit à un cours sur la compétence nationale.

— Monsieur Trévidic, on ne peut pas tout faire. Ça ne sert à rien d'être compétent sur tout le territoire si on n'est pas spécialiste. Il faut donc vous spécialiser. Le pôle antiterroriste doit être un pôle d'excellence. Nous devons lutter contre des formes très différentes de terrorisme, qu'il s'agisse d'extrême droite, d'extrême gauche ou d'anarchie, du terrorisme lié à des revendications autonomistes ou indépendantistes en Bretagne, au Pays basque ou en Corse, du terrorisme international issu de situations historiques et géo-politiques : l'Iran, la Palestine, le Liban, le Kurdistan... ou du terrorisme en lien avec des fondamentalismes religieux dont l'exemple le plus évident est bien entendu le mouvement salafiste jihadiste international. On a de tout.

En l'écoutant, j'avais la tête qui tournait. Après ce tour du monde, il conclut par :

— Allez, on compte sur vous, hein... il y a plein de boulot. Hein, vous savez, il y a beaucoup de dossiers qui vont descendre au règlement. Mais il paraît que vous êtes doué pour ça.

J'osais une question :

— Merci, mais quel conseil vous pouvez me donner pour que je rentre un peu dans la matière ?

— Il faut lire. Y a plein de bouquins. Demandez à Irène. Y a aussi des synthèses de la DST qui sont pas mal dans certains dossiers.

Lire, analyser, recouper, tel était le secret.

Quand je suis allé me présenter à Jean-François Ricard,

il était tout aussi professoral. Mais à sa manière, de façon très théorique et intellectuelle. J'ai pu remarquer, dans les nombreuses discussions que j'ai eues ensuite avec lui, qu'il avait à la fois le nez sur le guidon et du recul. Au débit rapide et au style haché de l'Amiral, succédait un argumentaire articulé, à cheval sur les transitions. Deuxième leçon :

— Pour travailler dans le terrorisme, il faut s'investir personnellement. On ne peut pas faire cela en dilettante. Il faut que tu acquières un bagage culturel suffisamment consistant, ne serait-ce que pour pouvoir comprendre le phénomène que tu es censé combattre, et puis une connaissance parfaite des techniques, modes opératoires, qualités et défauts de l'adversaire, autrement dit la « mécanique terroriste » que l'on doit démonter. C'est évidemment vrai pour les juges d'instruction. Tu nous vois diriger des enquêtes, interroger nos terroristes, élaborer des stratégies, sans une connaissance approfondie de l'histoire et des motivations de l'individu ou du groupe concernés ? Eh bien c'est pareil pour toi : comment un procureur pourrait-il requérir dans une audience, en tout cas de façon crédible, sans développer tous les aspects de ce phénomène criminel hors du commun ? Le terrorisme, ça n'a rien à voir avec tout le reste. Juger un terroriste, c'est certes juger un acte terroriste mais c'est aussi juger une conviction. C'est pour cela que notre tâche est infiniment difficile. Donc, tu as intérêt à te plonger dans l'islamisme vite fait. Mais tu verras, à force de régler des dossiers islamistes, ça va rentrer tout seul. Tu vas voir, tous les dossier sont liés entre eux. C'est pour ça qu'il faut se spécialiser. On a affaire à des petits groupes menant une vie en grande partie autonome les uns des autres, avec des projets terroristes distincts, mais les contacts transversaux entre les individus composant ces groupes sont multiples. Finalement, ça reste un petit monde, tout au moins en Europe, avec ses vedettes, ses références, et quelques noms apparaissent tout le temps. Les techniques poussées d'investigation, et en particulier les écoutes, mettent continuellement en lumière les liens entre les dossiers. On passe constamment d'un projet terroriste à un autre, d'un dossier à un autre, d'un groupe terroriste à un autre. Certains de nos clients sont très prolixes et imaginatifs. Ils ont plusieurs chantiers à la fois, il y a donc une nécessité de connaître tous les principaux dossiers pour faire les liens utiles. Pour pouvoir établir un dialogue constructif, élaborer des stratégies intelligentes avec les enquêteurs, il faut que le magistrat ait toutes les cartes en main, qu'il connaisse au minimum aussi bien la matière et l'ensemble des dossiers liés entre eux que les policiers avec lesquels il va travailler et qu'il est censé diriger. Ce n'est pas un domaine qui se satisfait d'approximations et encore moins d'amateurisme.

Deux rencontres, deux styles différents. Mais l'essentiel était dit. Cette approche de la situation reste pertinente aujourd'hui.

Dans les semaines qui suivirent mon « intronisation » au parquet antiterroriste, je compris bien vite que l'Amiral appréciait les bosseurs, détestait les fumistes et, surtout, ne laissait personne marcher sur ses plates-bandes. La direction de la surveillance du territoire (DST) avait bien senti tout l'avantage qu'elle pouvait retirer d'un tel personnage, et inversement d'ailleurs. La DST était chargée du contre-espionnage jusqu'à sa fusion en 2008 avec la direction centrale des Renseignements généraux au sein d'une nouvelle entité, la fameuse direction centrale du renseignement intérieur (DCRI), dirigée par Bernard Squarcini, dit « le Squale ». Mais revenons à l'Amiral et son couple avec la

DST, pilotée par Jean-Jacques Pascal. Après la quasi-disparition consécutive à la campagne d'attentats de 1995, au sein de la 6e division de police judiciaire de Roger Marion, du groupe traitant du terrorisme islamiste, la DST avait sauté sur l'occasion. Une chance d'ailleurs à leur portée : le terrorisme islamiste sortait des frontières franco-algériennes pour devenir réellement international. Ce furent ces fameuses filières afghanes, prémices de nos graves soucis à venir, qui marquèrent le point de départ de l'investissement de la DST. À l'époque, ces filières qui nous préoccupaient tant étaient inconnues du public. Cette mutation essentielle, à une époque où la DST était confrontée à une baisse de son chiffre d'affaires liée à la disparition du bloc soviétique et de la Guerre froide, fut assez rapidement couronnée de succès grâce à un partenariat étroit entre Jean-Louis Bruguière et la DST. Ce tandem fonctionnait avec une efficacité redoutable. L'un était compétent sur tout le territoire, la DST aussi. Bruguière n'avait donc aucune opposition dans son propre camp puisque le parquet ouvrait une instruction dès que l'affaire était un tant soit peu intéressante et que, chargé de la coordination de la section antiterroriste, il était systématiquement le premier saisi pour toute instruction touchant au terrorisme international. La DST, pour sa part, était systématiquement saisie par l'Amiral et trustait donc l'intégralité des enquêtes sur cette nouvelle forme de menace terroriste. Ce degré de synergie n'avait jamais été atteint, dans aucun domaine judiciaire. Jusqu'à son départ en 2007, pour le terrain plus hasardeux de la politique, l'Amiral est resté seul maître à bord. Il gouvernait non seulement la Galerie mais aussi le parquet. En revanche, il laissait aux bons soins de Laurence Le Vert la lutte contre ETA. Petit à petit, il s'habitua également au capitaine Thiel, auquel il ne fallait pas trop se frotter. Mis à part l'affaire Erignac, trop importante pour qu'il s'en désintéressât, Jean-Louis Bruguière, qui ne pouvait pas tout faire, laissa la Corse à Gilbert. Avec son bras droit Jean-François Ricard, dont la force de travail semblait inépuisable, Jean-louis Bruguière se contenta donc du reste du monde. Quant à moi, suivant les conseils des patrons, je me spécialisai dans l'islam radical. Mon rôle s'étoffait à mesure que grossissait la menace du terroriste islamiste. Rappelez-vous, l'Amiral en voyait partout. Je m'étais jeté sur le moindre bouquin traitant la question de manière relativement approfondie. J'avais aussi éprouvé le besoin de lire le Coran. J'en ai d'ailleurs toujours un exemplaire dans mon bureau et il m'arrive occasionnellement de discuter d'un sens d'une sourate avec l'un de mes mis en examen. À l'époque, ma tâche était ingrate. Les substituts qui n'ont jamais connu l'arrivée concomitante au règlement de cent cinquante tomes de procédure auront peut-être des difficultés à comprendre qu'une matière si passionnante puisse être si fastidieuse. Heureusement pour mon moral, mes qualités avaient été rapidement reconnues. Je me souviens du premier compliment de l'Amiral. Je venais de terminer mon premier règlement, en matière de terrorisme international, dans un dossier instruit par Bruguière. C'est Irène Stoller qui m'avait répercuté le satisfecit. Évidemment, j'étais légèrement anxieux du verdict de M. Antiterrorisme, d'autant que le dossier en question n'était pas des plus évidents. Il s'agissait de l'assassinat en France d'un opposant iranien par un membre des services secrets de son pays. *Grosso modo*, j'étais en plein James Bond avec du lait frais qui me coulait des narines. Dans mes toutes premières audiences correctionnelles, en revanche, j'avais éprouvé quelques difficultés à convaincre le Tribunal de la dangerosité de nos clients. Avant le 11 septembre 2001, le fait d'être islamiste convaincu et même d'apporter un soutien sans réserve aux GIA algériens ne suffisait pas à faire de vous un terroriste. Ce n'était pas illogique. Toutefois, j'enviais un peu Irène Stoller, qui n'avait guère besoin de prouver au Tribunal que les Basques hurlant « Gora ETA » (« vive ETA ») dans la salle d'audience étaient des terroristes. J'admirais avec quelle classe elle supportait les cris, insultes et menaces des ettarras mais je ne pouvais m'empêcher d'envier la facilité avec laquelle elle obtenait les peines maximales. De fait, l'on pouvait parler d'un quasi-barème de points, comme pour les conduites en état d'ivresse. La peine maximale pour le délit d'association de malfaiteurs terroriste était de dix ans de prison. Pour simplifier, la peine dépendait du numéro supposé du prévenu dans la hiérarchie d'ETA : du numéro un au numéro cinq, la sanction était de dix ans, du numéro six au numéro dix, c'était neuf ans, et ainsi de suite. Pour ma part, c'était plus difficile car il fallait démontrer que le prévenu, pourtant peu admiratif de notre civilisation et de nos valeurs judéo-chrétiennes, était potentiellement dangereux. Et ce n'était pas une mince affaire, et ce, justement, en raison du caractère seulement potentiel de cette menace. C'est toute la difficulté de l'appréhension du danger. Nos clients, et il s'agit de la raison d'être de la lutte antiterroriste, sont arrêtés la plupart du temps avant d'être passés à l'acte et parfois tellement en amont que l'on ne peut pas être certain qu'ils auraient finalement fait quoi que ce soit s'ils avaient pu. Et contrairement à certains terroristes qui s'affichent ouvertement comme tels, nos islamistes ne se réclament que de l'islam. Ils ne portent pas de badge distinctif, à moins de soutenir que le port de la barbichette fait de vous un terroriste. Les audiences n'étaient donc pas de tout repos. Nous étions effectivement à un période charnière. Le laxisme consternant du monde occidental, qui avait laissé fleurir des camps d'entraînement terroristes à ciel ouvert en Afghanistan, produisait ses résultats : nous avions semé des graines d'intégrisme et nous commencions à récolter la tempête.

LES ORIGINES D'AL-QAIDA

Comme me l'avait conseillé l'Amiral, j'ai lu sans relâche. Puisqu'il fallait se spécialiser, et que l'on m'avait confié l'islam radical, je dévorais tout ce qui concernait le sujet. Évidemment, et ce nom revenait aussi dans les dossiers, Al-Qaida était au centre de mes lectures. Aujourd'hui, personne n'ignore ce qu'est cette organisation, le nom d'Oussama Ben Laden est célèbre dans le monde entier. Avant le 11 Septembre, Al-Qaida était surtout connu des services spécialisés. Certes, Ben Laden était depuis la fin des années 1990 l'un des fugitifs les plus recherchés par le FBI. Son nom et celui de son organisation apparaissaient dans certains articles de presse ou reportages télé. Mais dans la tête du grand public, il n'était pas encore l'ennemi public numéro un. Al-Qaida était au mieux un nom bizarre. Et l'idée que cette obscure organisation puisse faire vaciller l'Amérique était proprement inconcevable. Pourtant, grâce au laxisme de nombreux pays, y compris occidentaux, cette organisation prospérait depuis des années. Le 11 Septembre est tout sauf un coup du sort, un accident imprévisible ou une fatalité. Au contraire, tout était écrit : l'Occident a laissé les camps d'entraînement afghans prospérer, les jihadistes ont pu circuler dans le monde entier, librement, ou sous de fausses identités, tandis que les théoriciens de la terreur lançaient des fatwas depuis Londres, sans être inquiétés. Les attentats se multipliaient, les menaces de Ben Laden contre l'Occident ne cessaient d'enfler, ses troupes grossissaient mais rien n'a pu stopper cette machine infernale. En retraçant la montée en puissance d'Al-Qaida, graduelle, planifiée, méthodique, on réalise à quel point la catastrophe était prévisible. Permettez-moi ce retour historique. Al-Qaida est un mot arabe que l'on peut traduire par « la base ». Ces dernières années, les théories se sont succédé sur les raisons pour lesquelles ce mot a finalement été choisi pour désigner la plus grande organisation terroriste du monde. Il est même difficile d'accorder la paternité de ce choix à qui que ce soit. Il fallait bien un nom car toute chose doit être nommée. Certains disent qu'il s'agit de désigner avant tout une « base miliaire », d'autres soutiennent qu'il s'agit d'une base de données. Force est de constater qu'Al-Qaida a été les deux.

Géographiquement, la base de « l'internationale jihadiste » s'est établie en zone pakistano-afghane. Dès l'entrée des soldats soviétiques en Afghanistan en 1979, la résistance islamique naissait. Elle a bénéficié d'une situation politique idéale. L'Arabie saoudite voulait reprendre la main face au danger que représentait la révolution islamique en Iran et l'expansion du chiisme, si bien qu'Abdallah Azzam, l'inspirateur du jihad afghan, obtint des fatwas (avis juridiques émanant de religieux) de huit oulémas officiels saoudiens. Ces docteurs de la loi décrétaient que le Jihad en Afghanistan était « fard'ayn », c'est-à-dire une obligation personnelle pesant sur chaque musulman. L'Amérique était engagée dans sa logique de Guerre froide contre l'Union soviétique. Elle était donc l'alliée de tous ceux qui combattaient les Soviets, les talibans compris.

Abdallah Azzam profita de ces soutiens pour lever des fonds et constituer la première base d'accueil de moudjahidin étrangers en zone pakistano-afghane. Certes, l'on ne parlait pas à l'époque de terrorisme puisque les moudjahidin ne s'en prenaient qu'aux Soviétiques : il s'agissait seulement de défendre l'islam contre une agression impie en menant le Jihad. Nous étions dans la pureté des principes avec le soutien du monde libre. Le premier Jihad afghan en est un exemple flagrant, tout comme la guerre de Bosnie. Pour combattre les Serbes, l'Occident ne voyait pas d'inconvénient à laisser les candidats au Jihad rejoindre le bataillon des moudjahidin de Zenica. Or les anciens « Afghans » et les anciens de Bosnie ne seront pas les plus tendres avec l'Occident sur le terrain du terrorisme.

Les moudjahidin du premier Jihad afghan, entre 1979 et 1989, combattaient uniquement des militaires. C'est à cette époque que l'infrastructure de ce qui deviendra Al-Qaida fut mise en place. Devant l'afflux de volontaires étrangers, il devint indispensable de mettre sur pied une véritable organisation. Pour ce faire, Azzam créa, dès 1984, le bureau des services aux moudjahidin et publia une brochure intitulée *Rejoins la caravane*, dans laquelle il exhortait les musulmans du monde entier à le suivre et donnait surtout des indications concrètes sur la façon de rejoindre la caravane. Pas aussi détaillé qu'un *Guide du routard* mais toutes les informations sur la prise en charge des moudjahidin à Peshawar s'y trouvaient. La même année s'ouvrait, toujours dans cette ville du nord du Pakistan, la première maison des partisans (Bait Al Ansar), conçue pour loger les moudjahidin à leur arrivée, avant de les dispatcher sur le front. D'autres « maisons » seront créées par la suite et notamment la célèbre « Maison des Algériens », citée par un grand nombre de personnes poursuivies en France à partir de 1995. Elle était évidemment destinée à accueillir les combattants en provenance d'Algérie.

De son côté, le Saoudien Oussama Ben Laden, fils du milliardaire à la tête du Bin Laden Construction group, organisait le départ des volontaires pour l'Afghanistan depuis l'Arabie saoudite. Après avoir soutenu dans un premier temps financièrement le Jihad, Ben Laden se rendit en Afghanistan pour assister Azzam dans la mise en place de l'infrastructure d'accueil des moudjahidin. La trajectoire de Ben Laden est passionnante à plus d'un titre. Son père, Mohamed, était issu d'une famille originaire du sud du Yémen, qui avait émigré en Arabie saoudite au milieu des années 1930. Maçon de formation, Mohamed Ben Laden était doté de talents architecturaux qui lui valurent d'être recruté par la famille royale saoudienne. Le roi Abdelaziz avait en effet lancé un grand projet d'accueil des pèlerins du monde entier.

Mohamed Ben Laden créa sa propre société, construisit des remparts, des maisons, des palais, des autoroutes, divers ouvrages d'art et décrocha finalement le pompon : il obtint la concession exclusive de l'entretien, de l'amélioration et de l'extension de la Grande Mosquée de La Mecque, ainsi qu'un poste de ministre à titre honorifique.

À son décès dans un accident d'avion en 1967, Mohamed Ben Laden laissa une immense fortune, une réputation sans tache et cinquante-quatre enfants dont vingt-cinq fils. Le benjamin de la famille, qui n'est autre qu'Oussama, n'avait donc que dix ans lors du décès de son père. On raconte qu'il fut si marqué par son décès qu'il se promit de faire tomber des avions quand il serait devenu grand. Mais bien avant de devenir l'icône barbue vivant dans des grottes, Oussama fut éduqué avec les princes de la famille royale, comme l'un d'entre eux ou presque, symbolisant le rêve américain à la mode wahabite (la doctrine qui ne reconnaît que le Coran et la Sunna, c'est-à-dire sa pratique par Mahomet). Pendant que l'entreprise familiale prospérait, Oussama fréquentait les palais et étudiait la théologie au bord de la mer Rouge. Malgré cette éducation, il est devenu l'apôtre de la terreur que l'on sait. Pour des raisons que seul un psychanalyste pourrait vraiment expliquer, Oussama s'est senti investi d'une mission. Son intervention en Afghanistan, aux côtés d'Azzam, a été déterminante en termes d'organisation. Dès le milieu des années 1980, plusieurs camps d'entraînement de moudjahidin voient le jour sous son contrôle direct. Ben Laden prend des contacts avec les mouvements islamistes des quatre coins du monde et devient, après l'assassinat d'Azzam en 1989, leur interlocuteur privilégié.

Les arrivées constantes de moudjahidin et les liens tissés, non seulement entre les individus, mais aussi entre les groupes islamistes eux-mêmes, vont constituer une véritable banque de données, un annuaire de l'internationale jihadiste. Dès la fin des années 1980, le carnet d'adresses de « la base » est impressionnant. Mais Oussama Ben Laden ne fait pas d'exclusive : tout frère musulman qui le rejoint est le bienvenu et toute organisation islamiste est fondée à apporter son soutien. Or les nouveaux amis d'Oussama ne plaisent pas nécessairement au royaume saoudien. L'Arabie saoudite doit en effet ménager les pays amis et surtout ne pas encourager les organisations qui appellent au renversement des pouvoirs établis. Le fondamentalisme religieux et, s'agissant de l'Arabie saoudite, le wahabisme, ne présente un intérêt que parce qu'il consolide le régime. Des groupes armés islamistes comme les « Gama'at islamiyya » et « Al-Jihad » égyptiens, ou plus largement les positions des Frères musulmans, sont alors bannis. Or, pour le régime saoudien, Oussama Ben Laden exagère largement. Il s'est notamment lié d'amitié avec le docteur Ayman Al-Zawahiri, qui deviendra le principal idéologue d'Al-Qaida et l'un des plus proches lieutenants de Ben Laden. Al-Zawahiri, né en 1951 en Égypte, est issu d'une famille de notables et a suivi des études de médecine. Il aurait pu lui aussi mener une vie paisible mais il noue des liens avec les fondamentalistes dès l'université et devient président d'une Gamaa islamyya d'étudiants. Oussama Ben Laden et Ayman Al-Zawahiri vont devenir des amis inséparables. Ils sont complémentaires et de cette complémentarité naîtra Al-Qaida. Pour l'heure, nous sommes en 1989 : David a battu Goliath, les Soviétiques rentrent chez eux. Ben Laden rentre également chez lui, en Arabie, mais, un peu comme un vétéran du Vietnam, l'accueil n'est pas au niveau de l'attente. Le régime saoudien le prive notamment de son passeport, histoire qu'il arrête de fricoter avec n'importe qui. Apparemment, Ben Laden se tient à carreaux pendant deux ans. En 1991, son passeport lui est restitué mais il n'est plus désiré en Arabie saoudite. Ses discours enflammés contre la venue des troupes américaines sur le sol le plus sacré de l'islam, lors de la première guerre du Golfe, étaient trop dangereux pour le régime qui tentait au contraire, grâce à des Ouléma officiels, de légitimer le débarquement des GI's. Évidemment, la version officielle saoudienne ne convainquait pas Ben Laden. Les soldats mécréants s'établissaient sur la terre des deux lieux saints, pour combattre un pays musulman. Que l'Irak ait envahi le Koweit pouvait certes justifier qu'une armée musulmane fasse entendre raison à Saddam, mais certainement pas des troupes mécréantes. De plus,

Saddam Hussein n'était pas antipathique aux yeux des islamistes jihadistes. Le dictateur irakien, en combattant l'hérésie chiite des Iraniens, avait mené un véritable Jihad. Pour les sunnites extrémistes, uniquement fidèles à la conduite de Mahomet, les chiites (les partisans d'Ali, l'oncle du Prophète) sont l'horreur absolue. Ils ne sont pas considérés comme des musulmans et leur sang est « licite », comme celui de n'importe quel mécréant. En combattant l'Iran pendant dix ans avec la bénédiction de l'Occident et des marchands d'armes, Saddam ne s'était donc pas fait que des ennemis.

Après la première guerre du Golfe, Ben Laden repartit en Afghanistan, où il retrouva Al-Zawahiri. Mais il ne reconnaît plus son Jihad. Les Soviétiques ne sont plus là. Or ce sont eux qui soudaient le mouvement jihadiste. Les chefs de clan s'entre-déchiraient pour prendre le pouvoir et le contrôle du trafic de drogue. Les moudjahidin ne servaient donc plus à grand-chose, à part se mettre au service d'un clan ou d'une faction. Beaucoup d'entre eux repartirent d'ailleurs chez eux à partir de 1992. Cela est en particulier le cas d'un très grand nombre de moudjahidin algériens. Ce retour massif de ceux que l'on appellera en Algérie les « Afghans » va achever de pourrir une situation déjà explosive depuis le coup d'État militaire, entre les deux tours des élections. À peine revenus du Jihad en Afghanistan, ces « Afghans » vont découvrir que les conditions sont désormais réunies pour un Jihad à domicile, contre le pouvoir impie du FLN algérien. Ils formeront le gros de l'encadrement des GIA.

Oussama Ben Laden et Al-Zawahiri, quant à eux, quittent l'Afghanistan pour le Yémen puis le Soudan. Ben Laden est un grand sentimental et la situation de l'Afghanistan ne correspond plus à ses rêves de restauration du califat (territoire reconnaissant l'autorité d'un calife, successeur de Mahomet). De plus, Oussama est accueilli les bras ouverts par le Frère musulman soudanais Hassan El-Tourabi qui déteste les Saoudiens. El-Tourabi s'est en effet mis en tête, même si le Califat n'est pas encore restauré, d'être calife à la place du calife, c'est-à-dire d'être le référent religieux pour le monde sunnite. Il voulait combattre l'hégémonie de l'Arabie saoudite sur l'islamisme sunnite en surfant sur la vague du mécontentement qu'a provoqué, dans le monde musulman, l'appel aux troupes américaines pour combattre l'Irak. Entouré de véritables moudjahidin, légitimés par un Jihad victorieux, El-Tourabi se sent pousser des ailes. Il organise à un rythme soutenu de grands symposiums appelés « conférences populaires arabes et islamiques ». Oussama Ben Laden, quant à lui, veut prouver à son hôte qu'il n'est pas un ingrat. Il entreprend alors de construire des routes, un aéroport et d'autres infrastructures qui tendent à démontrer qu'il aurait pu, comme papa, être un grand bâtisseur plutôt qu'un grand démolisseur. Ben Laden fonde également une Holding d'une quinzaine de sociétés aux activités multiples (allant pour simplifier de l'agriculture traditionnelle à la fabrication d'armes légères).

Il reste néanmoins actif sur le terrain politique, fondant ainsi le « Comité du conseil et de la défense des droits légitimes » dont une antenne s'implante à Londres et noue des contacts de plus en plus étroits avec la mouvance islamique radicale londonienne. Il a d'ailleurs, dans sa base de données, plusieurs contacts avec d'anciens « Afghans » installés en Grande-Bretagne. Pendant sa période soudanaise, Ben Laden ne rompt pas toute relation avec la zone pakistano-afghane. Il continue au contraire à entretenir des contacts avec ses anciens amis qui sont restés sur place. Si Al-Qaida n'existe pas encore, le Bureau des services aux moudjahidin créé en 1984 perdure tant bien que mal. Il redeviendra très actif à partir de 1994, permettant à plusieurs volontaires pour le Jihad en Bosnie de recevoir une formation accélérée dans les camps afghans, destinée à affronter les Serbes. Ben Laden maintiendra également des relations étroites avec les « Afghans » algériens placés au cœur du Jihad contre le régime apostat d'Alger et son allié mécréant, la France. Mais avant, l'intérêt d'Oussama se porte sur la Somalie où les Américains ont débarqué en 1992, dans le cadre de l'opération « *Restore Hope* ». En fait, cette opération a pour effet de restaurer l'espoir des moudjahidin qui, en octobre 1993, prennent une part très active dans le harcèlement des troupes américaines. Celles-ci sont contraintes de se retirer de la Corne de l'Afrique. Oussama Ben Laden est ravi de la défaite des Américains qui commencent sérieusement à douter de leur ancien allié.

En avril 1994, les autorités saoudiennes, qui, elles, savent parfaitement à quoi s'en tenir, privent Ben Laden de sa nationalité saoudienne. Qu'à cela ne tienne, El-Tourabi lui accorde immédiatement la nationalité soudanaise et le passeport qui va avec. Mais l'amitié a ses limites, contrairement à Ben Laden, qui n'en a pas : sans doute sous l'influence d'Al-Zawahiri, Ben Laden est censé avoir participé à la tentative d'assassinat du président égyptien Moubarak. En tout cas, les Égyptiens en sont certains et demandent son extradition. En 1995 et 1996, Ben Laden aurait par ailleurs commandité deux attentats sur des cibles américaines à Riyad et Al-Khobar (vingt-quatre morts et mille cinq cents blessés), qui lui valent également une demande d'extradition des États-Unis et une autre de l'Arabie saoudite. Hassan El-Tourabi, bien loin d'avoir reconstitué la Oumma islamique, se retrouve de plus en plus isolé. Il n'est toutefois pas certain que Tourabi aurait lâché son ami si celui-ci n'avait entrevu des perspectives certaines en Afghanistan, où les talibans venaient de prendre le pouvoir.

LE RETOUR DE MAÎTRE JIHAD – L'ÂGE D'OR D'AL-QAIDA

À l'été 1996, Oussama Ben Laden quitte le Soudan et retourne à la base. Le courant passe tout de suite entre lui et les talibans. Finalement, le Jihad contre les Soviétiques a débouché avec retard sur le régime rêvé par Ben Laden. Dans ce pays tout neuf où la Charia est appliquée avec zèle, Oussama et ses amis ont trouvé l'Eldorado.

L'on pouvait rêver que notre « maître Jihad » ne se laisserait pas, encore une fois, entraîner du côté obscur de la force, préférant couler des jours heureux avec ses épouses, mais c'était sans compter sur son obsession à faire la guerre. À peine revenu en Afghanistan, Ben Laden diffuse, le 23 août, une « déclaration de Jihad » dont le sous-titre « Expulsez les polythéistes de la péninsule arabique » sera repris sous la forme plus explicite de « Expulsez les juifs et les chrétiens de la péninsule arabique » sur les affiches placardées à la gloire de Ben Laden, en particulier au Pakistan. Oussama, en utilisant le terme de « polythéistes », voulait de toute évidence faire référence au combat victorieux du Prophète contre les polythéistes de La Mecque. Dans son esprit, ce terme – qui s'applique généralement à tous ceux qui admettent l'existence de plusieurs dieux – s'adressait avant tout aux troupes américaines, et était là pour rappeler que les chrétiens, s'ils sont des « gens du livre », sont surtout des mouchrikoum, c'est-à-dire des gens qui associent Dieu à d'autres divinités.

Dans cette déclaration du 23 août, Ben Laden se place dans la droite ligne d'Abdallah Azzam. Il décrète qu'il est un devoir personnel (« *fard'ayn* ») pour chaque musulman de bouter les Américains, Israéliens, sionistes et chrétiens de toutes les terres d'Islam occupées. Il insiste sur « l'occupation de la terre des deux lieux saints » par les troupes impies qu'il qualifie de « la plus grande des agressions » subies jusqu'alors par la Oumma islamique, et ce avec la complicité du régime saoudien. Dans sa prose, il félicite les « fils de l'Arabie » qui se vouent au Jihad et déclare solennellement que le combat se poursuivra jusqu'à l'établissement d'un État islamique sur toute la péninsule. À bien des égards, cette déclaration de guerre du 23 août 1996 peut être considérée comme marquant la véritable naissance, en tant que groupe terroriste consacré à l'action, d'Al-Qaida, même si plusieurs spécialistes la situent beaucoup plus tôt, en 1989. Quoi qu'il en soit, cette déclaration est un tournant. Et une escalade. D'autant que la base militaire, cette fois-ci vouée au Jihad international, est totalement réorganisée. Tout au long de l'année 1997, Oussama reprend en main les camps d'entraînement militaires avec la bénédiction du régime taliban du Mollah Omar. Il est possible de parler, à partir de cette date, d'une véritable concession exclusive accordée à Ben Laden. Cette réactivation des camps s'accompagne d'une réactivation par le leader d'Al-Qaida de ses contacts dans le monde intégriste. De véritables réseaux voient le jour et désormais les services antiterroristes utilisent fréquemment le terme de « réseaux Ben Laden » ou de « filières Ben Laden ». L'utilisation assez fréquente, dans les procès-verbaux et dans les médias, des termes de Front islamique mondial (FIM) ou d'Organisation mondiale du Jihad (OMJ) laisse penser un temps que l'une de ces deux appellations va l'emporter mais la fonction première de base géographique, stratégique et informatique reprenant toute sa vigueur, le terme Al-Qaida s'imposera *in fine*. Avec l'expansion planétaire du Jihad international, il deviendra même et surtout « la base idéologique », la référence commune pour tous les groupes franchisés, quasi autonomes par rapport au vaisseau-mère.

La lecture des procès-verbaux de la DST est d'ailleurs significative de l'évolution du vocabulaire et de ce qu'il recouvre. Les PV de 1997 n'utilisent jamais le terme d'Al-Qaida. Il faut attendre l'année 1998 pour qu'il commence à être employé, jusqu'à sa vulgarisation en 1999. En 1997, pourtant, l'internationale jihadiste s'est mise au service du Cheikh Oussama et inversement. À Londres, en particulier, Abou Hamza, ancien d'Afghanistan et de Bosnie, qui délivre des prêches au vitriol dans la grande mosquée de Finsbury Park, relance la revue *Al-Ansar* et crée surtout l'organisation *Supporters of Shariah*, dotée d'un site Internet proposant des « stages » en Afghanistan. Le Londonistan jouera ce rôle de recrutement et d'envoi de jihadistes dans les camps d'Oussama jusqu'au 11 septembre 2001.

La naissance de l'internationale jihadiste est concrétisée par la création, en 1998, du « Front islamique mondial contre les juifs et les croisés ». Al-Qaida se construit peu à peu au sens physique du terme. Elle devient une véritable organisation terroriste, avec des camps, un vrai état-major, des réseaux, des moyens financiers importants, des circuits de blanchiment, et des contacts réguliers avec plusieurs pays et la plupart des organisations salafistes internationales (revendiquant un retour à l'islam originel, fondé sur le Coran et la Sunna). Al-Qaida s'implante inexorablement dans tous les pays peu regardants ou dotés d'une législation complaisante. Le terme de « Pieuvre Al-Qaida » fait alors son apparition pour décrire le noyautage des sociétés du monde entier. Curieusement, le monde occidental réagit peu. Pourtant, les attaques sont parfois d'une violence inouïe, comme ceux de 1998 contre les ambassades américaines à Nairobi, capitale du Kenya, et à Dar es Salam en Tanzanie, commis le jour anniversaire du débarquement des troupes américaines en Arabie saoudite. Avec le recul, il est impossible de comprendre comment le monde occidental, et en particulier l'Amérique, a pu laisser grandir Al-Qaida sans véritable réaction.

Après ces terribles attentats, Ben Laden et Mohammed Atef, l'un de ses plus fidèles bras droits, sont mis en accusation par le Tribunal fédéral de Manhattan. Je repense avec émotion à cette époque où l'on pensait encore pouvoir arrêter et juger rapidement Ben Laden. Il y avait alors une telle candeur chez nos amis américains. Les comptes rendus de la conférence de presse, annonçant les mises en accusation, par la procureur fédérale de Manhattan, et le directeur-adjoint du bureau du FBI de New York, en témoignent. La procureur déclarait : « La présente enquête se poursuit dans le monde entier et continuera jusqu'à ce que tous les responsables soient traduits en justice. » Qui pouvait douter que la toute-puissante Amérique ne puisse venir à bout de quelques barbus enturbannés ? Le représentant du FBI new-yorkais affichait le même optimisme : « Nous accordons une importance considérable à cette enquête. Notre stratégie est claire : nous découvrirons l'identité et le lieu de résidence de tous les responsables, qu'il s'agisse de ceux qui ont fabriqué les bombes et qui les ont posées ou de ceux qui leur ont donné l'ordre de le faire et qui les ont payés pour cela, et nous les traduirons en justice. » La procureur avait conclu : « Oussama Ben Laden et Mohammed Atef, qui sont tous deux recherchés par la Justice, risquent d'être condamnés à de longues peines de prison ou à la mort. » Précision fort peu dissuasive, qui témoigne de la perception inexacte à l'époque du phénomène du terrorisme islamiste par les Américains : des gens prêts à mourir ne sont guère impressionnés par la peine de mort.

Les attentats de Nairobi et de Dar es Salam n'étaient pas les seuls chefs d'inculpation contre Ben Laden et Atef. Il y en avait… deux cent trente-huit. C'était dire l'étendue de l'organisation Al-Qaida à laquelle l'on imputait pratiquement tous les attentats majeurs depuis 1993. Cette année-là, l'Amérique n'avait pas seulement été défaite en Somalie, mais elle avait également été touchée une première fois au cœur de Manhattan. Le Word Trade Center, déjà. Le 26 février 1993, une camionnette explosait dans le parking souterrain du building, tuant six personnes et faisant de très nombreux blessés. Le cheik Omar Abdel Rahman, surnommé le « Cheik aveugle » aux États-Unis, à cause de sa cécité, fut arrêté à New York puis accusé d'avoir commandité cet attentat exécuté par Ramzi Youssef. Cet ancien d'Afghanistan y avait côtoyé Azzam et Ben Laden, et le cheik Omar Abdel Rahman. Ce dernier, d'origine égyptienne, était le référant religieux de la Gama'a islamiyya d'Égypte. Ses Fatwas étaient d'une grande violence, en particulier contre les chrétiens. Pourtant, il bénéficia d'un visa pour les États-Unis et même de la précieuse Green Card (la carte verte permettant de travailler légalement aux États-Unis), peut-être pour services rendus en Afghanistan contre les Soviétiques. Ben Laden réclamera à plusieurs reprises la libération du « Cheik aveugle », avec moult menaces contre les États-Unis et l'humour délicieux qui le caractérise. L'Amérique, elle, exigeait son extradition.

Parmi les deux cent trente-huit chefs d'accusation d'Oussama Ben Laden et de Mohamed Atef figuraient notamment des faits de financement et de blanchiment, la mise en place d'une structure de fourniture de faux papiers et des trafics d'armes en tout genre. Vu l'infrastructure, Al-Qaida s'inscrivait manifestement dans la durée, avec l'ambition de mener le Jihad jusqu'à la victoire. La victoire, au sens que lui donne Ben Laden, consiste *a minima* en la libération de toutes les terres musulmanes, à savoir, si l'on s'en tient aux divers lieux du monde cités par Ben Laden lui-même, les pays du Golfe soumis à la présence et à l'omnipotence américaine, la Palestine, le Cachemire et bien sûr la Tchétchénie.

Qu'Al-Qaida soit une structure faite pour durer transpire dans les discours de Ben Laden lui-même, où il parle de victoire inéluctable. Mais avant, ils doivent se montrer patients, admettre que les musulmans d'aujourd'hui ne verront pas forcément de leur vivant la libération de la Palestine et l'anéantissement d'Israël. En attendant ce jour béni, Ben Laden considère que le rôle d'Al-Qaida est d'être une conscience permanente pour les musulmans les poussant sempiternellement au Jihad armé. À un journaliste du *Times*, Ben Laden déclarait ainsi en décembre 1998 : « Notre travail consiste à instiguer, par la grâce d'Allah. Nous l'avons fait et, par la grâce d'Allah, des personnes ont répondu à cette instigation… Si l'incitation au Jihad contre les juifs et les Américains est considérée comme un crime, alors l'histoire peut témoigner que je suis un criminel. » Personne mieux que Ben Laden n'a résumé la stratégie, le but et la raison d'être d'Al-Qaida. Deux jours plus tard, pour nous souhaiter joyeux Noël, Ben Laden déclarait au quotidien arabe *Al-Awsat* : « Les peuples britannique et américain ont démontré leur appui aux décisions de leurs chefs d'agresser l'Irak, ce qui fait de chacun des ressortissants de ce pays, ainsi que des juifs en Palestine occupée, des guerriers que tout musulman doit combattre et tuer. » L'on retrouve dans toute sa simplicité criminelle l'assimilation totale des civils aux militaires sous le qualificatif de « combattants » qu'il convient de tuer. Ce nouvel appel au meurtre était parfaitement explicite.

Malgré les discours optimistes américains sur la capture de Ben Laden, on pouvait déceler un soupçon d'impuissance dans l'annonce de David Carpenter, haut responsable du Gouvernement fédéral américain, qui offrait une somme de cinq millions de dollars en 1999 à toute personne fournissant des renseignements permettant de l'arrêter. Un montant largement dépassé depuis, sans aucun résultat. En 1999, Oussama Ben Laden faisait son entrée dans le « *Top Ten* », des personnes recherchées par le FBI, tous crimes confondus. Outre la diffusion de l'avis de recherche par Internet, des affiches « *Wanted* » ou « *Reward* » (« récompense »), dans la plus pure tradition du Far West américain du XIXe siècle, étaient diffusées dans la zone pakistano-afghane.

Cette liste des « dix fugitifs les plus recherchés » par le FBI en juin 1999 apporte des éléments intéressants. Par exemple les alias – ou pseudos – de Ben Laden connus à l'époque du FBI, avec la transcription phonétique que seuls les Américains utilisent : « Shaykh Usama Bin Ladin, the Prince, the Emir, Abu Abdallah, Mujahid Shaykh, Hajj, the

Director. » Prince, Émir, le Directeur… Autant de termes qui témoignent de l'aura d'Oussama Ben Laden.

L'avis de recherche mentionnait ensuite les éléments de description suivants, à une époque où le physique de Ben Laden n'était pas encore connu de la terre entière :

Date de naissance : 1957 (Comme l'avis ne précise pas la date exacte, je me permets d'ajouter, pour ceux qui seraient tentés de faire son thème astral, qu'il est né un 30 juillet.)
Lieu de naissance : Arabie saoudite
Taille : De 1,93 à 1,98 mètre
Poids : Environ 73 kilos
Corpulence : Mince
Occupations : Inconnues (Là, le FBI aurait pu faire un petit effort d'imagination !)
Remarques : Leader de l'organisation terroriste Al-Qaida, « la base ». Il marche avec une canne.
Cicatrices et marques : Aucune
Cheveux : Bruns
Yeux : Marron
Teint : Olive
Sexe : Masculin
Nationalité : Saoudien (ce qui n'était plus exact depuis 1994).

L'avis de recherche s'achevait ainsi :

ATTENTION
CONSIDÉRÉ ARMÉ ET EXTRÊMEMENT DANGEREUX
Si vous avez n'importe quelle information au sujet de cette personne, entrez en contact SVP avec votre bureau

local du FBI ou l'ambassade ou consulat des USA le plus proche.

RÉCOMPENSE

Le gouvernement des États-Unis offre une récompense allant jusqu'à cinq millions de dollars pour toute information permettant directement l'arrestation ou le jugement d'Oussama Ben Laden.

Parmi les signes distinctifs, outre le port du turban, le FBI aurait pu indiquer qu'Oussama Ben Laden, pour un terroriste, ne manquait pas d'humour. Il fit en effet placarder dans plusieurs provinces afghanes, au cours du mois de septembre 1999, manifestement en réponse à cet avis de recherche, des affiches montrant le portrait de Bill Clinton, où il était demandé aux musulmans du monde entier de procéder à l'arrestation du président américain pour les très nombreux crimes commis par l'Amérique. La récompense à cette arrestation ne devant pas venir d'Oussama Ben Laden mais d'Allah lui-même.

L'ironie de Ben Laden était un signe de sa toute-puissance. À la fin de l'année 1999, en effet, Al-Qaida est parfaitement organisée, le soutien des talibans semble être assuré, les camps d'entraînement tournent à plein régime et des actions terroristes d'envergure sont sur le point d'être lancées pour le passage au troisième millénaire.

Le comité exécutif d'Al-Qaida est alors formé, en dehors de Ben Laden, d'un comité des affaires financières dirigé par Sahad Al-Sharif, d'un comité des affaires militaires avec à sa tête Mohamed Atef, d'un comité politique à vocation opérationnelle supervisé par Ayman El-Zawahiri divisé en zones géographiques (Asie, Cachemire, Afrique et

Europe), une section chargée des relations avec les talibans et une section d'accueil des moudjahidin. Cette dernière section est placée sous l'égide d'Abou Zoubeida dont le nom reviendra constamment dans toutes les procédures judiciaires françaises entre 1999 et 2001. D'autres comités de moindre importance soutiennent l'action des comités susvisés, comme le comité des communications, celui des relations avec les médias, celui chargé de la fourniture des faux documents administratifs ou encore le comité des familles, qui a notamment vocation à prendre en charge celles des moudjahidin. Il faut dire qu'ils arrivent alors de plus en plus nombreux avec femmes et enfants en Afghanistan.

Au-dessus de toute cette organisation et de façon traditionnelle dans l'islam se situe le conseil de la Shourah. Il s'agit d'un organe consultatif destiné à éclairer l'Émir. L'importance du conseil religieux d'Al-Qaida mérite également d'être soulignée.

Ce ne sont donc pas les comités qui manquent mais la puissance d'Al-Qaida réside avant tout dans ces fameux camps d'entraînement. Terroristes et jihadistes affluent de partout pour s'y entraîner, d'Europe, d'Afrique, du Moyen-Orient, des Balkans et même d'Asie. La concentration la plus importante de camps d'entraînement se situe assez logiquement dans les environs de Kaboul, en raison de la proximité de Peshawar, point de départ obligé des jihadistes au Pakistan. C'est à Peshawar que l'accueil puis le dispatching vers tel ou tel camp sont organisés par Abou Zoubeida, secondé par toute une bande de G.O. dont Abou Jaffar, responsable de la maison des Algériens qui accueillera de nombreux résidents français d'origine algérienne. Les destinations ne manquent pas.

À environ deux cents kilomètres au nord-est de Kaboul sont implantés les camps de Khôst et de Khalden. Ceux de Tora Bora et de Charasiab se situent cent kilomètres plus au sud en remontant vers Kaboul. Le camp le plus proche de Peshawar, Farm Hadda, est situé à moins de cinquante kilomètres de la frontière pakistanaise. À quelques kilomètres à peine à l'est de Kaboul se trouve le célèbre camp de Darounta. Enfin, un peu plus au sud, on trouve le camp de Sarobi.

Une deuxième province, celle de Kandahar, est également bien pourvue, avec les camps d'islam Dara et de Tarin Kôt.

Il ressort de l'ensemble des informations judiciaires ouvertes en France que l'Afghanistan a été le lieu de formation et d'entraînement quasi exclusif des jihadistes.

Des moudjahidin arrivaient, s'entraînaient, partaient, revenaient. Bien qu'il soit difficile de donner un chiffre fiable, on estime à environ vingt mille le nombre de personnes formées depuis l'été 1996 dans les camps afghans d'Al-Qaida. De nombreux moudjahidin ont trouvé la mort sur des théâtres d'opération divers, en Algérie, en Afghanistan, en Tchétchénie, en Bosnie, au Cachemire ou ailleurs. D'autres ont été arrêtés ou mis hors d'état de nuire. D'autres encore sont retournés chez eux. Mais qu'en est-il du chiffre noir, le nombre inconnu des jihadistes en liberté, parfaitement formés et, dans certains cas, parfaitement intégrés à la société ? Combien de bombes à retardement ? Même si tous ne confondent pas Jihad et terrorisme, certains sont évidemment capables de commettre des attentats, pour peu qu'on le leur demande. Ils sont prêts.

La qualité de la formation reçue dans les camps d'Al-Qaida ne doit surtout pas être sous-estimée. À côté des incontournables cours de théologie destinés à légitimer le Jihad, l'entraînement militaire ne se limitait pas au maniement de la kalachnikov. Les témoignages très nombreux recueillis depuis 1995 dans diverses procédures judiciaires instruites en France donnent froid dans le dos. En sortant de Khalden ou Darounta, un élève moudjahid sait fabriquer et utiliser de nombreux engins explosifs. Les systèmes de mise à feu à distance n'ont plus de secret pour lui. Les plus doués sont même capables d'utiliser des produits hautement toxiques comme la ricine et le cyanure.

De plus, les stagiaires sont repartis chez eux avec un petit manuel du parfait terroriste comportant les modes de fabrication et d'emploi des engins explosifs et des poisons les plus courants ou les plus faciles à manier. Ces notices, qui se présentaient initialement sous la forme de brochures, sont depuis gravées sur des CD-Rom, retrouvées en grand nombre lors d'arrestations ou de perquisitions. Plus récemment, cette documentation s'est évidemment retrouvée dans les mémoires des clés USB et dans les disques durs des ordinateurs portables. Et désormais Internet est là pour parfaire les connaissances !

L'un des principaux formateurs aux produits toxiques et poisons aurait été le nommé Abou Khabab, qui a enseigné dans les camps de Khôst, puis de Darounta. Khabab formait également les recrues au maniement des explosifs. C'est ainsi qu'il entraîna Abou Hamza, la future star londonienne de la grande mosquée de Finsbury Park. Soit Abou Khabab était un prof nul en explosifs, soit Abou Hamza n'était pas un élève attentif, toujours est-il que ce dernier perdit ses deux mains et un œil au cours d'un exercice au début des années 1990. Abou Hamza quitta l'Afghanistan très fâché contre Khabab, pour s'installer à Londres, où certains le surnommèrent la « Vipère de la Tamise ».

Le fils d'Abou Hamza avait lui aussi la fibre terroriste. À la fin des années 1990, le fiston s'envola pour le Yémen où il intégra les rangs de la filiale d'Al-Qaida, l'armée islamique d'Aden Abyan. Le chef de ce groupe, Abou Bakr Al-Mihdar, avait combattu aux côtés d'Oussama Ben Laden contre les Soviétiques. C'est lui qui prépara la vaste campagne d'attentats des fêtes de la fin d'année 1998 au Yémen. Il s'agissait de faire exploser les deux seuls hôtels à peu près potables d'Aden, une discothèque, le bureau des Nations unies, une église, le consulat britannique, ainsi qu'une cible américaine à définir.

Heureusement, un contrôle routier fit tout capoter. Les cinq occupants de la voiture, contrôlés par la police d'Aden, perdirent leur sang froid et se mirent à tirer sur tout ce qui bougeait. Ils parvinrent à s'enfuir mais furent arrêtés peu après. Dans leurs chambres d'hôtel et dans deux véhicules, la police découvrit cinq mines antichars, deux lance-roquettes antichars, plusieurs kilos de TNT, des passeports, des armes de poing, ainsi que du matériel de communication. La police mit surtout la main sur les plans détaillés des attentats projetés pour Noël. Dans l'une des chambres, les enquêteurs saisissaient également le passeport britannique du fils d'Abou Hamza. Celui-ci avait pris la fuite en oubliant ses papiers.

L'histoire, hélas, n'en resta pas là. Le 28 décembre 1998, l'armée islamique d'Aden Abyan prit en otages seize touristes étrangers au nord-est d'Aden. Elle réclamait la libération des cinq membres de son groupe interpellés cinq jours plus tôt. Le 29 décembre, les forces de sécurité yéménites donnèrent l'assaut. Malheureusement, l'opération se solda par la mort de quatre otages, trois Britanniques et un

Australien. Le 27 janvier 1999, le fils d'Abou Hamza fut interpellé. Au cours des interrogatoires, plusieurs membres du réseau d'Aden Abyan avouèrent appartenir au groupe des partisans de la charia dirigé depuis Londres par la « Vipère de la Tamise », Abou Hamza. Malgré cela, « le Manchot », son autre surnom, n'eut pas de gros problèmes avec la justice anglaise.

Ces actions programmées au Yémen contre des intérêts occidentaux étaient un signe précurseur de ce qui allait se dérouler pour le passage au troisième millénaire. La Jordanie, tout d'abord, démantela en décembre 1999 un groupe très structuré qui voulait profiter des célébrations du millénium prévues dans ce pays pour tuer des touristes occidentaux. Plusieurs personnes impliquées avaient été formées au camp de Darounta. Les liens de ce groupe avec Al-Qaida étaient donc manifestes. Quelques mois plus tôt, au mois de mai, Fateh Kamel était interpellé en Jordanie en exécution d'un mandat d'arrêt international de la France. Aucun lien objectif ne pouvait être fait entre ce jihadiste professionnel et les projets d'attentats en Jordanie. En revanche, il avait des contacts étroits avec Ahmed Ressam qui s'apprêtait à passer à l'action aux États-Unis, pour célébrer lui aussi le millénium dans la terreur et le sang.

Le 14 décembre 1999, Ahmed Ressam, Algérien domicilié au Canada, était interpellé au poste frontière de Port-Angeles (État de Washington). Muni d'un faux passeport au nom de Benni-Antoine Noris, il était au volant d'un véhicule de location transportant des produits toxiques, quatre boîtiers composés d'un circuit électrique relié à une montre et un connecteur pour batterie. Bref, de quoi fabriquer une bombe de nitroglycérine. Ce contrôle inopiné permit d'éviter le premier véritable attentat d'Al-Qaida sur le sol américain. Ressam expliqua qu'il voulait faire exploser sa bombe à l'aéroport de Los Angeles. Il était loin d'être inconnu des services français. Jean-Louis Bruguière et Jean-François Ricard instruisaient en effet un dossier qui le concernait de très près, le dossier Fateh Kamel. Or Ahmed Ressam faisait partie du groupe montréalais dont plusieurs membres étaient en contact avec un lieutenant de Ben Laden, Abou Zoubeida. Cela signifiait qu'ils avaient très probablement bénéficié de la formation continue terroriste donnée en Afghanistan.

De toute cette période « anté-World Trade Center » d'Al-Qaida, celle qui a succédé au Jihad contre les Soviétiques et qui s'est achevée le 11 septembre 2001, il est possible de retenir quelques enseignements : en premier lieu, « la base » a tiré sa puissance de ses camps d'entraînement, véritables académies du terrorisme que l'Occident a laissé prospérer. En second lieu, le simple fait de partir s'entraîner dans un camp d'Al-Qaida aurait dû *ipso facto* être considéré par les pays occidentaux comme une preuve d'appartenance à un groupe terroriste. Or, plusieurs pays occidentaux ont considéré qu'en l'absence de la démonstration d'un projet terroriste avéré à leur retour de la zone pakistano-afghane, les « Afghans » ne pouvaient pas être poursuivis. Il s'agissait d'une erreur grossière car, excepté les jihadistes s'entraînant en Afghanistan dans le seul but de combattre des militaires dans un pays agressé et reconnu comme tel par la communauté internationale, telle la Bosnie, les recrues étaient formées au terrorisme. Et les enseignants d'Al-Qaida attendent de leurs élèves une mise en pratique. Bien entendu, les avocats des jihadistes en herbe ont raison de souligner, quand ceux-ci sont arrêtés à leur retour sur le sol français, qu'ils n'ont encore rien fait de mal et qu'ils ne comptaient pas commettre d'actions terroristes. À la vérité, les intentions d'un islamiste qui part s'entraîner dans les camps d'Al-

Qaida sont claires. Il peut certes changer d'avis et renoncer à son projet, mais au moment où il part et pendant tout le temps où il s'entraîne, son intention est terroriste.

Autre enseignement : Al-Qaida n'a existé que grâce à la complicité active du régime taliban. La puissance d'Al-Qaida fut avant tout celles des talibans. Ben Laden le savait bien quand, le 9 avril 2001, à Peshawar, il prêta allégeance au mollah Omar, en le qualifiant de Commandeur des croyants de l'Émirat islamique d'Afghanistan. Oussama Ben Laden, le Prince des moudjahidin, auquel tant de chefs islamistes avaient prêté allégeance, reconnaissait l'autorité du régime taliban ! Si la base logistique d'Al-Qaida permettait de former puis de sélectionner les meilleurs éléments pour commettre des attentats, le régime taliban utilisait aussi les moudjahidin étrangers dans la guerre contre son ennemi juré : l'alliance du Nord du commandant Massoud.

Cette convergence d'intérêts, renforcée par une idéologie commune, explique que Ben Laden soit devenu, à l'été 2001, l'un des neuf membres de haut conseil militaire taliban, alors que depuis des mois les États-Unis exerçaient une pression considérable sur le régime taliban afin d'obtenir son extradition. Cette période a été rapidement effacée des mémoires par les attentats du 11 Septembre mais « la question Ben Laden » donna lieu à un terrible bras de fer entre l'Amérique et le régime taliban. Les États-Unis croyaient ou feignaient de croire que le régime taliban allait céder. Un courant hostile à Al-Qaida existait au sein du régime taliban. Il était mené par le mollah Ghôlam Mohamed Rabbani, chef du gouvernement de Kaboul. Cependant, le mollah Omar, guide suprême des talibans, apportait un soutien sans faille à son ami Ben Laden. Dans une interview donnée à Kaboul au journal *The Guardian*, le 31 mars 2001, il déclarait ainsi : « La moitié de mon pays a été détruite par vingt années de guerre. Si l'autre moitié doit être détruite en essayant de protéger M. Ben Laden, je suis prêt à ce sacrifice. »

C'est donc ensemble qu'Al-Qaida et le régime du mollah Omar allaient faire le grand saut. L'assassinat par Al-Qaida, le 9 septembre, de l'ennemi juré des talibans, le commandant Massoud, chef de l'alliance du Nord soutenue par les pays occidentaux, notamment par l'Amérique et la France, démontre à quel point les attentats du 11 Septembre avaient été préparés soigneusement et en parfaite synergie. Il était en effet évident que ces attentats, réussis ou pas, allaient entraîner une vive réaction des Américains. Il était dès lors essentiel de laminer leur tête de pont en Afghanistan, c'est-à-dire l'alliance du Nord de Massoud.

Le 11 septembre 2001, en tout cas, le groupe Al-Qaida comme nous le connaissions, à savoir la base militaire, est bien mort. La base de données subsiste, mais l'infrastructure d'Al-Qaida a disparu dans le bombardement de ses camps. Toutefois, si les talibans reviennent, si les camps se reconstituent quelque part, Al-Qaida renaîtra de ses cendres.

Avant le 11 Septembre, le grand public ignorait tout ou presque d'Al-Qaida. Notre société, bien qu'en danger, était en paix. Pourtant, nous pouvions voir des terroristes partout, vu qu'ils étaient partout. À l'occasion du passage au troisième millénaire, plusieurs projets terroristes d'ampleur, comme l'affaire du groupe de Francfort qui voulait faire exploser une bombe sur le marché de Noël, devant la cathédrale de Strasbourg, ou encore le projet d'attentat à l'explosif sur l'aéroport de Los Angeles que devait mettre à exécution Ahmed Ressam, avaient ouvert les yeux du public sur la réalité moderne du Jihad international. Ils constituaient autant de signes précurseurs de l'ouragan 11 Septembre.

Mais ce qui nous agitait à la galerie Saint-Éloi restait assez confidentiel. L'Amérique ne voyait rien venir. Certains pays d'Europe avaient à peine conscience du danger. En Angleterre, s'activaient même depuis des années les démons du Londonistan.

WAIT AND SEE

J'aime la Grande-Bretagne, en particulier le club de foot de Liverpool, les Stones, Bryan Ferry, lord Byron et Shakespeare. Mais je n'aime guère la conception de la lutte contre le terrorisme qui fut celle de ce pays dans les années 1990. Pour les Britanniques, l'objectif était de ne pas être pris pour cible par les islamistes, quitte à accorder généreusement l'asile à une bande de fous furieux. Il valait mieux que leur haine se déverse sur les autres et en particulier sur la France. C'est ainsi que naquit ce que tous les connaisseurs appelèrent bientôt le Londonistan. Un surnom amplement mérité puisqu'on trouvait à Londres le plus grand tour operator pour la zone pakistano-afghane. Destination les camps d'entraînement. Tout a commencé par l'accueil de nos ennemis intimes, les idéologues du GIA. Après tout, ces indigènes, colonisés par la France arrogante, avaient bien le droit d'exprimer leurs opinions dans le pays des Droits de l'homme anglo-saxon. Les Anglais ne mirent aucune barrière à la liberté d'expression des porte-parole du GIA et autorisèrent les publications « rafraîchissantes » de la revue *Al-Ansar*, interdite en France. Même avec répulsion, je dois en citer certains passages d'un lyrisme peu commun pour éclairer mon propos. Ainsi, le lecteur pouvait découvrir, dans le numéro d'*Al-Ansar* du 20 octobre 1994, ce passage édifiant : « Le fait de tuer des chrétiens français est la preuve indiscutable de notre force. » Ou encore, dans celui du 12 mai 1995 : « Prenez garde, fils de de Gaulle, car nous sommes derrière vous pour vous égorger, sur terre, sur mer, dans les montagnes et les déserts. »

À cette époque, tout jeune islamiste européen finissait inexorablement par se rendre dans ce Londonistan si prometteur. Ces hooligans de la religion savaient parfaitement où se rendre : à Finsbury Park et à Baker Street se trouvaient les mosquées de leurs rêves. Les leaders les plus célèbres s'appelaient Abou Hamza et Abou Qatada. Ces prêcheurs du Londonistan fascinaient de jeunes musulmans en quête de paroles voire de sensations fortes. Ils allaient au pays d'Abou Hamza comme la génération précédente s'était rendue au pays des Beatles ou des Rolling Stones.

Après que l'Algérie eut perdu de son charme, à force de massacres de villages entiers, qui avaient fini par irriter jusqu'aux islamistes, et de l'attrait exercé par le Jihad international d'Al-Qaida, nos orateurs concentrèrent leurs efforts sur le recrutement de candidats pour le Jihad en zone pakistano-afghane. Oussama Ben Laden était revenu de Somalie et rouvrait son fonds de commerce en zone tribale avec l'appui de ses nouveaux amis talibans. En outre, au début de l'année 1996, beaucoup de terroristes professionnels, de retour de Bosnie où ils avaient contribué à battre les Serbes, se sentaient désœuvrés. Entre les anciens de Bosnie au chômage technique et les déçus du Jihad à l'algérienne, la situation était mûre pour relancer les centres de formation professionnels terroristes en Afghanistan. Ceux-ci n'avaient certes pas fermé leurs portes mais n'affichaient plus complets : une nouvelle campagne publicitaire s'imposait donc. Abou Hamza, depuis son Londonistan, comprit dès 1997 l'intérêt du nouvel outil Internet pour inviter les jeunes musulmans à rejoindre les rangs du Jihad afghan. À Londres affluèrent donc ces jeunes désireux de s'entraîner dans les montagnes d'Asie centrale au maniement de la kalachnikov et des explosifs. Bien que les camps d'entraînement afghans fussent entièrement voués à la formation des terroristes, la Grande-Bretagne abritait sans états d'âme apparents le principal réseau de recrutement et d'acheminement des volontaires européens pour les camps de Khalden, de Khôst ou Darounta. Ce ne sont pourtant pas les éléments exploitables judiciairement qui manquaient : entre 1995 et 2001, la quasi-totalité des personnes interpellées en Europe, aux États-Unis et au Canada dans des procédures de terrorisme islamiste avait suivi à peu près le même parcours : un séjour en Grande-Bretagne et un détour par l'Afghanistan avant de revenir en Occident pour préparer des actions terroristes.

Pour autant, il serait inexact d'insinuer que nos voisins anglais ne faisaient rien. Le MI5 (Military Intelligence, section 5), le service de renseignement et de sécurité britannique, se montrait au contraire d'une efficacité redoutable dans la collecte de renseignements dont les services français pouvaient parfois profiter. C'est ainsi que de nombreux éléments avaient déjà été recueillis outre-Manche sur Rachid Ramda, le financier des attentats de 1995 en France, avant le début de sa campagne de terreur sur notre sol. Établi à Londres, il était également surveillé par des enquêteurs de « l'Anti-Terrorist Branch ». Cette surveillance physique permettra notamment d'établir l'envoi par ses soins depuis Londres, et, sous une fausse identité, d'un mandat Western Union en France réceptionné par Boualem Bensaid, l'un des principaux auteurs de la vague meurtrière de 1995. De même, certaines informations des services britanniques permirent d'identifier les personnes résidant en France qui faisaient le voyage en Angleterre pour entrer en contact avec le réseau d'acheminement vers les camps d'entraînement de la zone pakistano-afghane. La politique affichée par la Grande-Bretagne, vis-à-vis des idéologues islamistes réfugiés sur son territoire, était cependant la traduction du fameux « *Wait and see* ». Tant qu'il ne se passait rien sur leur sol, ils restaient très indulgents envers leurs sulfureux réfugiés. Une sorte de pacte de non-agression : aucune poursuite n'était engagée devant la justice britannique et, en contrepartie, le Royaume-Uni pensait être à l'abri. Tant que la France était la principale cible de l'intelligentsia islamiste établie sur les bords de la Tamise, le système préventif anglo-saxon pouvait perdurer, mais les États-Unis ne l'entendirent pas de cette oreille quand ils furent eux-mêmes la cible d'attentats en partie organisés depuis Londres.

Les liens supposés entre Ahmed Ressam, interpellé le 14 décembre 1999 au poste-frontière de Port Angeles dans l'État de Washington, avec soixante kilos de matière explosive, et Abou Doha, l'un des principaux organisateurs de la filière d'acheminement depuis Londres de moudjahidin (les combattants au nom du Jihad) vers l'Afghanistan, réveillèrent l'Amérique. La justice américaine émit un mandat d'arrêt international contre Abou Doha.

Ce fut le début de la fin du « *Wait and see* ». Même si la justice anglaise ne poursuivait pas elle-même les agissements de Doha, la neutralité britannique vivait ses derniers jours et une première législation antiterroriste entrait en vigueur en 2000. La Grande-Bretagne se dotait alors de l'équivalent de l'association de malfaiteurs terroristes à la française et rendait punissable le fait de soutenir publiquement des organisations terroristes. Tandis que nous attendions toujours l'extradition de Rachid Ramda, un véritable séisme juridique se préparait au pays de l'*habeas corpus* (la règle qui prévoit une présentation rapide à un juge d'une personne arrêtée, afin de lui signifier de quoi on l'accuse et ses droits).

Les attentats du 11 septembre 2001 sonnèrent le glas des dernières tentatives de la Grande-Bretagne de ne pas s'impliquer dans la lutte contre le terrorisme islamiste. Cependant, faute d'avoir constitué un véritable système judiciaire préventif, comme l'avait fait la France dès 1986, le Royaume-Uni adopta à la va-vite une législation contraire à ses propres principes démocratiques, passant brutalement d'une d'indulgence coupable à une justice d'exception. Dès le 14 décembre 2001, la loi « Anti-Terrorism, Crime and Security Act » entrait en application. La disposition la plus contestée permettait au pouvoir exécutif de détenir pour une durée illimitée, sans poursuite judiciaire, tout étranger suspecté de se livrer à des activités terroristes ! Le « certificat » de détention émanant du *Home Secretary*, le secrétariat d'État en charge de la Défense nationale, était établi quand le pouvoir exécutif estimait que la présence d'un étranger sur le territoire du Royaume-Uni représentait un risque pour la sécurité intérieure et qu'il y avait « une suspicion raisonnable » qu'il soit un terroriste international. Certes, l'étranger pouvait échapper à cette détention sans fin en acceptant de retourner dans son pays. Cette présomption administrative de culpabilité, véritable résurgence des lettres de cachet de l'Ancien Régime français, était bien trop éloignée du système judiciaire antiterroriste britannique. En décembre 2004, les Law Lords, gardiens du droit au Parlement, jugèrent cette disposition contraire à la Convention européenne des droits de l'homme. En mars 2005, le

« Prevention of Security Act » restreignait la possibilité d'assigner à résidence la personne administrativement suspectée d'activités terroristes, avec toutefois la possibilité de lui interdire ou restreindre l'utilisation de moyens de communication comme le téléphone ou Internet.

La tentation est forte, y compris dans des démocraties exemplaires, de se passer de l'outil judiciaire pour lutter contre le terrorisme. L'absence, en l'espèce, de système judiciaire suffisamment efficace, a poussé la Grande-Bretagne, mais aussi les États-Unis (voir annexes), à passer subitement du laxisme aux excès. À cause des attentats de 1986, puis de ceux de 1995, la France s'était dotée de règles certes dérogatoires mais adaptées à la menace, tout en respectant les principes fondamentaux du droit pénal. En lisant, comme me l'avait conseillé Bruguière, et en préparant les dossiers, effectivement monstrueux, confiés par Irène Stoller, j'ai réalisé à quel point Londres apparaissait sans cesse. La capitale a bel et bien été la plaque tournante du terrorisme. Jusqu'au 11 Septembre, il faisait bon vivre au Londonistan pour les pires extrémistes. Alors que la date fatidique approchait, notre bataille d'Angleterre était loin d'être terminée.

« QUE PEUT-ON FAIRE POUR VOUS ? »

Un matin de février 2001, Jean-François Ricard m'appelle de bonne heure :

— Marc, ça va ?

— Pas trop mal. Je suis en plein Saint-Michel. J'aimerais te parler d'un ou deux trucs.

— Ça tombe bien, je t'appelle justement pour Saint-Michel. Je vais réunir les parties civiles dans quinze jours et je pense que ce serait bien que tu sois là, vu que tu règles le dossier.

— Bien sûr. Tu vas leur faire le point sur Rachid Ramda aussi ?

— Oui, mais je ne sais pas trop quoi leur dire sur le sujet. T'as des nouvelles de la Chancellerie ?

— Makash Walou. La dernière fois, les Anglais nous ont transmis un questionnaire reprenant les questions soulevées par les avocats de Ramda lors de l'audience d'extradition. C'est pathétique. Ils veulent savoir de quelle façon nous allons garantir, tiens-toi bien, que Rachid Ramda ne sera pas torturé en France s'il est extradé ! Qu'est-ce que tu veux répondre à ça ?

— Ouais, on n'est pas arrivés.

— Ramda non plus !

Jean-François Ricard instruisait à l'époque les attentats de 1995 commis à Paris, notamment celui du RER B à la station Saint-Michel, revendiqué par le GIA (groupe islamique armé) algérien. Le 25 juillet 1995, l'explosion d'une bouteille de gaz remplie d'écrous avait tué huit personnes et fait cent vingt blessés. Il fut suivi par une série d'attentats ou de tentatives jusqu'à l'automne : place de l'Étoile, sur le marché Richard-Lenoir, place Charles-Vallin, au métro Maison-Blanche, à la station RER C Musée-d'Orsay à Paris, sur les rails d'une ligne TGV près de Lyon ou devant une école juive de Villeurbanne. Des mois de terreur, dix morts et près de deux cents blessés. Les moins de vingt ans ne peuvent pas imaginer l'ambiance de l'époque. Des bombes explosaient ou étaient trouvées dans des voitures, des toilettes publiques ou des poubelles. Les objets publics du quotidien devenaient menaçants. Remplis de boulons ou d'écrous, ces engins explosifs visaient à blesser gravement ceux qu'ils n'auraient pas réussi à tuer. Jean-Louis Bruguière était également désigné dans ces dossiers mais c'est Jean-François Ricard qui avait repris méthodiquement, avec la section antiterroriste de la brigade criminelle (SAT), les dossiers des attentats de Saint-Michel, Maison-Blanche et Orsay. Je crois que c'est lui qui avait eu cette idée géniale de rechercher ce que pouvait nous apporter le coupon de carte orange de l'une des personnes mises en examen, Smain Ait Ali Belkacem. La bande magnétique du coupon avait révélé l'heure et le lieu de son dernier passage dans le tourniquet : Smain Ait Ali Belkacem s'était trouvé dans la rame qui avait explosé à Orsay ! Par ailleurs, la SAT avait réussi à décoder les indications figurant sur les petits morceaux de papier trouvés dans la veste du deuxième mis en examen, Boualem Bensaid : il s'agissait tout simplement de repérages en vue des attentats et notamment celui du RER Saint-Michel. Grâce à ce travail de fourmi, qui avait demandé des années, on y voyait enfin clair.

Du côté du parquet, c'est moi qui devais régler ces dossiers et nous avions des discussions fréquentes, avec Jean-François Ricard, sur ce qu'il restait à faire ou pas pour que le dossier puisse être renvoyé devant la cour d'assises. J'étais en particulier intéressé par la situation des victimes. Le dossier contenait des éléments recueillis en 1995 mais pour certaines d'entre elles, il n'y avait pas grand-chose sur l'évolution de leurs blessures. Or j'avais un impératif juridique à résoudre. Le code pénal prévoit des infractions différentes selon les blessures infligées. Il était donc essentiel de savoir si telle victime avait subi une mutilation, une infirmité permanente ou simplement une incapacité totale de travail temporaire. Des dizaines de personnes étaient concernées. En six ans, les gens déménagent, s'expatrient, certains blessés, frappés au crépuscule de leur vie, étaient peut-être morts depuis. Heureusement, je pouvais compter sur l'aide de l'association SOS Attentats qui avait assuré, toutes ces années, un suivi des victimes alors que la Justice avait perdu la trace de beaucoup d'entre elles. Le fonds d'indemnisation des victimes du terrorisme disposait également d'adresses relativement à jour.

En organisant une réunion des parties civiles, Jean-François Ricard savait que les victimes étaient dans un état fébrile. Pour elles, c'était la perspective d'un aboutissement, la possibilité d'un procès à court terme. Quand un événement, attendu si longtemps, est enfin sur le point d'arriver, après tant d'attente, de doute, de lassitude, d'espoir et de désespoir alternés, on est forcément impatient. Parfois à bout.

Ce jour de février 2001, j'allais mettre des visages sur les noms des victimes de 1995. Elles sont entrées par petits groupes dans la salle d'audience de la première chambre civile du tribunal de Grande Instance de Paris. Je connaissais leurs souffrances, leurs mutilations, amputations et infirmités, mais uniquement sur le papier. Combien étaient-elles, ce jour-là, sur les deux cents victimes recensées, je ne sais pas. Peut-être une centaine. En les voyant entrer dans la salle, pour certaines avec difficulté, en les regardant s'asseoir, parfois avec une extrême lenteur et de multiples précautions, en observant la difficulté de ces petits gestes que nous faisons mille fois par jour sans y prêter attention, serrer la main, saisir un verre d'eau, reboutonner un col, j'ai tant appris sur le sens de mon travail. Je n'étais plus dans le diagnostic froid des règlements papiers. Les victimes prenaient corps. On me fait parfois grief d'être proche des victimes. Faudrait-il que je sois proche de leurs bourreaux ?

La présidente de SOS Attentats, Françoise Rudetzki, était présente, bien entendu, ainsi que l'avocat de l'association, Me Georges Holleaux.

— Nous allons pouvoir commencer, dit Jean-François Ricard. Je vous présente Marc Trévidic, le substitut chargé de suivre le dossier du côté du parquet qui doit rédiger le réquisitoire définitif. Normalement, ce réquisitoire devrait être achevé dans un mois environ, annonça-t-il en se tournant vers moi.

— Normalement. Disons que je vais faire de mon mieux pour tenir les délais, dis-je avec un air dubitatif.

Je pensais à l'état de mon bureau, à tous ces tomes entassés. Je savais que ce délai, ce « un mois environ », avait forcément retenu l'attention des victimes. Et que, dans un mois, après une si longue attente, elles attendraient une réponse.

— Nous arrivons à la fin de l'instruction, reprit Jean-François, comme vous le savez, les derniers éléments ont renforcé considérablement le dossier.

Il faisait allusion aux repérages de Boualem Bensaid.

— Avec le parquet, nous voudrions pourvoir renvoyer les dossiers Saint-Michel, Orsay et Maison-Blanche en même temps devant la cour d'assises, car il y a des liens évidents entre ces trois affaires, poursuivit-il.

Pendant environ une heure, il exposa les éléments du dossier, sa stratégie, le calendrier prévisible, puis ce fut le temps des questions de la salle.

La plupart des interrogations des victimes, de Mme Rudetzki et de Me Holleaux, tournaient autour de l'extradition de Rachid Ramda, soupçonné d'avoir financé et supervisé la campagne d'attentats de 1995 depuis Londres. Ce fameux Ramda, réfugié au Londonistan et que le Royaume-Uni tardait à nous livrer. En novembre 1995, il avait été arrêté à Londres, et sa procédure d'extradition était toujours en cours. Lors de cette réunion de février 2001, nous ne pensions tout de même qu'elle n'aurait lieu… qu'en décembre 2005. Dix ans après les faits ! Sans aucune raison valable justifiant un tel délai. Sans les attentats dans le métro londonien en juillet 2005, je ne suis pas certain que Rachid Ramda aurait été extradé.

Je me souviens d'une question en particulier, lors de la réunion des parties civiles, qui avait alimenté le débat :

— Qu'est-ce que l'on peut faire ? Qu'est-ce que les victimes peuvent faire pour vous aider à obtenir l'extradition de Rachid Ramda ?

Nous n'avions pas trouvé de réponse satisfaisante.

— Dans l'idéal, il faudrait que vous puissiez aller à Londres et manifester devant les grilles de Downing Street ou à Westminster, car c'est là-bas que ça coince, avais-je suggéré du bout des lèvres, sachant bien que cela était compliqué à organiser, onéreux et n'aurait finalement pas été si spectaculaire que cela.

Deux cents victimes, c'est énorme, pourtant ça ne fait qu'une toute petite manifestation. Les médias aiment les mouvements de foule.

Cette question, « que peut-on faire pour vous ? », je l'ai entendue à de nombreuses reprises depuis cette réunion. Les parties civiles peuvent parfois, avec leurs avocats, déplacer des montagnes ou en tout cas contribuer à ce qu'un dossier continue à vivre. Ainsi, en se constituant partie civile et en maintenant une pression constante, SOS Attentats a contribué à la condamnation par contumace en 1999 des six Libyens identifiés par l'enquête de Jean-Louis Bruguière sur l'explosion du DC10 d'UTA, qui fit cent soixante-dix morts, dont cinquante-quatre Français, en 1989. Les parties civiles peuvent aussi faire pression sur nos hommes politiques afin que ceux-ci mouillent un peu la chemise, non pas pour prendre position sur le fond d'un dossier, ce qu'ils ne doivent pas faire, mais pour que la justice puisse être rendue dans de bonnes conditions. Les victimes, si souvent utilisées dans les discours politiques, sont à la fois omniprésentes et oubliées. C'est souvent leur entêtement qui permet de résoudre un dossier, pas les effets d'annonce politiques. Celles des attentats de 1995, réunies ce jour de février 2001, n'ont jamais renoncé. Ait Ali Belkacem et Boualem Bensaid ont été condamnés à la réclusion criminelle à perpétuité pour trois des attentats commis en 1995 à Paris, le 30 octobre 2002. Rachid Ramda a été condamné à la perpétuité le 26 octobre 2007.

ZENICA

J'ai cru ne jamais y arriver. Avant de régler le dossier Fateh Kamel, je pensais savoir rédiger un réquisitoire définitif. Et voilà que ce Canadien d'origine algérienne venait ébranler mes certitudes. Membre du même réseau extrémiste montréalais que « The Millenium Bomber », Ahmed Ressam, l'homme qui avait planifié l'attentat raté à l'aéroport de Los Angeles la veille de l'an 2000, Fateh Kamel, sous l'apparence d'une vie rangée, donnait dans les faux papiers et le terrorisme. Commerçant-artisan, marié à une Canadienne, père de famille, beau gosse, il a eu longtemps la réputation d'un homme charmant. Mais Fateh Kamel menait une double vie. Ou plutôt de multiples vies. Il parcourait le monde, avait combattu en Bosnie et sans doute en Afghanistan, et s'était spécialisé dans le trafic de papiers. En mai 1999, ce VRP d'Al-Qaida était interpellé en Jordanie, en exécution d'un mandat d'arrêt international de la France. Quand ce dossier est arrivé sur mon bureau, quelques mois plus tard, c'était un puzzle. Je pensais avoir un bon esprit de synthèse, mais, diable, cela partait dans tous les sens. C'est précisément ce qui faisait son intérêt. Ce dossier casse-tête est l'un des plus emblématiques de ce qu'est la lutte judiciaire contre le terrorisme. Identifier un ennemi aux multiples visages, masqués derrière d'innombrables identités et liés à une multitude de réseaux éparpillés sur les cinq continents. J'étais depuis peu à la galerie Saint-Éloi et déjà face à un labyrinthe : l'itinéraire de Fateh Kamel.

L'Amiral m'avait prévenu : « C'est un dossier très important, un vrai dossier Al-Qaida. Mais attention, ce n'est pas de la tarte. »

En effet... Il a fallu que je fasse fonctionner des neurones dont j'ignorais encore l'existence pour en venir à bout.

Le tableau d'ensemble ressortait à la lecture du dossier : tout avait commencé en Bosnie, dans la bataillon des moudjahidin de Zenica. Il s'agissait d'un groupe composé de volontaires musulmans étrangers et intégré à l'armée bosniaque pendant la guerre contre les Serbes. Des jihadistes de toute la planète avaient rejoint ce bataillon. Certains d'entre eux étaient des moudjahidin confirmés, formés intensivement dans les camp afghans, mais d'autres étaient des amateurs attirés par le Jihad. Entre 1992 et la signature des accords de paix de Dayton en décembre 1995, ces volontaires pour le Jihad s'étaient donc agrégés à Zenica jusqu'à former une grosse tumeur islamiste. Comme l'Occident faisait également la guerre à la Serbie, il avait laissé ces alliés de circonstance venir lui prêter main-forte, renouvelant la même erreur que lorsqu'il soutenait les moudjahidin contre les Soviétiques en Afghanistan. À la fin du conflit bosniaque, la tumeur avait éclaté et proliféré comme des métastases un peu partout en Occident. C'est là que l'affaire se corsait. Le dossier français, lui, avait débuté par l'exploitation d'éléments trouvés lors du démantèlement du groupe de Roubaix. Suivez le guide.

L'affaire du groupe de Roubaix avait commencé de façon banale, sans coloration terroriste. Le 27 janvier 1996, deux individus avaient dérobé une Audi sous la menace d'une arme. Le jour même, le véhicule volé était repéré par des policiers mais les malfaiteurs faisaient feu sur les forces de l'ordre et blessaient l'un des agents.

Les jours suivants, plusieurs vols à main armée étaient commis dans des commerces de la région. Le groupe était composé d'au moins six individus, d'après les premiers éléments de l'enquête. Et ils n'hésitaient pas à ouvrir le feu. Ils faillirent ainsi tuer un boucher du magasin Aldi de Croix et tirèrent au pistolet mitrailleur sur des policiers lancés à leur poursuite.

À la suite d'un accident de la route, les obligeant à abandonner leur véhicule, l'un des membres du groupe fit feu, à plusieurs reprises et à bout portant, sur un automobiliste dont le seul tort était de se trouver au mauvais endroit, au mauvais moment. Atteint d'une balle en pleine tête, il décéda.

Le 25 mars 1996, le groupe de Roubaix passa à la vitesse supérieure. Cette fois-ci, ce fut une bande de huit hommes cagoulés qui attaqua à l'arme automatique, au lance-roquettes et à la grenade, un fourgon de la Brink's. Jusqu'alors, absolument rien ne permettait d'échafauder la moindre hypothèse terroriste.

La tentative d'attentat du 28 mars 1996 était en revanche totalement inexplicable. Ce jour-là, une bombe constituée de trois bouteilles de gaz était découverte dans un véhicule volé, garé devant le commissariat de police de Lille. Le détonateur avait fonctionné mais n'était pas parvenu à percer l'enveloppe des bouteilles de gaz.

Nous étions à l'avant-veille de la tenue à Lille du sommet des chefs d'État du G7 et les policiers, qui étaient parvenus à identifier plusieurs membres du groupe, décidèrent de passer à l'action sans attendre. Le 29 mars 1996, à 6 heures du matin, les hommes du RAID se présentaient devant le domicile de Omar Zemiri, rue Carette, à Roubaix. Ils étaient immédiatement accueillis par un tir nourri des occupants des lieux. Deux policiers étaient grièvement blessés et un affrontement armé d'une très grande violence s'ensuivait. La maison prit feu mais personne n'en sortit. Des décombres furent extraits quatre corps calcinés. Omar Zemiri et les principaux chefs du groupe de Roubaix ne figuraient pas parmi les victimes.

Rue Carette, les policiers découvrirent un véritable arsenal composé de kalachnikovs, de pistolets-mitrailleurs, de pistolets automatiques, de grenades, de chargeurs, mais aussi de la documentation islamiste et le couvercle du dispositif de minuterie utilisé lors de la tentative d'attentat devant le commissariat de Lille.

Le jour de l'assaut de la rue Carette, les gendarmes belges procédaient à Courtrai au contrôle d'un véhicule occupé par deux hommes. Ceux-ci ouvraient le feu sur les gendarmes qui ripostaient et tuaient l'un des deux hommes, identifié comme étant Christophe Caze. Le conducteur du véhicule, blessé, parvenait à prendre la fuite avant d'être interpellé après une brève prise d'otage. Il s'agissait du Omar Zemiri recherché rue Carette. Son véhicule était rempli d'armes en tout genre dont un lance-roquettes antichar.

L'analyse des carnets d'adresses et répertoires téléphoniques saisis au cours de l'enquête, en particulier l'agenda électronique de Cristophe Caze, permettra aux enquêteurs non seulement d'identifier tous les membres du groupe, mais aussi de découvrir l'existence de liens, noués en Bosnie, entre le groupe de Roubaix et le groupe canadien dirigé par un certain Fateh Kamel. Il avait rencontré Christophe Caze en Bosnie, dans la poudrière de Zenica. Caze, étudiant en médecine, s'y était rendu pour une mission humanitaire. Là, converti à l'islam, et arme au poing, il avait combattu pour le Jihad. Bercé par les discours extrémistes de la mosquée de Finsbury Park, Caze idéalisait les champs de guerre. Il est mort à vingt-six ans sur une autoroute belge. L'étudiant en médecine était donc lié au commerçant de Montréal. L'affaire de Roubaix qui ressemblait au départ à une banale et déprimante succession de crimes organisés en région était en fait l'une des ramifications d'une entreprise terroriste internationale.

La véritable difficulté de ce dossier gigogne était de montrer une logique parmi les différents projets terroristes des anciens de Bosnie, de suivre les voyages des uns et des autres en France, en Italie, en Turquie, au Canada, aux États-Unis, en Jordanie, en Afghanistan, en Thaïlande ou en Malaisie, de comprendre pour quelle raison un survivant du groupe de Roubaix avait acheminé au Canada des passeports pour le groupe de Fateh Kamel. Il fallait que je chasse de mon esprit l'idée que cette affaire puisse avoir un véritable début et une véritable fin. Il s'agissait d'un dossier Al-Qaida, c'est-à-dire d'un tourbillon permanent d'individus qui passent et repassent, qui disparaissent et sont remplacés par d'autres, qui multiplient les projets, nouent ou renouent des contacts, s'infiltrent dans un pays puis en sont exfiltrés, qui sont arrêtés par-ci, par-là mais ne sont condamnés que pour le sommet de l'iceberg de leurs activités criminelles, comme la possession de faux papiers, le séjour irrégulier ou quelques escroqueries destinées à récolter des fonds.

Après cet épuisant jeu de pistes, j'ai finalement signé le réquisitoire définitif du dossier Fateh Kamel le 11 octobre 2000. C'était mon véritable examen de passage dans le monde de l'antiterrorisme et j'ai été reçu avec mention. Un tournant dans ma carrière. Jean-Louis Bruguière et Jean-François Ricard m'ont félicité. Pourtant, le plus dur restait à faire. J'avais écrit, synthétisé : il allait falloir expliquer et convaincre lors de l'audience correctionnelle. Cette affaire que j'avais eu tant de mal à démêler, il allait maintenant falloir la restituer à l'oral.

Je n'avais jamais encore connu d'audience fleuve, d'un mois entier, avec une vingtaine de prévenus, dans une ambiance tendue à l'extrême. Je connaissais le dossier par cœur mais allais-je être capable de me faire comprendre du Tribunal, de ne pas noyer la patience et l'attention des trois juges sous les explications et les détails ? Nous étions en février 2001, c'est-à-dire avant l'ouragan du 11 Septembre et le tribunal correctionnel n'était pas encore sensibilisé à ce genre de procédure, à ce puzzle qu'il fallait reconstruire sans omettre aucune pièce.

Ce mois d'audience a été épuisant. Chaque soir, je me repassais la session qui venait de se dérouler dans ma tête et je dressais des plans pour l'audience du lendemain. J'ai toujours rêvé de pouvoir déconnecter mon cerveau. Je me coucherais, je débrancherais mon cerveau et je ne penserais plus. Je pourrais dormir profondément. Au matin, je rebrancherais mon cerveau et ainsi de suite. Je n'y suis jamais parvenu. Hier au parquet avec le dossier Fateh Kamel, aujourd'hui à l'instruction avec ceux de Karachi, du Rwanda ou des moines de Tibéhirine, je fais et refais les hypothèses dans ma tête. Les pistes, les fausses pistes, les personnages clés et les faux nez. Groupes, sous-groupes, intermédiaires, sociétés écran… L'antiterrorisme est un immense Rubik's Cube.

De cette audience Fateh Kamel, je me souviens de mon trac du premier jour, celui que connaissent tous les parquetiers, c'est-à-dire ceux qui représentent le ministère public, au début de la représentation. J'avais la gorge sèche, une boule dans l'estomac. Entrer dans une salle d'audience pleine à craquer, ressentir la tension, savoir que dans un instant un avocat un peu plus agressif que les autres déclenchera les hostilités constituent un plaisir masochiste. Je me souviens également de mes réquisitions finales qui sont au travail du substitut d'audience ce que le monologue est au théâtre : un exercice solitaire qui vous met en valeur ou démontre au contraire vos limites ou celles du dossier. Dans ce dernier effort, le parquetier doit en effet reprendre les éléments essentiels, dérouler sa logique et requérir pour chaque prévenu la peine qu'il estime appropriée. J'ai requis pendant cinq heures, cinq heures sans me rendre compte du temps qui passait. J'avais l'impression que le Tribunal ne décrochait pas. J'en suis sorti épuisé et heureux. Après tous ces doutes, toutes ces nuits blanches ou grises, je pouvais tirer une conclusion :

— Madame la présidente, mesdames les juges, nous avons passé un mois ensemble à décortiquer tous les éléments d'un dossier qui nous montre que le terrorisme n'est pas seulement ces points d'orgue où une bombe explose, ces moments de terreur intense où un attentat est commis. Le terrorisme, c'est aussi, la plupart du temps, une activité quotidienne, dans l'ombre, dans la dissimulation, dans la patience. C'est une préparation, un travail de longue haleine. C'est une détermination sans faille. C'est prendre le temps, voyager, nouer des alliances, se rendre des services, rechercher des papiers, de l'argent, concevoir des engins de mort, discuter des cibles, des stratégies, se former, se cacher, se confondre, se faire oublier, et puis, effectivement, de temps en temps, frapper. Le terrorisme, ce n'est pas simple. Le terrorisme, c'est une mécanique complexe. Il faut ouvrir le réveil pour découvrir tous ces petits bouts de métal plus ou moins précieux et comprendre que c'est leur assemblage qui donne l'heure.

Avant le 11 Septembre, ce genre de démonstration n'allait pas de soi. Fateh Kamel a été condamné en avril 2001 à huit ans de prison pour trafic de faux papiers en relation avec une entreprise terroriste. Son dossier m'a permis de comprendre la mécanique Al-Qaida, mais surtout, l'art de certains de ses membres pour la dissimulation.

« VOUS AVEZ L'HEURE, NOUS AVONS LE TEMPS. »

Un terroriste ne porte pas une pancarte ou une étiquette. Malheureusement pour nous, il est même un peu trop discret. Le prototype de l'islamiste dissimulateur est Fateh Kamel, star parmi les stars en la matière. Il faut bien admettre que nous lui aurions aisément donné le bon Dieu sans confession. Grâce à Fateh, j'ai au moins appris l'art de la dissimulation. Avec lui, cet art était bien plus subtil que le double jeu d'un Zorro. Non ! Fateh Kamel, c'était autre chose : le style Italien à Rayban et sourire ravageur, du genre à emballer les filles plutôt qu'à terroriser les foules. Fateh Kamel, quand il oubliait son porte-monnaie, arrivait toujours, sur les marchés de Québec, à acheter à crédit son sirop d'érable. Un sourire, une main sur le cœur et le tour était joué. L'art de la dissimilation fait partie de la stratégie à long terme d'Al-Qaida. Et cette stratégie repose sur la patience. Un adage touareg s'applique merveilleusement à Al-Qaida : « vous avez l'heure, nous avons le temps. » La persévérance est la principale force d'Al-Qaida. Ben Laden admet que l'Occident dispose de la technologie moderne, c'est-à-dire de l'heure, mais il ne fait pas de doute dans son esprit qu'avec l'aide d'Allah, l'islam l'emportera. Dans ce monde où tout va très vite, Al-Qaida prend son temps. Mais, pour tromper son monde sur la durée, il faut de l'endurance et un déguisement.

La France a eu la chance d'avoir des personnes compétentes qui ont su mettre au point de véritables stratégies préventives. Notamment la surveillance des filières et l'identification des individus en partance pour des terres de Jihad afin de les cueillir à leur retour. Cette vigilance nécessitait de prêter une attention particulière aux trafics de faux documents d'identité.

Les terroristes ont en effet un besoin absolu de se déplacer et, même quand ce n'est pas le cas, ils ont recours à de fausses identités pour évoluer dans la clandestinité, surtout lorsqu'ils sont connus des services spécialisés. Or la présence de certains visas sur les passeports pourrait éveiller les soupçons. Il n'est pas évident d'obtenir un visa avec un passeport qui comporte des tampons d'entrée du Pakistan, de la Bosnie entre 1993 et 1995, de la Somalie ou encore du Yémen. Et les papiers trafiqués sont indispensables pour la réalisation de certains attentats. C'était le cas dans l'un des volets du dossier Fateh Kamel, ce qui me valut de devoir « remettre ça » à l'occasion d'une seconde audience correctionnelle. Fateh Kamel avait mis en place avec son groupe canadien un réseau de fourniture de faux documents administratifs. Dans ce cadre, le réseau avait d'ailleurs fait appel, en avril 1996, à des proches de Christophe Caze et de son complice du groupe de Roubaix, Lionel Dumont. Parmi eux, Laïfa Khabou avait été chargé de récupérer des photos d'identité en Turquie puis de les rapporter place de la Malicorne à Montréal, où son contact, au sein du groupe Fateh Kamel, s'appelait Said Atmani, un ancien moudjahid du bataillon de Zenica. Khabou était ensuite retourné en

Turquie avec les passeports truqués. L'un d'eux était destiné à un certain Zoheir Choulah que Fateh Kamel voulait faire entrer au Canada. Il avait déjà réussi à regrouper autour de lui plusieurs de ses compagnons d'armes de Bosnie. Choulah était une nouvelle recrue de choix. Il était exclu que cet Algérien revienne dans son pays. Au Canada, en revanche, il était possible de bien vivre, sous la protection d'une législation accommodante avec les Algériens expatriés. Et puis la perspective de retrouver ses amis de Bosnie était réjouissante. Ensemble ils pourraient chasser le Caribou, et surtout célébrer l'islam radical. Plus on est de fous de Dieu, plus on rit ! Ce rassemblement d'anciens combattants n'aurait pas été trop inquiétant si Fateh Kamel, lors d'une visite en août 1996 chez deux de ses amis du GIA à Milan, n'avait dévoilé le fond de sa pensée dans un appartement sonorisé. Les trois hommes ignoraient qu'ils étaient sur écoute. Ils avaient raconté dans le détail les exfiltrations d'anciens du bataillon des moudjahidin de Zenica menées grâce au trafic de faux papiers. Kamel avait même vanté l'efficacité de son propre réseau. Puis, dans l'allégresse générale, nos trois complices avaient évoqué des projets d'attentat à la bouteille de gaz dont l'un concernait la France.

Si la Bosnie était le dénominateur commun, le lieu où tout ce petit monde s'était connu, le fil rouge des enquêteurs était le trafic de faux documents. Il y en avait partout dans ce dossier, en Italie, en Angleterre, en France, en Turquie mais aussi en Bosnie, au Canada et aux États-Unis. Il fallait donc suivre la piste des faux papiers, comme autant de petits cailloux blancs, pour remonter jusqu'à l'ogre Fateh Kamel.

Lors de ce second procès, certains membres de son groupe en fuite avaient été condamnés par défaut. Parmi eux, on trouvait Zoheir Choulah et Said Atmani, ses voisins de Montréal, qui, après le démantèlement du groupe canadien, étaient retournés en Bosnie. Ils y avaient des amis et la nationalité bosniaque leur avait été accordée en récompense de leur aide contre les Serbes. Nous avions bien demandé leur extradition aux autorités bosniaques, mais sans nous faire d'illusions. La Bosnie n'extrade pas ses nationaux.

Sans doute sous la pression de nos amis américains, la Bosnie contourna le problème grâce à une solution simple : elle retira leur nationalité à Atmani et Choulah, puis nous les expédia dans la foulée.

Les deux hommes ont débarqué à Paris au milieu du mois d'août 2001 et l'audience de jugement fut fixée au 27 septembre. Le 11 Septembre était donc passé par là au moment du procès. La première audience de membres d'un réseau lié à Al-Qaida depuis les attentats commis sur le sol américain allait donc se tenir dans une ambiance post-apocalyptique. L'avocat de Choulah et d'Atmani essaya d'obtenir un renvoi de l'affaire en raison du climat ambiant qui, selon lui, n'était pas propice à une justice sereine. Il demanda un renvoi à deux mois. J'y étais opposé et je soulignai que le Tribunal n'aurait certainement pas oublié le World Trade Center deux mois plus tard. La demande de renvoi fut rejetée. L'audience se déroula normalement et l'on n'évoqua pas les attentats du 11 Septembre. Je ne voulais pas créer d'amalgame. Du coup, les journalistes présents dans la salle, surtout canadiens et américains, s'ennuyaient ferme. On ne parlait pas du World Trade Center et à peine d'Al-Qaida. Néanmoins, je ne pus me retenir jusqu'au bout. La défense me tendit la perche. Elle essayait, selon son rôle, de minimiser les infractions commises. Après tout, il ne s'agissait que de trois malheureux passeports, un petit trafic sans importance, comme il en existe tant. Puisqu'il fallait bien expliquer l'enjeu au Tribunal, je brisais le tabou : « Certes, maître, il ne s'agit que de faux passeports, mais s'il suffit d'un couteau pour détourner un avion, il faut bien un passeport pour monter à bord ! » Ce n'était certes pas très sport de ma part. Mais c'est la stricte vérité et cette phrase résume, à mes yeux, l'importance des réseaux de fourniture de faux documents dans le terrorisme international, en particulier islamiste. Sans eux, les attentats d'Al-Qaida n'existeraient pas.

À plusieurs reprises, l'existence même d'un groupe terroriste n'est apparue qu'en remontant une filière de faux papiers. Ce fut le cas pour celle démantelée à la suite de l'assassinat, le 9 septembre 2001 en Afghanistan, du commandant Massoud, chef de l'alliance du Nord. Cette traque permit de remonter à la source des documents et d'interpeller un groupe potentiellement dangereux dont plusieurs des membres avaient été formés en Afghanistan. Le commandant Massoud avait été assassiné par deux faux journalistes lors d'une interview filmée. La caméra était piégée. Les assassins, Abdel Sattar Dahmane et Bouraoui El-Ouar, détenaient des passeports volés. L'un avait été dérobé en 1999 au consulat de Belgique à Strasbourg, l'autre, la même année, à l'ambassade de Belgique à La Haye. De fil en aiguille, les enquêteurs retracèrent le parcours des deux usurpateurs et parvinrent à identifier leur réseau de fourniture en faux, établi à Londres et consacré à l'acheminement de volontaires tunisiens dans les camps afghans. Après avoir mis en place ce petit commerce, son fondateur, le dénommé Abou Iyad, avait quitté la Grande-Bretagne pour l'Afghanistan car, sur place, il devait créer la « maison des Tunisiens » à l'image de la fameuse « maison des Algériens » d'Abou Jaffar. Selon un schéma bien connu, Dahmane et El-Ouar, nos faux journalistes, étaient d'abord venus s'entraîner dans le camp de l'aéroport de Kandahar. Là, ils furent chargés par Al-Qaida d'assassiner le plus célèbre opposant au régime taliban du mollah Omar.

L'affaire « Monsieur C. », qui date de 2000, constitue un exemple encore plus pertinent du travail remarquable des enquêteurs de la DST dans le suivi des réseaux de faux documents administratifs. Cette affaire devait d'ailleurs conduire les enquêteurs jusqu'au groupe préparant l'attentat sur le marché de Noël de Strasbourg de décembre 2000. Je pourrais citer le nom de « Monsieur C. », puisqu'il a été condamné, mais vu sa popularité dans le milieu jihadiste français, je ne veux pas lui faire de pub.

L'enquête débuta le 16 août 2000 lorsque le service des douanes de l'aéroport Charles-de-Gaulle contrôla un courrier en provenance de Thaïlande ne mentionnant pas l'identité de l'expéditeur. C'était une grosse enveloppe marron adressée à un M. Bourgeois, résidant au Novotel d'Aulnay-sous-Bois. Dans ce pli se trouvait une revue de la compagnie aérienne Alitalia fermée par un ruban adhésif. À l'intérieur du magazine, évidé, deux cavités contenaient quatre passeports français vierges, huit timbres fiscaux français et des films plastiques de sécurité.

Les investigations menées au Novotel permirent d'établir qu'un ancien salarié de l'hôtel, Monsieur C., s'était fait expédier, une semaine auparavant, une enveloppe similaire, déjà adressée à ce M. Bourgeois, inconnu par la réception de l'hôtel. Et pour cause, il n'existait pas.

Le 19 août 2000, les policiers furent informés du passage de « C. » à l'hôtel. Celui-ci venait récupérer l'enveloppe mais, conformément à ce dont nous étions convenus avec les enquêteurs, la réceptionniste lui dit que le pli attendu n'était pas encore arrivé. « C. » avait alors indiqué qu'il reviendrait le chercher le 21 août dans la matinée. Entre-temps, la section antiterroriste était saisie de l'affaire car « C. » faisait l'objet d'une fiche d'attention de la DST avec la mention suivante : « Individu susceptible d'être en relation avec la mouvance radicale algérienne – direction de la surveillance du territoire – vérifier sur place et contacter le service. »

Le 21 août, un dispositif avait donc été mis en place à l'hôtel, comme dans les films policiers, pour cueillir Monsieur C. À 15 heures, celui-ci vint réclamer son enveloppe à l'hôtel, où il était aussitôt interpellé. Les éléments trouvés sur lui et en perquisition établirent ses liens avec la mouvance jihadiste internationale. Ce n'était pas tellement son goût prononcé pour les vidéos et cassettes audio jihadistes découvertes à son domicile qui attirèrent l'attention des enquêteurs mais des billets d'Eurostar pour Londres, la carte d'un hôtel au Pakistan connu de la DST pour accueillir des volontaires en route pour les camps afghans, et plus encore, certains numéros de téléphone notés dans un répertoire explosif.

Monsieur C. disposait en effet de coordonnées permettant de contacter Abou Doha, alias « le docteur », chef d'un vaste réseau à Londres, Mustapha Melki, dit « les Bras coupés », autre lieutenant de Ben Laden installé dans la capitale anglaise, et un certain Toufik. « C. » disposait aussi des coordonnées de deux des membres du groupe de Francfort.

Lors de perquisitions effectuées à Francfort, le 25 décembre 2000, les enquêteurs retrouveront les mêmes numéros de téléphone que ceux en possession de Monsieur C. Les quatre membres du groupe de Francfort étaient en outre en possession de quatre faux passeports français de très bonne facture, qui présentaient des points communs troublants avec les quatre passeports saisis en France. En effet, l'on retrouvait les mêmes fautes d'orthographe en dernière page, à la rubrique « recommandations importantes ».

La saisie de quatre passeports ne présente aucun intérêt en soi. Certes, le détenteur des documents falsifiés sera condamné, et après ? Et après peut se produire le pire. Monsieur C. était le porte-serviettes de faux documents destinés à des extrémistes, apprentis jihadistes ou terroristes confirmés. D'où l'intérêt de ne pas s'arrêter là, même si la tâche est colossale.

Lutter contre le terrorisme c'est d'abord éplucher un océan de papiers. Il faut chercher qui se cache derrière un trafic de faux passeports organisé par des islamistes, à quoi ces faux doivent servir, car c'est seulement ainsi que l'on peut éviter des attentats. L'affaire « C. » est typique de la façon de travailler de nos services antiterroristes. Les Français ont, je peux en témoigner, la chance de disposer d'un système efficace en la matière et de très bons enquêteurs. C'est un atout que nous avons tout intérêt à préserver. Ce message s'adresse notamment à tous ceux qui veulent supprimer les juges d'instruction dont la synergie parfaite avec les services de police spécialisés a montré une efficacité indéniable.

Les enquêtes sur les filières de faux papiers ont en outre permis d'accumuler une expérience propice aux recoupements, et donc à la prévention des attentats. Selon les époques, les groupes terroristes se sont fournis en faux documents en utilisant des méthodes bien connues. Le groupe de Francfort avait bénéficié de la filière thaïlandaise. Auparavant, la mode était aux fausses déclarations de perte de passeports. Les résidents français partis s'entraîner dans des camps afghans entre 1992 et 1995 ont tous perdu au moins un passeport. Certains d'entre eux en ont égaré trois ou quatre. Les nouvelles recrues devaient fournir leur passeport dès leur arrivée au Pakistan et n'en déclarer la perte qu'à leur retour d'Afghanistan. Entre-temps de joyeux drilles profitaient de l'aubaine pour circuler paisiblement. Qui plus est, un bon nombre de ces apprentis jihadistes présentaient la particularité de disposer d'une double nationalité franco-algérienne, franco-marocaine ou franco-tunisienne. La double nationalité offre l'avantage d'avoir deux passeports et de doubler ainsi la capacité de perte.

L'utilisation d'un passeport authentique était et reste de loin la plus sûre. Quoi de mieux en effet que d'utiliser un vrai passeport, non déclaré volé. Juste trafiqué. Certes, un douanier particulièrement perspicace pourrait déceler une anomalie sur le film recouvrant la photographie du titulaire du passeport emprunté. Mais la substitution de photo est devenue au fil du temps une technique éprouvée difficilement décelable. De plus, il n'est pas toujours indispensable de remplacer la photographie quand il existe une ressemblance suffisante entre le possesseur et l'utilisateur. Distinguer un aspirant moudjahid barbu et un vrai moudjahid qui vient de passer six semaines dans un camp d'entraînement n'est pas si aisé pour un douanier de Roissy, de Francfort ou d'ailleurs. Si les vols d'imprimés vierges dans les ambassades ou préfectures ont eu leur heure de gloire, le prêt de passeport reste de loin la méthode la plus efficace pour déjouer les contrôles, à condition bien sûr que le prêteur soit vraiment « *clean* ».

Le terrorisme et le trafic de faux documents ont une histoire commune à la fois riche et palpitante et aucun dossier terroriste n'a été épargné par une profusion de faux documents administratifs en tout genre. Le passeport occidental reste la denrée appréciée entre toutes, celle qui vous transporte sur un tapis magique de Bangkok à Tahiti. Un résident français d'origine algérienne est avant tout un

Français quand il présente un passeport tricolore. Nos propres suspicions, plus ou moins justifiées, n'ont pas cours dans le reste du monde. Pour un douanier de Malaisie, par exemple, l'origine maghrébine d'un ressortissant français ne signifie rien.

Mais masquer son identité ne suffit pas. Il faut se fondre dans le décor avant de le faire exploser. L'art de la dissimulation fut notamment la marque des attentats du 11 Septembre. Comment vivre assez longtemps dans un pays mécréant où le fric est roi, où les filles se baladent quasi nues et où la cuite du samedi soir est une institution incontournable ? Certains fous de Dieu s'en accommodent parfaitement. Un bon whisky ne fait pas de mal tant qu'il ne vous prive pas du paradis. Une petite prostituée par-ci, par-là, est une excellente couverture. Avec une Marlboro au coin des lèvres, un verre bien rempli et une pute bien dégourdie, il y a peu de chances que l'on vous prenne pour un soldat d'Al-Qaida. Alors pourquoi se priver puisque c'est pour la bonne cause et qu'Oussama régale ? Cela s'appelle du service commandé et je suis sûr que certains terroristes du 11 Septembre goûtaient aux plaisirs terrestres avec la même répugnance que James Bond obligé de faire l'amour à Jane Seymour ou Eva Green, pour dissimuler son identité. Les meilleurs terroristes ont d'abord été de grands agents secrets.

Pour les plus doués de nos adversaires, les faux papiers vont de pair avec une fausse vie. Les plus dangereux ne sont pas ceux qui hurlent « Allah Akbar » avant de se faire sauter mais ceux qui ne se feront jamais sauter et continueront leurs activités terroristes aussi longtemps que possible. Des planificateurs, parfaitement intégrés. Ces clients-là, je n'en ai pas vu beaucoup mais ils m'ont plus impressionné que les excités dont on devine sur le visage, sans difficulté, la haine à notre égard.

« Vous avez l'heure, nous avons le temps. »

Prévenir un attentat, quand on a affaire à des individus qui travaillent, boivent, sortent en boîte, ont des relations amoureuses et ne vont surtout pas à la mosquée, n'est pas une mince affaire. Fort heureusement, les services de renseignements connaissent souvent leur vrai visage.

En août 2001, alors que la tempête approchait, mes préoccupations furent pourtant bien éloignées du terrorisme islamiste. Les hasards de la permanence et de l'actualité guidèrent mes pas vers l'île de Beauté.

« JE NE TE RÉVEILLE PAS ? »

Je n'ai croisé qu'une fois François Santoni, dans les couloirs du Palais de justice de Paris. Je devais requérir contre lui dans un dossier peu solide quelques mois plus tard. J'étais très inquiet car j'avais un peu peur que ça ne tourne au jeu de massacre, avec moi dans le rôle du massacré. J'aurais été très probablement laminé mais je n'ai finalement jamais eu à requérir contre François Santoni : il a été assassiné avant.

J'étais de permanence le jour de son meurtre. Nous étions le 17 août 2001. C'est un journaliste qui m'a téléphoné à 1 heure du matin pour m'apprendre la nouvelle :

— Monsieur le procureur, je ne te réveille pas ?

— Si.

— Comment ? Tu ne sais pas encore la grande nouvelle ?

Ce journaliste a toujours aimé faire durer le suspense. La première fois qu'il m'avait appelé sur mon portable, je ne le connaissais pas et lui avais donc demandé comment il avait eu mon numéro. Il avait laissé planer l'hypothèse d'une investigation, de je ne sais quel tour de passe-passe pour obtenir les précieux numéros avant de m'avouer : « Mais tout le monde les a, vos numéros, à la Galerie. Ce sont les mêmes depuis 1986. »

Et il avait raison.

— Bon, alors, c'est quoi la grande nouvelle ?

— Santoni a été assassiné.

C'était bien plus qu'une grande nouvelle. C'était un cataclysme. Les avions du World Trade Center n'avaient pas encore relégué tout le reste en mode mineur. Cet assassinat marquait la fin d'une époque dans l'histoire de l'antiterrorisme français. Et quelle époque ! Depuis des années, François Santoni était la star du nationalisme corse, un homme haut en couleurs qui savait aussi bien séduire que menacer. Pendant la dernière période Armata Corsa, le groupe armé dont on le soupçonnait d'être le fondateur, il avait poussé le bouchon un peu loin. Il ne se présentait évidemment pas comme le chef d'Armata Corsa, sous peine de se retrouver *illico presto* avec une paire de menottes, mais il multipliait les déclarations alarmistes à la presse en expliquant que si le gouvernement n'écoutait pas les revendications légitimes du peuple corse, il allait se passer quelque chose de grave. En quelque sorte, il s'était fait prophète et porte-parole. Avec son sens de la dialectique, il disait ne pas appartenir à Armata Corsa mais bien loin de condamner ce groupe, il comprenait son action, rendue inévitable à cause, disait-il, de l'autisme des autorités françaises. Bref, Santoni était un prestidigitateur. Il utilisait son charisme pour mettre ses interlocuteurs dans sa poche. De nombreux journalistes avaient bien du mal à prendre la distance nécessaire avec une personnalité si sympathique, si dangereusement attachante. Chacun guettait la petite phrase de François Santoni. Après, il fallait la décrypter, l'analyser. Le « parrain » soignait particulièrement le timing. Il n'intervenait jamais à plat et ses mots avaient du poids. Je me souviens que, dans un communiqué, Armata Corsa avait menacé de commettre un attentat à Paris. Les journalistes s'étaient précipités chez François Santoni pour recueillir son sentiment et il avait dit quelque chose du genre : « Je ne fais pas partie d'Armata Corsa, mais si j'étais le gouvernement, je les prendrais au sérieux. Ce sont des Corses exaspérés par un gouvernement qui n'entend pas les revendications légitimes du peuple corse. » Il était orfèvre dans l'art de présenter les choses.

Ce genre de déclarations avait pour effet, plus encore que le communiqué d'Armata Corsa, de créer le branle-bas de combat. Un périmètre de sécurité avait été immédiatement installé aux alentours du Palais de justice. Quand, quelques jours plus tard, un coup de téléphone anonyme avait indiqué l'emplacement d'une voiture piégée dans Paris, la tension était encore montée d'un cran. La voiture se trouvait bien à l'endroit indiqué. Je m'étais rendu sur place. Il y avait bien un engin explosif, mais en kit, histoire de nous montrer que, s'ils avaient voulu, ils auraient pu. Ce dont personne ne doutait d'ailleurs.

La pression continuera à monter mois après mois. François Santoni, s'il était incontestablement un artiste, ressemblait de plus en plus à un funambule, en équilibre instable sur une corde devenue glissante.

Son assassinat, dans la nuit du 17 août, était donc un coup de tonnerre, mais pas vraiment une surprise. En froid avec le FLNC, en délicatesse avec la mafia italienne, Santoni comptait un nombre considérable d'ennemis.

Une demi-heure après l'appel du journaliste, je recevais enfin celui, officiel, de la direction nationale antiterroriste (DNAT).

— Monsieur le procureur, tenez-vous bien : François Santoni a été assassiné pendant un mariage à Monacia-d'Aullène !

J'ai dû feindre la plus grande surprise. Je pouvais difficilement expliquer à la DNAT qu'un journaliste avait eu l'information une demi-heure avant.

Mon domicile, pendant le reste de la nuit, s'est transformé en standard téléphonique. Ma femme m'a évidemment viré de la chambre et je suis descendu dans le salon pour gérer les appels. J'ai réveillé le bébé, mon premier BAT (bébé antiterroriste). J'en ai eu deux au cours de mon passage au parquet antiterroriste, ce qui m'a posé des problèmes avec les coups de fil nocturnes. Plus d'une fois, à peine s'endormaient-ils enfin que le téléphone sonnait.

Ce qui explique l'avalanche des appels lors d'une telle affaire, c'est avant tout le va-et-vient permanent entre ceux que vous passez à votre hiérarchie et ceux que vous recevez des policiers. En outre, le procureur de la République et le chef du parquet antiterroriste vous posent des questions auxquelles vous n'avez pas forcément les réponses. Alors vous rappelez les policiers qui eux-mêmes n'ont pas instantanément la réponse. Donc ils vont vous rappeler. Ces moments-là sont kafkaïens. Les policiers que vous avez en ligne ne sont pas ceux qui sont sur les lieux du crime. Il faut donc qu'ils se renseignent auprès de ceux qui sont sur la route mais qui n'arriveront sur place qu'une heure plus tard. Ah, c'est vrai, sur place il y a les gendarmes, mais lesquels ? Vous appelez le chef de la section de recherches dont vous avez les coordonnées afin qu'il vous donne le numéro de portable du chef de la brigade sur les lieux. Vous essayez de joindre ce portable mais votre interlocuteur est déjà en ligne ou bien se trouve dans un endroit où le cellulaire ne passe pas. La lutte antiterroriste est une architecture complexe inscrite dans un univers sérieux et souvent austère. Ce qui n'exclut pas le surréalisme. Surtout en temps de crise, les jours de permanence. Le temps passait et je n'avais pas encore organisé mon départ pour la Corse. Ce qui m'a valu quelques coups de fil de plus : « À quelle heure est le premier vol pour Ajaccio ? Qui peut venir me chercher à l'aéroport ? » Vite, faire sa valise. Pour combien de jours ? Deux, trois ? Ça va dépendre. Et je vais dormir où ? Bon, on verra cela plus tard. Dans ce métier, il faut savoir improviser.

Les heures passant, les choses s'étaient un peu organisées. Les policiers du service régional de police judiciaire (SRPJ) étaient arrivés sur place et, depuis l'aéroport, j'ai pu avoir au téléphone le parquet d'Ajaccio. Le substitut de permanence avait réussi à contacter un médecin-légiste.

À peine arrivé en Corse, le chef du SRPJ me soulevait un épineux problème.

— La DNAT veut perquisitionner le domicile de François Santoni à Paris.

— Pas si vite. François Santoni vivait avec une avocate, non ?

— Si, tout à fait, Christel Baldocchi.

— Bon, on arrête tout. Si cette avocate vivait avec François Santoni à Paris, c'était donc son domicile à elle aussi. Il faut savoir si c'était aussi son cabinet, à cause de l'article 56-1 du Code de procédure pénale (qui prévoit une procédure spéciale pour les perquisitions dans un cabinet d'avocat).

Une heure plus tard, nous n'avions pas encore la réponse. C'était un pur problème juridique, mais de ceux qui font annuler les procédures. Si la compagne de Santoni gardait ses dossiers chez elle, on pouvait considérer que son domicile était son cabinet. Dans ce cas, il fallait que la perquisition soit faite par un magistrat en la présence de Mme Baldocchi, ou une personne désignée par elle, et celle d'un représentant de l'ordre. Restait à la joindre.

— On pense qu'elle se trouve en Corse, chez les parents de Santoni, m'indiqua l'officier de la SRPJ. Elle ne répond pas sur son portable. J'ai eu le père de François Santoni sur le fixe mais il dit qu'il faut la laisser tranquille.

J'étais bien ennuyé.

— Le problème, c'est qu'il faut bien que je lui demande si elle a des dossiers professionnels à Paris. En plus, il faut qu'elle m'indique si elle veut être présente à la perquisition ou si elle veut faire désigner quelqu'un pour la représenter.

— À part aller la voir pour lui expliquer, je ne vois pas ce que vous pouvez faire.

C'était évident, mais j'avoue que l'idée de débarquer chez les parents de François Santoni en plein malheur pour parler de perquisition ne me réjouissait guère. Je trouvais cela déplacé. Pourtant c'était indispensable. J'ai donc pris la route avec deux policiers.

Auparavant, j'ai passé deux coups de fil. Le premier à Michel Debacq, le chef de la section antiterroriste. Ce 17 août, j'étais le seul substitut antiterroriste qui ne soit pas en vacances. Or, comme j'étais en Corse, il n'y avait plus personne à Paris. Au cas où Mme Baldocchi affirmerait posséder des dossiers professionnels à son domicile, la perquisition, selon la loi, ne pourrait être menée que par un magistrat. Il fallait donc que Michel Debacq se tienne prêt, le cas échéant, à rentrer de vacances.

Le second coup de téléphone, le plus important de tous, je l'ai passé au père de François Santoni. Je lui ai expliqué que pour les nécessités de l'enquête, il fallait que je me rende à son domicile pour y rencontrer la compagne de son fils. Pour être clair, je lui demandais l'autorisation de venir. Quel que soit le motif, on ne s'impose pas chez des parents en deuil, et certainement pas en Corse.

Il donna son accord. Je représentais néanmoins la 6e section, toujours connue sous le nom de 14e section du parquet de Paris. La « 14 » était détestée par le milieu nationaliste corse. J'étais donc tendu quand je suis arrivé au domicile des Santoni. Pendant l'heure où j'y suis resté, j'ai croisé beaucoup de militants venus présenter leurs condoléances. J'ai eu droit à une ou deux remarques assez agressives, mais puisque le père de François Santoni m'avait ouvert sa porte, la dispute s'arrêtait vite. La compagne de François Santoni était bouleversée et, comme cela était prévisible, mon histoire de perquisition lui paraissait totalement déplacée.

— Vous feriez mieux de perquisitionner chez ceux qui ont tué François plutôt que chez les victimes, m'a-elle fait remarquer.

C'était logique mais dans ce genre de dossiers on trouve parfois des choses aussi intéressantes chez les victimes que chez les auteurs du crime. Et puis, si Mme Baldocchi soupçonnait évidemment les ennemis attitrés de François Santoni, c'est-à-dire Charles Pieri ou son entourage, il n'y avait aucun élément, en ce début d'enquête, pour accuser qui que ce soit. Finalement, Christel Baldocchi a désigné une amie pour la représenter à la perquisition. Je voulais appeler immédiatement Michel Debacq pour qu'il file sur Paris, mais mon portable ne passait pas. Il me fallait donc demander à M. Santoni si je pouvais utiliser son téléphone (évidemment sur écoutes). Je me retrouvais donc, au beau milieu du salon, entouré de cinq ou six personnes, en train de discuter à mots bas des modalités de la perquisition chez François Santoni avec le chef de la « 14 ».

J'ai tout de suite mis au parfum Michel Debacq : « Je t'appelle depuis la ligne fixe de M. Santoni. Mon portable ne marche pas. »

Ainsi, Michel Debacq savait qu'il fallait limiter notre conversation au strict minimum.

Quand je suis sorti de la maison des parents, j'ai vu que les deux policiers de la SRPJ qui m'attendaient dans la voiture étaient aussi soulagés que moi. Mon histoire corse avait été cocasse mais elle n'avait pas mal tourné. La tension était extrême ce jour-là. Si Santoni avait des ennemis, il était aussi très populaire. Et pas seulement sur l'île de Beauté.

Peu de temps après sa mort, le chanteur Renaud lui a rendu hommage dans « Corsic'armes ». Comme j'aime bien Renaud, j'ai acheté son disque *Boucan d'enfer*, sorti en 2002, et dans lequel figure ce morceau. Renaud a trouvé les mots justes. Il parle d'abord de l'homme qu'il connaissait peu mais qui l'avait séduit en parlant de son amour de la Corse. Puis, il s'interroge sur le côté obscur de Santoni : « Était-il un rebelle ? Était-il un bandit ? » Même s'il était sûrement les deux à la fois, Renaud se garde bien de juger. Il se contente, puisqu'il s'agit d'un adieu, de s'adresser à lui ainsi : « Tu me manques. » En écoutant cette chanson, une seule épitaphe me venait à l'esprit, déjà suffisamment décalée sous la plume d'un magistrat antiterroriste : « Adieu l'artiste. » L'hommage de Renaud à Santoni était en effet l'hommage d'un artiste à un artiste d'un autre genre. Des deux je préfère évidemment celui qui manie le médiator. Sur *Boucan d'enfer*, on trouve aussi la chanson « Manhattan-Kaboul ». Entre la mort de François Santoni et la sortie de l'album, des avions étaient tombés sur New York, sur Washington et en Pennsylvanie. J'ai toujours préféré Santoni aux artistes morbides du Londonistan. Je suis rentré de Corse peu avant le 11 Septembre.

COMME UN OURAGAN

Il n'y a pas de différence entre un typhon, un cyclone et un ouragan. Le terme « ouragan » est utilisé pour les dépressions qui finissent de se former dans l'Atlantique-Nord. L'ouragan est une tempête qui emporte tout sur son passage. Le calme précède nécessairement la tempête. Le 11 Septembre, tout semblait évident. C'était écrit. Et pourtant. Le calme qui précéda la tempête fut parfois édifiant. Le 13 juin 2001, le calme avait pris la forme d'une réunion feutrée dans une salle climatisée du conseil de l'Union européenne à Bruxelles. 13 juin 2001. Presque deux mois, jour pour jour, avant les attentats. Je rencontrais les représentants de « pro-Eurojust ». Ordre du jour : la menace Al-Qaida.

En décembre 2000, le conseil de l'Union européenne avait décidé de créer une unité provisoire de coopération judiciaire européenne, « pro-Eurojust », donc (« pro » pour provisoire), qui devait donner naissance, si l'expérience s'avérait concluante, à une structure permanente du nom d'Eurojust, vouée à fonctionner en lien étroit avec la structure policière équivalente « Europol ». L'idée, excellente en soi, que la criminalité en général et le terrorisme en particulier étaient des phénomènes trans-frontières, avait fini par germer dans la tête d'Européens convaincus. À l'occasion de cette première réunion du 13 juin, le procureur de Paris, Jean-Pierre Dintilhac, m'avait demandé de faire une présentation, devant les quinze États membres de pro-Eurojust, de l'état de la menace représentée par ce que nous appelions à l'époque « les filières Ben Laden ». C'était la première fois que je faisais un discours devant une instance internationale. J'étais impressionné, surtout par tous ces interprètes dans des box vitrés qui traduisaient en simultané. Je crois me souvenir que mon exposé a été superbe… mais sans aucun impact. J'étais sidéré. Peut-être n'avais-je pas été si clair ? Je perdais de ma superbe. Mais pas l'idée de convaincre. La discussion qui s'est entamée ensuite confirma hélas le fiasco. Malgré les attentats et tentatives d'attentats déjà perpétrés un peu partout dans le monde par la nébuleuse Al-Qaida, malgré la montée en puissance des talibans et la radicalisation de leur discours, plus de la moitié des États membres ne voyaient absolument pas l'intérêt de faire quoi que ce soit pour lutter contre une menace à laquelle leurs représentants ne croyaient manifestement pas. Je n'ai jamais entendu nulle part autant d'idioties que ce jour-là. J'aurais dû prendre des notes pour un *best-of* du pire. Je ne ne peux pas donner de noms car ce ne serait pas internationalement correct, en revanche je me souviens de quelques-unes des phrases idiotes lancées alors avec un parfait aplomb. Elles permettaient de mesurer le fossé qui existait entre ceux qui avaient déjà eu à payer le prix fort du terrorisme, comme la France, et les autres. La réflexion la plus typique fut : « Désolés, mais nous avons bien analysé la situation dans notre pays et nous n'avons détecté aucune sorte de menace chez nous, aucune sorte d'activité terroriste. Il n'y a pas de danger. » C'était faux mais je prêchais dans le vide, j'étais visiblement parano. Du côté allemand, on se félicitait de l'interpellation, en décembre 2000, de la cellule de Francfort alors qu'elle préparait un attentat chimique à Strasbourg, un peu comme si l'orage était passé et que le ciel était de nouveau bleu. Imperturbablement bleu. Au même moment, comme nous allions le découvrir plus tard, un groupe établi à Hambourg finissait pourtant de préparer les attentats du 11 Septembre autour de ce 13 juin. J'étais reparti de Bruxelles consterné.

Trois mois après cette réunion, les séances inutiles de parlotte européenne avaient vécu. Ce fut le 11 Septembre. Quand le deuxième avion percuta la tour jumelle Sud du World Trade Center, la galerie Saint-Éloi entra en ébullition. Nous redoutions des attentats mais tout de même ! Nous n'avons pas vu tout de suite les images, il n'y a pas de télé à la section. Agglutinés autour d'une radio, nous ne pouvions qu'imaginer l'horreur. Ce qui nous préoccupait, ce n'étaient pas les images que nous ne voyions pas, mais celles que l'on redoutait de voir. La tension était à son comble, les téléphones sonnaient, les gens couraient. Notre peur, c'était que des avions s'abattent sur Paris, par exemple sur la tour Eiffel. Ce n'était pas qu'une crainte, nous envisagions l'hypothèse d'une attaque simultanée dans plusieurs pays. La France, qui avait traqué et jugé des membres d'Al-Qaida, n'était pas la moins exposée au danger. Toutes les mesures furent mises en œuvre pour parer à cette sinistre hypothèse. Les attentats étaient finalement limités aux États-Unis, mais ils firent près de trois mille morts. L'enquête judiciaire, menée par Jean-Louis Bruguière et Jean-François Ricard, révéla plusieurs mois après que cinq Français, et non pas un comme on le pensait au départ, avaient trouvé la mort dans l'attentat contre le World Trade Center. Chaque fois qu'un ou plusieurs de nos ressortissants trouve la mort ou est blessé dans un attentat à l'étranger, la justice française peut déclencher une enquête, même en l'absence de plainte des familles. Ce fut le cas pour l'attentat contre les tours jumelles. Ce dossier fait partie de l'héritage que Jean-Louis Bruguière me léguera à son départ, cinq ans plus tard.

En septembre 2001, j'étais toujours substitut. Et l'ouragan eut un effet direct sur mon activité professionnelle, puisque j'étais spécialisé dans l'islam radical. Dès le 12 septembre 2001, j'ai compris que la compétence nationale pouvait avoir un prix élevé.

Jusqu'alors, je n'avais eu droit qu'aux discussions à l'infini avec le procureur de Bastia quand, étant de permanence, j'essayais de le dessaisir d'un dossier corse qui fleurait le terrorisme. Là, j'étais directement confronté, dans mon domaine de prédilection, aux affres du tout-à-l'égout. Du jour au lendemain, tout devint terrorisme islamiste : le moindre barbu, la moindre burqa, un avion pratiquant l'épandage sur un champ picard, un groupe tabligh faisant du porte-à-porte, une mauvaise plaisanterie avant de prendre l'avion, un couteau oublié dans un sac... Deux mois plus tôt, je n'avais pas réussi à convaincre la majorité des membres d'Eurojust du danger. Maintenant, je croulais sous le danger. Concrètement, l'ouragan se traduisit par une augmentation exponentielle des signalements téléphoniques. Tous les parquets de province, toutes les brigades de gendarmerie, tous les commissariats, tous les citoyens attentifs à la sécurité publique tenaient à informer la section antiterroriste, compétente sur tout le territoire, de leurs soupçons sur tel individu ou tel agissement. Ce fut une avalanche. J'aurais voulu pouvoir me terrer au fin fond de ma Bretagne, l'un des rares endroits où personne ne semblait avoir encore vu de terroristes barbus, peut-être à cause de l'élevage intensif de cochons. Sinon la menace d'Al-Qaida était partout. Nous avions eu la grande chance d'avoir alors pour procureur Dintilhac, réputé pour son sang-froid. Il m'a évité la noyade en me permettant de refuser notre saisine dans 95 % des affaires que l'on nous soumettait. Tout et n'importe quoi. Les parquets locaux, notamment, utilisaient souvent cette technique du parapluie consistant à vous présenter une affaire inconsistante en vous laissant entendre que si son caractère terroriste ne sautait pas aux yeux, nous serions responsables de ne pas nous en être saisis en cas de malheur. Sait-on jamais. Au moins avions-nous été avertis. Le problème, c'est qu'il nous était impossible d'y faire face. C'est en étant partout que nous risquions de n'être plus nulle part. La police elle-même, et en particulier la section antiterroriste de la brigade criminelle (SAT), faisait le forcing pour que le pôle soit saisi. Le ministère de l'Intérieur, emporté par la tourmente paranoïaque du « tout terrorisme » désignait la SAT tous azimuts. Évidemment, la SAT, débordée, cherchait à ce que le parquet antiterroriste s'empare des affaires qu'on lui avait imposées. En outre, si la section antiterroriste du parquet s'estimait compétente, cela signifiait que les policiers allaient pouvoir bénéficier de la procédure d'exception antiterroriste et notamment des fameux quatre jours de garde à vue dont soixante-douze heures sans que le gardé à vue puisse s'entretenir avec un avocat.

Finalement, l'ouragan du 11 Septembre s'apaisa et la vie reprit peu à peu son cours normal. Certes, notre volume d'affaires s'était accru et restait à un niveau élevé, mais à peu près maîtrisable. À peu près seulement car l'affaire Djamel Beghal, un Franco-Algérien arrêté au retour d'un camp afghan alors qu'il s'apprêtait à organiser avec son groupe un attentat contre l'ambassade des États-Unis à Paris, les premières filières tchétchènes composées en partie d'anciens du groupe de Francfort en cavale, sans oublier Richard Reid, également appelé « *Shoe Bomber* » qui tenta de faire exploser ses chaussures piégées sur le vol Paris-Miami le 22 décembre 2001, sont autant d'affaires qui témoignaient de la virulence d'Al-Qaida après le 11 Septembre.

Même si Michel Debacq, qui avait remplacé Irène Stoller à la tête du parquet antiterroriste, avait une puissance de travail exceptionnelle et prenait sa part des dossiers islamistes, nous étions sous-dimensionnés par rapport à la charge de travail. La section n'était encore composée que de quatre magistrats et il aurait fallu doubler l'effectif. Deusio, la plupart de ces dossiers avaient vocation à aller à l'instruction à un moment ou à un autre, ne serait-ce que parce qu'une instruction judiciaire est légalement obligatoire pour prendre des mesures de détention provisoire. Le tout instruction avait néanmoins ses limites. Les dossiers s'entassaient à la galerie Saint-Éloi et le fonctionnement du système dépendait d'individualités plutôt que d'une organisation pérenne. Michel Debacq avait essayé, en accord avec le procureur Dintilhac, de donner au parquet une place un peu plus importante, d'aller vers un équilibre qui maintenait toutefois la primauté de l'instruction, c'est-à-dire l'idée que les affaires les plus importantes devaient de toute façon être confiées à des juges d'instruction. C'était le début de la guerre des chefs. Du combat entre le parquet auquel j'appartenais et les juges du siège, statutairement indépendants. Michel Debacq avait en particulier porté les premiers coups au monopole de Jean-Louis Bruguière à l'international, son domaine réservé, à l'occasion de l'attentat, en théorie islamiste, le plus meurtrier jamais subi par la

France. Le 8 mai 2002, en effet, quinze personnes dont onze ressortissants français travaillant pour la direction des constructions navales à la construction de sous-marins, trouvaient la mort à Karachi, au Pakistan, lors de l'explosion de leur bus. Une vingtaine d'autres étaient blessés, parfois grièvement. Jean-Louis Bruguière s'attendait à l'ouverture immédiate d'une information judiciaire lui permettant de se rendre le plus rapidement possible sur place, mais le parquet de Paris, comme il en avait le loisir, en décida autrement. Pour la première fois, une affaire d'ampleur échappait momentanément à l'Amiral. Michel Debacq partit donc lui-même à Karachi. Il avait organisé la mission avec une très grande rapidité justifiée par une urgence indéniable : il était impératif de faire des constatations techniques sur place le plus vite possible. Qu'il pleuve sur la scène de crime et les recherches de résidus d'explosifs auraient été vouées à l'échec. Lors du déplacement de Debacq à Karachi, je faisais le pont. Il s'était déjà envolé pour le Pakistan quand je suis rentré. Certains doivent maudire les jours fériés. Je ne sais pas si le hasard a bien fait les choses et surtout pour qui il a éventuellement bien fait les choses, mais, si j'avais participé, en qualité de substitut, à l'enquête du parquet dans l'affaire de Karachi, je n'aurais pas pu en être légalement saisi, en mai 2007, en qualité de juge d'instruction, au départ de Jean-Louis Bruguière. Il s'agit en effet d'une incompatibilité légale : il n'est pas possible d'instruire un dossier dans lequel on a agi en qualité de parquetier. Le ministère public représente l'accusation et l'on pourrait ainsi craindre un *a priori* à charge de l'ancien substitut devenu juge. Cela me fait sourire quand je pense que le projet en cours, visant à la suppression du juge d'instruction, veut confier à l'accusation l'intégralité de l'enquête, y compris dans ce genre de dossiers. Gageons, ou plutôt prions, que l'accusation n'ait aucun *a priori* à charge dans la direction de ce genre de dossiers... ni aucune consigne à décharge ! Mais revenons en 2002. Le déplacement de Michel Debacq à Karachi pouvait être perçu comme une déclaration de guerre à Jean-Louis Bruguière. Cependant, même si Debacq voulait rétablir un certain équilibre entre l'instruction et le parquet, il respectait la fonction de juge instructeur qu'il avait d'ailleurs exercée à Marseille. Et puis, il n'y avait à l'époque aucune stratégie à moyen terme d'affaiblissement puis de suppression du juge d'instruction.

Avec l'arrivée d'Yves Bot, suite à la victoire de la droite à l'élection de 2002, les choses devaient radicalement changer. Le procureur de la République de Nanterre succédait à Jean-Pierre Dintilhac à la tête du parquet de Paris. Paradoxalement, la volonté affirmée d'Yves Bot de casser le leadership de Jean-Louis Bruguière eut pour effet de rapprocher Michel Debacq et l'Amiral. Les deux hommes enterrèrent la hache de guerre puisque tous deux étaient directement menacés par le même ennemi, Yves Bot. Ce dernier voulait la peau de Michel Debacq parce qu'il n'était pas ce que mon collègue Gilbert Thiel appelait un « Bot people », c'est-à-dire un soutien inconditionnel, un homme de confiance. Debacq cumulait les handicaps. Ancien directeur de cabinet de l'ex-garde des Sceaux, Élisabeth Guigou, il était marqué à gauche. En outre, il était proche de Laurence Le Vert, la spécialiste des affaires basques, et celle-ci était tout sauf une « Bot people ». Le conflit était ouvert. Les raisons étaient d'ailleurs à peu près de même nature que celui qui couvait entre Bot et Bruguière. Pour le procureur de Paris, l'idée qu'un juge symbolise et dirige la lutte antiterroriste et les relations internationales en la matière était plus qu'il ne pouvait supporter. Or Laurence Le Vert, comme Jean-Louis Bruguière pour l'islam radical et le Moyen-Orient, était la patronne incontestée de la lutte contre ETA. Elle l'est d'ailleurs toujours. Michel Debacq, catalogué à gauche, soupçonné de pactiser avec l'ennemi, c'est-à-dire l'instruction, avait un autre grave défaut qui consiste à donner réellement son avis quand on vous le demande, même si ce n'est pas celui du chef. Au contraire du béni-oui-oui, vous êtes alors un « maudit-non-non ». Une espèce en voie de disparation. J'ai assisté à plusieurs reprises à des réunions tendues, au cours desquelles Michel Debacq donnait un avis inexorablement non suivi quoique souvent pertinent. La plupart du temps, cet avis était d'ailleurs celui de la section car nous en avions discuté ensemble avant de monter chez Yves Bot, chaque lundi soir. Peut-être existait-il d'autres raisons qui me sont inconnues pour qu'Yves Bot veuille à tout prix se débarrasser de Michel Debacq ? J'en doute. Et pour m'en tenir à ce que je sais, je peux affirmer que Michel Debacq était un très bon chef de section, respectueux des autres et infatigable travailleur. Il était certes plus survolté qu'Irène Stoller mais l'on a le droit d'être un peu nerveux quand on veut votre peau. Évidemment, Michel Debacq n'a pas survécu à ce que Gilbert Thiel appelait le régime Paul Bot. C'était un peu excessif, bien sûr, et avec le recul j'ai compris qu'Yves Bot, avant de partir à l'assaut de la citadelle Bruguièrienne, voulait avoir une confiance absolue en ses troupes. Il voulait une unité inconditionnelle autour de lui pour partir en guerre contre les juges d'instruction de la galerie Saint-Éloi. Je n'avais pour ma part aucun désir particulier de combattre et le reste de la section antiterroriste non plus, si bien que s'instaura une incompréhension entre notre chef et nous. Il était en guerre, nous ne l'étions pas.

En mars 2003, j'ai quitté la section antiterroriste, quelques mois avant Michel Debacq. Pour la première fois de ma vie professionnelle, je n'ai pas fait de pot de départ : l'ambiance ne s'y prêtait pas. J'ai du mal à faire la fête dans les tranchées.

PARTIR, REVENIR

À mon départ de Saint-Éloi, mon premier souci était celui de mon traitement. Il est en effet dangereux de quitter un internement psychiatrique sans suivi médical. Ce monde rendait fou. Et puis, j'avais attrapé le virus de l'antiterrorisme. Même si je ne supportais plus l'ambiance à la section, j'avais évolué dans un univers tellement hors normes, suivi des affaires si extraordinaires que je redoutais l'ennui. Yves Bot lui-même me l'avait dit, l'antiterrorisme est un virus dont il est difficile de guérir. Sur ce point, il avait parfaitement raison. J'en veux pour preuve que je suis revenu. Ça non plus, je ne l'avais pas imaginé une seule seconde à l'époque. À mon départ du parquet antiterroriste, il me fallait un traitement de choc. J'ai cru trouver la solution en changeant de fonction et en me jetant à corps perdu dans un nouveau domaine : l'économie et la finance. J'avais toujours adoré l'instruction et c'est d'ailleurs cette fonction que j'avais choisie en début de carrière, dans les champs de betterave picards de Péronne. Je m'y étais régalé. Je n'ai jamais été plus heureux professionnellement par la suite. En 1991, il faisait bon être juge d'instruction. Le juge d'instruction était alors tout-puissant. Il mettait lui-même en détention provisoire, était saisi de toutes les affaires intéressantes, menait les enquêtes comme il le voulait. Évidemment, ce n'était pas sans danger et il était préférable de tomber sur un juge compétent, et humain de préférence. C'est précisément cela qui m'a plu, cette possibilité de ne pas mésuser de ses pouvoirs, de ne les utiliser qu'à bon escient, de respecter les gens que l'on pourrait tout aussi bien écraser. Pour ma part, j'ai toujours apprécié la notion d'instruction à charge et à décharge, une lourde tâche confiée au juge d'instruction, mais aussi la noblesse de sa fonction. Quelle plus grande satisfaction peut-il exister que celle, pour un juge, de rechercher la vérité ? Cette satisfaction est à son point culminant quand l'enquête permet d'innocenter un suspect.

Mon retour à l'instruction était incontestablement la première partie de mon traitement. La seconde était donc le choix, si possible, d'une matière susceptible de me passionner et donc de me faire oublier ma flamme pour le « terro ». J'ai été nommé vice-président chargé de l'instruction au tribunal de Grande Instance de Nanterre en mars 2003, à une époque où il y avait encore des affaires économiques et financières confiées à des juges d'instruction dans ce tribunal. Aujourd'hui, son nom est associé à une guerre entre un procureur et une juge autour de l'affaire Bettencourt. À l'époque, l'ambiance était tout autre, la bataille siège-parquet n'avait pas atteint ce paroxysme, les juges d'instruction n'étaient pas menacés de disparaître et si des affaires étaient sans doute enterrées ou entravées, l'instruction économique et financière signifiait quelque chose. Le tribunal de Nanterre comptait parmi les plus prestigieux. À Nanterre, les puissants n'étaient pas épargnés, et la traque des circuits financiers pouvait s'avérer presque aussi stimulante que la poursuite d'une filière terroriste. En tout cas, ce n'était pas forcément moins compliqué, et à peine moins téméraire. Et puis, non seulement le tribunal était dans la région parisienne, où j'avais fondé un foyer, mais en plus je le connaissais bien puisque j'y avais effectué mon stage de formation de magistrat. J'y ai retrouvé des têtes connues, notamment Alain Prache, celui qui m'avait appris le métier de juge d'instruction. Et à voler de mes propres ailes.

Je pensais que mon expertise dans un domaine aussi complexe que l'antiterrorisme était un atout. Lors de mon « entretien d'embauche » à Nanterre, je compris que c'était presque une casserole.

Mme Petit, la présidente de l'époque, était membre du syndicat de la magistrature (SM), résolument ancré à gauche. Je n'oublierai jamais notre première rencontre. Elle m'avait demandé d'apporter un CV détaillé, qu'elle avait consulté devant moi. Mes postes en Picardie et à Nantes ne l'avaient pas fait sursauter, mais mes fonctions parisiennes l'avaient purement et simplement épouvantée : j'avais été dans les deux sections les plus détestées par le Syndicat de la magistrature : la section des crimes et délits flagrants (la 8e section) et surtout la section antiterroriste. La 8e section n'existait plus mais elle avait symbolisé la justice expéditive par excellence, celle des comparutions immédiates. La galerie Saint-Éloi, elle, était synonyme de justice d'exception. Pour caricaturer, chez certains, « terro » égale « facho ». Vu de l'extérieur, le pôle antiterroriste, à cause du secret nécessaire qui l'entoure et des mesures dérogatoires au droit commun (comme la garde à vue prolongée), est le lieu de tous les dangers. On y est menacé par des terroristes de tout poil, mais on peut aussi y mener des enquêtes avec des pouvoirs exorbitants. La récente affaire de Tarnac, sur laquelle je ne me prononcerai évidemment pas, a de nouveau montré que les magistrats antiterroristes suscitaient plus de méfiance que les autres. Parce que les politiques peuvent être tentés de les instrumentaliser (ils en ont bien conscience), et parce qu'ils ont des pouvoirs étendus, justifiés, mais plus inquiétants. Sans ces prérogatives-là, il serait impossible de débusquer les agents d'Al-Qaida. Mais l'antiterrorisme suscite des fantasmes. Quand je suis arrivé à Nanterre, j'aurais dû me souvenir d'une anecdote. En 2000, alors que j'étais substitut à Saint-Éloi, j'ai eu droit, en pleine audience, à l'insulte en vogue à l'époque, utilisée par un avocat qui n'avait rien d'autre à dire pour la défense de son client : la section antiterroriste était comparée aux sections spéciales de Vichy, rien de moins. Inutile de dire que c'était outrancier et grotesque. Mme Petit n'avait évidemment pas ce genre de pensées. Mais si elle était bien plus mesurée, elle ne portait pas le « terro » dans son cœur pour autant.

— L'antiterrorisme ? Quelle drôle d'idée ! Vous trouvez ça amusant les rafles à 6 heures du matin ?

— À partir du moment où il y a des terroristes, il faut bien des magistrats antiterroristes. Quant aux rafles, on peut effectivement s'en passer.

— Hum, hum, hum... J'espère du moins que vous n'y avez pas pris goût parce que sinon vous êtes irrécupérable.

La franchise et l'humour étaient deux qualités de Mme Petit.

Après cette attaque dans les règles, elle avait terminé notre entretien sur une note positive, en soulignant que j'avais l'expérience des dossiers lourds et qu'on lui avait dit du bien de moi. Du coup, elle entendait me confier un cabinet financier. C'était parti et bien parti. J'ai fait la connaissance, lors de son arrivée à la galerie d'instruction, en octobre 2003, d'Isabelle Prévost-Desprez, actuelle présidente de la 15ᵉ chambre du tribunal correctionnel de Nanterre. Nous nous sommes très bien entendus. Avec son caractère trempé et inflexible, son côté très direct et son humour éclatant, Isabelle Prévost-Desprez ne laisse pas indifférent. Certains la détestent, et notamment quelques avocats qui voudraient que les juges d'instruction soient rayés pour de bon ou, à défaut, se montrent le plus discret possible, ce qui ne correspond pas vraiment au caractère d'Isabelle Prévost-Desprez. D'autres l'aiment au contraire beaucoup et c'est mon cas. Quand elle est arrivée à Nanterre, je crois qu'elle en avait déjà un peu assez de l'instruction, ce combat permanent pour que les choses avancent. Elle avait en effet instruit de lourds dossiers à Paris (ventes d'armes à l'Angola, affaires financières du Sentier), si bien que, lorsque l'occasion s'est présentée, en janvier 2005, de quitter l'instruction pour présider la 15ᵉ chambre correctionnelle chargée de juger les affaires économiques et financières, elle l'a saisie. Dans sa tête, elle est néanmoins restée juge d'instruction, ce qui insuffle un esprit « dynamique » à sa façon de présider les audiences. J'en parle en connaissance de cause puisqu'il m'est arrivé de siéger avec elle, en qualité de juge assesseur, à la 15ᵉ chambre correctionnelle. Outre son caractère bien trempé, je me souviens d'une bosseuse infatigable.

À Nanterre, je me suis tué à la tâche. De la même façon que j'avais dévoré des livres sur l'islam, je me suis jeté sur les ouvrages traitant des infractions financières dont, bien évidemment, celles liées aux marchés publics :

nous étions tout de même dans les Hauts-de-Seine ! Chaque nouveau dossier me faisait découvrir un univers différent. J'oubliais presque l'antiterrorisme. Presque mais pas complètement car, à l'occasion d'un dossier mettant en cause une vingtaine de sociétés de transport, j'étais tombé sur un réseau de blanchiment et d'abus de biens sociaux ayant à sa tête des membres du mouvement religieux musulman tabligh. J'avais eu à l'époque des contacts avec Jean-Louis Bruguière et la DST et nous étions convenus que je garderais l'affaire tant qu'aucun élément concret ne permettrait de suspecter un financement du terrorisme. Le parquet de Nanterre et le tout nouveau bureau de lutte antiterroriste de la gendarmerie avaient cru à la piste terroriste mais il faut bien reconnaître que les membres du tabligh ne se livrent pas, sauf rares exceptions, à des activités terroristes. Plusieurs anciens membres du tabligh, en revanche, ont quitté ce mouvement en raison, précisément, de son manque d'activisme et de son apolitisme. Le porte-à-porte pour prêcher la bonne parole est une activité qui manque de charme pour les jeunes musulmans sensibles aux appels au Jihad.

Je n'étais donc pas tout à fait guéri du virus antiterroriste quand, à bout de souffle, j'ai décidé de quitter Nanterre. Ce fut une décision familiale. La charge de travail était monstrueuse et je n'avais pas soufflé depuis des années. Je rêvais depuis longtemps d'outre-Mer et nous avions des enfants de trois et cinq ans. L'âge idéal pour une escapade. J'ai demandé un poste à La Réunion, que j'ai obtenu. Le paysage changeait, pas la matière. C'était un poste de vice-procureur et dès mon premier entretien avec le procureur général, j'ai compris que j'étais censé m'occuper énergiquement des affaires économiques et financières et, en particulier, des marchés publics. Avant mon départ, toutefois, j'avais failli être rattrapé par la manche par Jean-Louis Bruguière. L'Amiral m'avait indiqué qu'un nouveau cabinet de juge d'instruction antiterroriste allait être créé incessamment et que j'étais le bienvenu. Cette proposition avait eu un effet dévastateur sur moi. Bruguière m'avait tenté comme l'on appâte un toxicomane non encore sevré. J'ai serré les dents et, comme prévu, je suis parti avec ma famille à La Réunion. Nous étions au mois d'août 2005. En mars 2006, mes dealers de la galerie Saint-Éloi allaient avoir raison de mes réticences et de mes bonnes résolutions. Avec une nouvelle proposition encore plus alléchante puisqu'il s'agissait de récupérer de cabinet du bras droit de l'Amiral, Jean-François Ricard. C'était un cabinet chargé, principalement consacré à la lutte contre le terroriste islamiste. Jean-François Ricard avait secondé avec brio Jean-Louis Bruguière, restant dans son ombre et se pourrissant la santé à force de travailler sans relâche. Depuis peu, il avait toutefois obtenu le renfort bien venu de Philippe Coirre. Le schéma qui m'était proposé était donc le suivant : Philippe et moi serions les deux acolytes de Jean-Louis Bruguière dans la lutte contre Al-Qaida. C'était difficile à refuser. Un collègue juge d'instruction de La Réunion m'encourageait à accepter. Pour lui, l'instruction antiterroriste était quelque chose de mythique et Bruguière était une icône inaccessible. J'avais évidemment une vue un peu moins idyllique de la lutte antiterroriste étant donné que j'y avais déjà goûté. Comme pour toutes les drogues dures, à l'euphorie succède une descente douloureuse. Mais je savais aussi à quel point c'était passionnant. Le fameux virus. J'hésitai donc. Du côté de Paris, tout se présentait au mieux. La cooptation d'un juge antiterroriste nécessitait en effet plusieurs feux verts : celui de Bruguière, celui du cabinet du ministre de la Justice et celui du président du Tribunal...

Aucune opposition n'avait été formulée. Le principal obstacle envisageable était celui du conseil supérieur de la magistrature qui devait émettre un avis conforme. Mon cas posait théoriquement problème. Je n'étais en poste à La Réunion que depuis dix mois alors que le temps minimum requis à chaque poste est de deux ans. J'étais loin du compte. Le CSM émit malgré tout un avis favorable à ma nomination. Les propositions alléchantes, feux verts et autres avis conformes n'auraient certainement pas vaincu la résistance justifiée de ma femme sans… le chikungunya. Depuis le début du mois de janvier, en effet, nous étions au beau milieu d'une épidémie sans précédent. C'était l'année où il ne fallait pas être à La Réunion, et nous y étions. Le moustique y faisait des ravages : un tiers de la population de l'île était déjà touché et personne n'était capable de prévoir l'avenir. Si j'avais eu des gardes du corps à l'époque, il leur aurait fallu des bombes insecticides plutôt que des flingues. Nos craintes étaient sans doute irraisonnées mais nous étions les parents de jeunes enfants. J'ai donc dit oui à Bruguière : je guérissais à peine du virus « terro » à onze mille kilomètres de Paris, et un virus tropical me poussait à rejoindre la galerie Saint-Éloi. Je dois au « chik » d'être aujourd'hui juge antiterroriste. Ce fut la rechute, la terrible rechute.

La date de mon audience d'installation à Paris était fixée au 12 juin 2006. L'audience avait lieu à 11 heures. C'était une audience solennelle et j'étais le seul magistrat installé. Jean-Louis Bruguière et Laurence Le Vert furent désignés par le président, M. Magendie, pour m'escorter dans la salle d'audience, comme le veut le protocole. C'était impressionnant, toutes ces robes rouges qui étaient là pour m'accueillir ! L'Amiral et Laurence Le Vert sont venus, selon la tradition, me chercher. J'attendais devant la salle d'audience, un peu nerveux. J'y suis entré avec eux. J'étais évidemment ému d'être conduit par deux monstres sacrés de l'antiterrorisme comme un jeune marié à l'autel. La comparaison s'arrête là, il n'y avait ni foule en liesse ni grains de riz à la sortie. C'était protocolaire. Le procureur de la République puis le président du Tribunal ont fait des discours sympathiques à mon égard et je suis devenu juge d'instruction antiterroriste.

Et maintenant, bravoure !

C'était donc reparti et de plus belle. J'avais vu la face parquet de la planète antiterro et j'avais droit à la face cachée de l'instruction. Je n'allais plus collaborer avec l'Amiral, comme substitut, mais travailler avec lui et sous sa direction. Je rejoignais l'équipe. Le livre des secrets s'ouvrait à moi. Le travail s'est organisé très rapidement, ainsi que Jean-Louis Bruguière me l'avait présenté. Les vieux dossiers emblématiques étaient de son ressort, son domaine réservé (la rue Copernic, la rue des Rosiers, les attentats du 11 Septembre, l'assassinat des moines de Tibéhirine, Karachi...). Il distribuait le travail dans les dossiers récents de terrorisme islamiste. Cela correspondait à une période d'activité relativement importante. Nous nous partagions donc les interrogatoires et, peu à peu, Jean-Louis Bruguière a laissé à Philippe Coirre et à moi-même la gestion au jour le jour de certains dossiers. Cela s'est fait assez naturellement, mais sans jamais empêcher Jean-Louis Bruguière de prendre les décisions importantes. Toutes les décisions importantes. Il était en effet systématiquement le premier juge saisi des dossiers, ce qui signifiait qu'il était le responsable de l'information judiciaire. Philippe Coirre et moi-même lui étions adjoints, ce qui me convenait très bien. L'un des sujets principaux de discussion entre nous deux et Bruguière portait sur la détention provisoire. De par la loi, c'est en effet le magistrat premier désigné qui gère la détention provisoire. C'était donc l'Amiral qui avait le pouvoir de libérer nos clients. Le juge des libertés et de la détention avait aussi ce pouvoir mais se gardait bien de se heurter de front avec Bruguière. Rares étaient ceux qui osaient contester ses décisions. Avec Philippe Coirre, nous étions directement intéressés, en particulier s'agissant des personnes mises en examen que nous interrogions. Nous les avions dans notre bureau, passions plusieurs heures avec elles, discutions avec leurs avocats sur leur détention provisoire et nous avions donc notre avis sur la question. La mise en liberté d'un mis en examen dans un dossier de terrorisme n'est pas une mince affaire. Qui pardonnera à un juge d'instruction d'avoir relâché un individu qui commet un attentat à sa sortie de prison ? D'un autre côté, comment garder en détention provisoire un personne présumée innocente si sa participation éventuelle aux faits poursuivis est infime ou insuffisamment caractérisée ? Or les personnes poursuivies en matière de terrorisme islamiste présentent des profils multiples. Nous avons affaire tout aussi bien à un terroriste professionnel qu'à un pied nickelé qui ne sait pas trop ce qu'il fait dans l'histoire et, il faut bien le reconnaître parfois, nous avons nous-mêmes bien du mal à découvrir ce qu'on lui reproche. C'est toute la complexité des affaires de réseaux dont certains membres ignorent éventuellement qu'ils en font partie (ils rendent des « services » sans en connaître la finalité) ou ce que leur groupe fait vraiment (les vraies motivations sont souvent centralisées au sommet). Ce n'est pas l'imagination qui nous manque mais nous avons aussi le devoir d'être juste, au moins d'essayer. Dans le *package* que l'on donne à la sortie de l'École nationale de la magistrature, c'est même inscrit sur le mode d'emploi.

Les décisions en matière de détention provisoire étaient donc difficiles à prendre pour Jean-Louis Bruguière, dont c'était la responsabilité personnelle. En un sens, il était plus facile pour nous de nous transformer en avocats de la défense pour aller plaider une mise en liberté que pour Jean-Louis Bruguière de libérer. Il existe cependant un danger, dans le domaine du fondamentalisme religieux, à se montrer injuste : notre système ne doit pas transformer en terroristes ceux qui ne le sont pas encore, en les punissant alors qu'ils sont « récupérables ». La punition, notamment la prison, peut précipiter des esprits influençables dans les griffes de redoutables prosélytes. Être juste est un principe d'efficacité qui présente la qualité rare en la matière d'être en conformité parfaite avec nos principes démocratiques les plus chers et en particulier celui de la présomption d'innocence. Pour autant, cela n'a rien à voir avec un quelconque angélisme. L'Amiral, comme la plupart des juges, était confronté à des dilemmes.

Sa façon de travailler, en revanche, ne laissait pas de place au doute. Il était le chef et nous savions ce que nous avions à faire. Dans les dossiers ou parties de dossiers qui nous étaient confiés, je dois dire que Jean-Louis Bruguière écoutait nos arguments. Il n'était pas facile à convaincre, mais était sensible aux arguments logiques. En revanche, nous n'avions rien à faire dans son fameux domaine réservé. À savoir… tous les gros dossiers. L'Amiral gérait seul certains dossiers, par choix ou par habitude, s'agissant des dossiers les plus anciens. Je dois bien dire qu'à l'époque peu m'importait. J'avais largement assez de travail, j'étais heureux d'être là et je n'avais pas de pression particulière. Jean-Louis Bruguière, s'il gardait son pré carré, assumait également la pression et les risques inhérents aux dossiers hautement sensibles qui en faisaient partie. Le dossier de l'attentat, en avril 1994, contre l'avion du président rwandais Juvénal Habyarimana, abattu par un tir de missiles sol-air au-dessus de l'aéroport de Kigali, en est un bon exemple. Cet événement a été présenté comme étant le déclencheur d'un génocide qui a fait huit cent mille morts. Le Falcon-50 présidentiel était piloté par un équipage français. Puisque des nationaux figuraient parmi les victimes, le justice française était compétente et Bruguière fut saisi par la constitution de partie civile de la famille de l'une des victimes françaises. En 2006, alors qu'il examinait encore les différentes pistes de ce dossier délicat, je n'imaginais pas, là encore, que ce dossier allait bientôt me revenir. C'était son domaine réservé. Il dirigeait l'enquête, et en assumait le poids. Je ne peux évidemment pas évoquer ce dossier, notamment et d'abord en raison du secret de l'instruction. Ce que je peux dire, en revanche, c'est que Jean-Louis Bruguière assumait ses décisions personnellement, et les critiques pouvant les accompagner. Aujourd'hui, la pression, le stress qu'il a endurés dans son « domaine réservé », je les connais. À l'époque, je ne pouvais que les imaginer.

L'Amiral allait alors bientôt battre campagne. Il aimait la politique et ne cachait pas ses sympathies. Avant la présidentielle de 2007, il avait affiché son soutien à Nicolas Sarkozy. En essayant d'être élu député en Lot-et-Garonne la même année, sous l'étique UMP, Jean-Louis Bruguière, dont le principal défaut a décidément toujours été son attirance pour la politique, a ouvert la porte aux loups. Avant même son départ officiel, le parquet avait commencé à s'attaquer aux fondements du système bruguièrien. Il faut dire que notre ambassadeur plénipotentiaire de la lutte antiterroriste avait déjà la tête ailleurs, et aussi les pieds, quelque part sur les marchés de Villeneuve-sur-Lot où il battait campagne. Personne ne savait trop par qui ou par quoi on allait bien pouvoir le remplacer mais, en attendant, le pouvoir ayant horreur du vide, le parquet tenta une percée. Sa première arme, aiguisée depuis des mois, consista en une alliance objective avec la sous-direction antiterroriste (SDAT) de la police judiciaire. Ce service venait en effet de recréer un groupe international. L'activité de la SDAT se partageait surtout entre le terrorisme basque et le terrorisme corse mais ce service, par l'odeur alléché du fromage islamiste, n'en pouvait plus d'être tenu à l'écart de la matière la plus « porteuse ». La SDAT aurait bien travaillé avec l'Amiral mais celui-ci restait fidèle à son premier amour, la DST. Celle-ci, qui n'avait pas encore fusionné avec les RG pour devenir la DCRI (direction centrale du renseignement intérieur), trustait alors tout le contentieux islamiste. Cependant, une menace planait. Quelques hauts responsables de la police judiciaire tentaient de scier la branche sur laquelle la DST était assise. Le fromage serait ainsi tombé avec le corbeau. L'idée était tout simplement de faire retirer à la DST son habilitation de police judiciaire. Elle serait alors redevenue un service uniquement voué au renseignement et la SDAT aurait récupéré l'intégralité du judiciaire. Il n'était de toute façon plus question de sauvegarder le couple Bruguière/DST dont la parfaite synergie avait fait les beaux temps de l'antiterrorisme puisque Bruguière partait. Quant à pérenniser le duo instruction/DST, mon petit doigt me dit que l'on avait déjà d'autres projets pour l'instruction du genre voyage sans retour. Ce qui devait être assommant pour nos politiques, c'était d'entendre des voix d'horizons divers souligner que le système existant fonctionnait et était même jalousé à l'extérieur de l'Hexagone, et qu'il ne fallait pas y toucher. Casser ce qui marche bien est certes un mal français, mais il fallait y réfléchir à deux fois. Finalement, la DST en sortit renforcée, ce qui était une bonne chose mais, du côté de la justice, il était acquis qu'au couple instruction/DST devait succéder le couple parquet/DCRI.

Pendant la campagne électorale de Bruguière, les bouleversements se préparaient mais nous n'en étions pas encore là. Le parquet, cependant, posait des jalons. Leurs enquêtes préliminaires étaient de plus en plus longues et elles étaient souvent confiées, en matière de terrorisme islamiste, à la SDAT et plus à la DST. À la DST, les dents crissaient mais l'Amiral, en campagne électorale, n'avait pas le temps de terroriser un parquet d'autant plus entreprenant, voire revanchard, qu'il avait été relégué au second plan depuis deux décennies par l'absolutisme de l'Amiral. Le balancier était allé très loin d'un côté et commençait à partir du côté opposé. Si j'en parle, c'est parce que ces équilbres, ces guerres intestines avaient, et auront, une influence sur le fonctionnement de la justice antiterroriste : la mise à mal de l'instruction, pierre angulaire du système de lutte. Au printemps 2007, seule la présence encore officielle, mais de plus en plus théorique de l'Amiral, à la galerie Saint-Éloi, retenait encore le mouvement du balancier qui penchait indéniablement côté parquet. Retenait encore car il n'était pas exclu que l'Amiral soit élu et occupe donc ensuite un poste politique important. Dans ce contexte, il n'était pas certain qu'il pardonne aisément à ceux qui auraient profité de son absence momentanée pour détruire ce qu'il avait construit. Ceux-là le savaient bien. Du coup, la guerre était mouchetée. Mais voilà, en juin 2007, Jean-Louis Bruguière n'a pas été élu député et il a quitté pour de bon la galerie

Saint-Éloi. Il ne se sentait pas le courage de revenir, à un an de la retraite (il avait soixante-quatre ans), après un échec d'autant plus difficile à supporter qu'il n'en avait jusqu'alors jamais connu.

Moi, j'aurais apprécié de pouvoir travailler un peu plus longtemps avec lui. Son départ, c'était le début des problèmes pour l'instruction antiterroriste en général et pour moi en particulier.

Je ne méconnais pas les critiques fondées contre l'Amiral, notamment sur ses liens étroits avec le monde politique, mais il m'a fait confiance et je ne suis pas un ingrat. Je lui dois d'avoir récupéré ses dossiers, même si certains ressemblent *a posteriori* à des cadeaux empoisonnés. Cet héritage, je le dois à Jean-Louis Bruguière mais aussi à l'incapacité de nos politiques à lui trouver rapidement un successeur. J'étais au Gabon quand l'Amiral m'a appelé. Il était dans le bureau du président du Tribunal et voulait des indications sur les quelques dossiers que je ne pouvais pas reprendre car je m'en étais occupé en qualité de substitut (la fameuse incompatibilité déjà évoquée). C'était évidemment le cas, par exemple, pour l'affaire de l'assassinat de l'imam Sahraoui, au tout début de la campagne d'attentats de 1995, ce que je regrette car c'est une affaire passionnante, et qui est loin d'être terminée. À mon retour du Gabon, le 10 mai 2007, j'avais malgré tout hérité, en qualité de magistrat premier désigné, de plus d'une quarantaine de dossiers du cabinet de Jean-Louis Bruguière. Son domaine réservé. C'était un peu comme s'il m'avait fait cadeau de sa cave, un pomerol par-ci, un château-latour par-là. Je n'aurais pas eu cet honneur si, à la date du départ définitif de l'Amiral, le 5 mai 2007, son successeur avait été choisi. Pourtant, nos décideurs avaient eu le temps d'y réfléchir. Il n'était certes pas facile de remplacer l'Amiral à ce poste stratégique. Le vide qu'il laissait entraîna une guerre de succession. Jean-Louis Bruguière lui-même était dans la mêlée. Il tentait d'imposer son poulain naturel, Jean-François Ricard. Claude Choquet, juge d'instruction de talent et chef de service de la JIRS de Marseille (juridiction inter-régionale spécialisée chargée des dossiers de criminalité organisée), apprécié pour ses qualités humaines, était également pressenti. Par ailleurs, Laurence Le Vert et Gilbert Thiel se positionnaient comme successeurs légitimes, eu égard à leurs années de service à Saint-Éloi. Les quatre candidats étaient donc déclarés et combattus par un clan ou un autre. Chacun avait des qualités mais, à la fin du test Vache-qui-rit, personne ne présentait le profil idéal. Trop ceci, trop cela... Comme dans la publicité pour la pâte fromagère. Jean-François Ricard, Gilbert Thiel et Laurence Le Vert étaient, chacun à leur manière, trop typés. Claude Choquet était trop nouveau dans la magistrature pour passer le cap du CSM. Il faut dire que le poste de l'Amiral était un poste hors hiérarchie (le haut de l'échelle). Comme cela était finalement prévisible, les candidats déclarés furent tous renvoyés dos à dos avec un prix de consolation non négligeable pour Laurence Le Vert, qui fut nommée sur place magistrat hors hiérarchie. À l'arrivée des courses, un cinquième homme s'imposa. Ce fut Yves Jannier, avocat général près la cour d'appel de Paris et proche collaborateur du procureur général de Paris, Laurent Le Mesle. Il devint donc, vers le mois de février 2008, le magistrat désigné pour assurer la coordination de la section.

Les tergiversations et guerres de palais qui avaient entouré le remplacement de l'Amiral en retraite, eurent une conséquence directe : la dissociation de la fonction de coordonnateur de la section et de celle de magistrat premier désigné dans les dossiers. Une séparation des pouvoirs aux airs de révolution. Jean-Louis Bruguière avait pu asseoir une autorité incontestable, non seulement en raison de ses qualités personnelles et de sa longévité, mais aussi parce qu'il était à la fois chef de la section et responsable, en qualité de magistrat premier désigné, des dossiers de terrorisme international, en particulier islamiste. Ce qui voulait dire qu'il cumulait l'autorité administrative du coordonnateur et la responsabilité juridique des dossiers. Cette seconde fonction était bien sûr la plus importante. Diriger les enquêtes, prendre les décisions stratégiques et les décisions juridictionnelles, autrement dit être aux manettes et aux affaires : là réside le vrai pouvoir. Le gouvernement actuel l'a bien compris en essayant de faire passer une réforme confiant la direction de toutes les enquêtes au ministère public, opportunément placé sous son autorité hiérarchique. Ce qui revenait à mettre un homme du parquet, donc nommé et révocable par le pouvoir, à la tête d'un pôle historiquement piloté par un juge d'instruction. La position d'Yves Jannier n'était donc pas facile. La mienne non plus car, face à des dossiers très sensibles, il est sans doute utile d'asseoir son autorité juridictionnelle par une autorité statutaire incontestable. Être magistrat hors hiérarchie, chef administratif de la galerie Saint-Éloi, donne un poids certain face à ses interlocuteurs. En outre, être magistrat hors hiérarchie présente l'avantage d'avoir atteint le cadre le plus élevé dans la magistrature, de n'avoir rien à gagner, et surtout à perdre. Il n'y a en effet rien au-dessus de la hors hiérarchie. Certes, et cela est le cas dans la haute magistrature française, il est toujours possible d'aspirer à des postes hors hiérarchie plus prestigieux, du genre premier président ou procureur général, ou encore président ou procureur d'un tribunal important. Toutefois, le fait d'être dans les 5 % de magistrats ayant atteint les sommets enneigés d'hermine de la hors hiérarchie serait censé favoriser le goût pour l'indépendance. Les choses sont en théorie plus compliquées pour un petit juge confronté à des dossiers piégés qui risquent à tout moment de lui exploser à la figure. À moins d'être complètement stupide, le petit juge sait dans quel sens souffle le vent. Il sait ce qui fait, ferait plaisir ou ce qui peut fâcher. Il sait surtout ce qui éloignera de lui la robe rouge et l'hermine, ce qui fera de lui, comme Gilbert Thiel, le magistrat le plus ancien dans le grade le moins élevé. Les navigateurs savent que l'on n'a parfois pas d'autres choix que de barrer contre le vent et que l'on peut arriver à bon port, même contre le courant.

On a beau être membre de la mythique galerie Saint-Éloi, être compétent nationalement et internationalement, arraisonner les pirates terroristes sur tous les océans et mers du monde en parfait corsaire de la République, on se sent parfois un peu seul.

L'affaiblissement par le haut de la puissance de la galerie Saint-Éloi dû à cette dissociation entre sa direction administrative et sa direction opérationnelle ne pouvait profiter qu'au ministère public. Reste à savoir si cela ne profite pas également aux terroristes. Sur ce point plus que sur tout autre, il est important, sans caricaturer, de rappeler certaines vérités.

Le fait que le ministère public, placé sous l'autorité de l'exécutif, fasse son possible pour réduire les ouvertures d'information peut se comprendre s'il s'agit simplement d'apprécier avec le maximum d'informations la nécessité ou non d'ouvrir une instruction. Mais quand, en revanche, il s'agit par principe de ne pas ouvrir d'informations pour garder la maîtrise du dossier le plus longtemps possible, voire jusqu'au bout, au mépris de l'efficacité, cela est discutable. Le parquet peut en effet diriger une enquête dite préliminaire, mais il le fait avec des pouvoirs d'investigation réduits. Dans ce cas, il a la mainmise sur une enquête en partie inoffensive. Il peut certes demander au JLD (le juge de l'enquête et des libertés) une autorisation de placement sur écoutes téléphoniques d'une durée maximale d'un mois, mais peut-on raisonnablement surveiller un groupe terroriste pendant un ou deux ans, c'est-à-dire le temps nécessaire pour connaître l'identité de ses membres et les projets qu'il a en préparation avec seulement un mois d'écoutes ? Les services spécialisés en savent quelque chose, qui supplient le parquet d'ouvrir une information quand une affaire devient trop sérieuse pour faire l'économie des pouvoirs d'investigation du juge d'instruction. Devant le refus du parquet qui veut garder la main, les services spécialisés ont un seul recours : les surveillances administratives ! Elles ressemblent à l'alcool, elles ont la couleur de l'alcool, mais ce ne sont pas de véritables écoutes, en tout cas pas de celles qui permettent d'arrêter les terroristes. C'est une aberration. Nous disposons en France du système judiciaire antiterroriste le plus performant du monde et le parquet voudrait brader cet acquis pour de basses luttes intestines. Qui gagnera quoi ? Faire une enquête préliminaire pendant un an ou deux sur un groupe terroriste consiste à jouer avec le feu. Tout ça pourquoi ? Pour avoir l'honneur d'être aux manettes lors des interpellations juste avant d'être obligé d'ouvrir une information qui sera irrémédiablement privée des éléments cruciaux que des surveillances en amont lui auraient apportées : belle réussite ! Peut-être que, ce dont je doute, l'instruction sera supprimée, mais en attendant il faut appliquer la loi et la loi donne au seul juge d'instruction le pouvoir d'ordonner des écoutes téléphoniques de longue durée, des surveillances des communications et du trafic Internet, des sonorisations de domiciles et de véhicules privés, des captations d'images dans des lieux privés. Ce sont des pouvoirs étendus, sans aucun doute, mais quand ils ne sont pas utilisés par la justice antiterroriste et sous son contrôle, ils le sont par les services spécialisés dans d'autres cadres et sans aucun contrôle judiciaire. Ces services dépendent évidemment de l'exécutif. On assiste en quelque sorte à une déjudiciarisation des enquêtes antiterroristes ! Les policiers spécialisés sont lucides sur ce point. Ils n'apprécient guère qu'on leur demande d'enquêter en se bouchant les oreilles. Mais c'est ainsi : l'essentiel aujourd'hui, c'est de faire croire que le parquet peut se passer de juge d'instruction. En matière économique et financière, il s'en passe indubitablement. En matière terroriste, c'est encore plus préjudiciable car s'il est un domaine où l'on ne peut pas faire n'importe quoi, c'est bien celui-là. Pourtant, le balancier est parti complètement de l'autre côté. Le départ de l'Amiral en juin 2007, conjugué à la volonté affichée de supprimer le juge d'instruction, ont porté un coup à la galerie Saint-Éloi. Alors que j'accédais au domaine réservé, et que je montais d'un cran sur l'échelle des dossiers, une partie du système s'écroulait. Si je n'étais motivé que par l'ambition, je me féliciterais de cette ascension personnelle. Après tout, cette situation a fait de moi l'héritier de Bruguière. Mais l'effondrement par le haut de la galerie Saint-Éloi entraînait la lutte antiterroriste vers le bas. Et puis, récupérer les dossiers de l'Amiral, sans bénéficier de son autonomie, cela revenait à hériter de colis piégés sans l'armure blindée. La porte des secrets s'ouvrait sur un terrain miné par l'affaiblissement de l'instruction. Le « tout instruction » était excessif : les efforts du parquet pour tenter de se passer de l'instruction le sont tout autant. J'espère que le balancier trouvera un jour son équilibre.

DE NEW YORK À SANAA

L'internationalisation de la lutte contre le terrorisme a pour principale conséquence un développement exponentiel des relations internationales. Chaque pays se nourrit du dossier des autres. Les services de renseignements puis les services de police échangent depuis longtemps leurs informations quand ils l'estiment nécessaire. Cela dépend du partenaire. L'époque récente a vu un accroissement très significatif des relations entre les justices des pays concernés. Concrètement, cela signifie qu'une bonne partie de mon travail est effectuée à l'étranger et que des délégations étrangères viennent souvent me rencontrer à Paris.

Des actes terroristes sont rarement commis à l'étranger par des Français. En revanche, il est malheureusement fréquent que des Français soient victimes d'un attentat hors de nos frontières. Statistiquement, le nombre de concitoyens blessés ou tués à l'étranger est même très supérieur au nombre de victimes françaises d'actions perpétrées sur le territoire national. La loi permet l'ouverture d'enquêtes judiciaires, même si les faits ont été intégralement commis à l'étranger, à condition que l'un des auteurs de l'acte terroriste ou que l'une des victimes soit français. Y compris quand la justice du pays où a lieu le drame mène une enquête. C'est ce que l'on appelle la compétence internationale des juges antiterroristes. Elle repose sur la collaboration internationale. Dans certains cas, elle est encadrée par des accords entre pays, comme ceux de Schengen, qui prévoient une coopération policière et judiciaire entre les États membres de cet espace. Dans d'autres situations, faute de cadre, il faut négocier avec les autorités pour enquêter sur place, reconstituer une scène, entendre des témoins ou des suspects… Cette vocation internationale du juge antiterroriste est essentielle à mes yeux, puisque les victimes d'attentats sont principalement touchées à l'étranger. La galerie Saint-Éloi regorge de dossiers d'assassinats ou d'enlèvements de ressortissants français au Liban, à New York, dans le Golfe, en Afrique ou en Asie. Certains noms de dossiers frappent d'emblée : celui du World Trade Center, celui de Karachi ou encore celui des moines de Tibéhirine.

Cependant, un attentat commis à l'étranger, même si les victimes sont françaises, n'a pas du tout le même impact qu'un attentat commis sur notre sol. Un attentat en France et c'est le branle-bas de combat assuré ! Cette réaction compréhensible tient à ce que l'intégrité du territoire national a été atteinte et que cette frappe démontre une faille dans notre système préventif. Un attentat commis en France est donc un échec pour le système de lutte antiterroriste tourné sur la prévention. C'est d'ailleurs pourquoi le premier réflexe consiste généralement à chercher tout autant un responsable parmi les acteurs de la lutte antiterroriste que parmi les auteurs des faits.

La victime d'un attentat en France ne va pas être laissée pour compte mais trop de personnes vont s'occuper de son cas. Politiques, services spécialisés, magistrats, avocats et journalistes vont tourner autour de sa dépouille comme des vautours. D'un autre côté, la victime *intra muros* croit au moins que l'on s'occupe d'elle. Elle ne comprend rien à ce qui se passe, à qui fait quoi et pourquoi, mais elle n'est pas laissée à l'abandon. Il faut bien comprendre que ce n'est pas la victime en tant que telle qui est au centre des préoccupations, mais bien ce qu'elle représente, c'est-à-dire un enjeu. L'attentat sur le territoire national est une épreuve de force dont chacun espère sortir vainqueur.

Pour les victimes d'attentats à l'étranger, le problème est différent. Elles sont à l'inverse trop délaissées. Parce que ces enquêtes-là, tellement plus compliquées, nécessitent du temps et des moyens. Et aussi parce que l'opinion est moins choquée par des attentats à la fois lointains et tellement moins médiatisés. Le sol national n'ayant pas été frappé, le branle-bas de combat n'a pas lieu. Je ne dis pas que ces tragédies n'intéressent pas l'État, mais elles ne sont pas la priorité. Si les attaques visant des Français à l'étranger ne portent pas atteinte à l'intégrité de notre territoire, elles représentent néanmoins une menace contre la sécurité nationale. Un attentat commis à l'étranger contre un ressortissant français est le plus souvent dirigé contre la France. Il est indéniablement un signe précurseur d'un danger plus important. Le GIA algérien, par exemple, s'en était d'abord pris aux ressortissants étrangers et en particulier français vivant en Algérie avant d'exporter le Jihad sur notre territoire en 1995. Quoi qu'il en soit, un constat est évident : un attentat qui fait un mort à Paris a plus de répercussions qu'un attentat qui fait quinze morts à l'étranger. C'est ainsi et l'on n'y peut pas grand-chose, si ce n'est faire tout de même son possible pour ne pas oublier nos victimes expatriées. Un juge d'instruction peut choisir les dossiers qu'il entend privilégier. C'est tout l'intérêt de son statut indépendant : on ne peut pas l'obliger à classer, ou bâcler, même si on peut lui compliquer la tâche. Mais il faut bien faire des choix lorsque l'on croule sous des affaires constituées de milliers de documents tassés dans des dizaines, voire des centaines de boîtes cartonnées. Face aux difficultés, un juge pourra être tenté de laisser de côté des dossiers qui ne sont pas une priorité pour l'État ou qui n'intéressent pas les médias. Le devoir d'un juge d'instruction antiterroriste, à mes yeux, est justement de hiérarchiser ses dossiers, c'est-à-dire d'en privilégier certains, même si leur décor est au bout du monde. Le domaine réservé que m'a transmis Bruguière recouvre un grand nombre de ces dossiers d'attentats à l'étranger.

Ils présentent des obstacles parfois insurmontables, qu'on ne retrouve pratiquement que dans l'antiterrorisme. Qu'il s'agisse des attentats du World Trade Center ou de Bali, de l'attaque contre le pétrolier français *Limburg* au Yémen ou contre le siège de l'ONU à Bagdad, des attentats kamikazes en Israël, de l'assassinat de l'employée des Nations unies, Bettina Goislard, en Afghanistan, de l'attentat de Karachi ou des assassinats de ressortissants français en Algérie, tous ces actes criminels sont de véritables casse-tête. Il faut avoir conscience de l'extrême difficulté d'enquêter sur des actes commis dans des pays étrangers aussi complexes que, par exemple, le Pakistan. Or aucune enquête sérieuse ne peut avoir lieu sans un minimum de coopération des autorités locales. La stratégie mise en place par la galerie Saint-Éloi, pour ces dossiers, a consisté à avoir accès aux dossiers d'enquête des autorités locales afin de pouvoir apprécier la qualité des éléments recueillis, de voir si le travail de la police et de la justice locales a permis d'arriver à des conclusions fiables, si toutes les pistes ont été creusées, les témoins clés scrupuleusement interrogés. Parfois c'est le cas, parfois non. Cette première approche est assez modeste, mais elle est déjà bien compliquée. Il faut en effet pouvoir se rendre sur place, ce qui n'est pas toujours une mince affaire et c'est évidemment encore plus compliqué quand on remet en cause le travail fait par les autorités locales. Le simple fait de demander à consulter un dossier peut être perçu comme un reproche, ne serait-ce que pour des questions de susceptibilité. Avec certains pays, sur certaines affaires, les choses sont relativement simples. Le principe de coopération est acquis. Il faut systématiquement rédiger une demande d'entraide internationale, traduite dans la langue du pays sollicité. Ce document fondamental rappelle la convention permettant l'entraide et contient un exposé des faits, ainsi que la nature de la mission sur place (reconstitution, interrogatoires…). Cette rédaction occupe beaucoup de mon temps. La demande est ensuite transmise, soit directement au magistrat, soit par la Chancellerie, soit par valise diplomatique du Quai d'Orsay. Tout dépend du pays concerné. Dans certains cas, il faut négocier très longtemps avant d'obtenir un début de coopération. Il a fallu des mois pour que Jean-Louis Bruguière parvienne à se rendre en Algérie dans le dossier des sept moines trappistes de Tibéhirine, décapités le 21 mai 1996 après deux mois de séquestration. Si j'ai pu me rendre au Yémen au cours de l'été 2008 dans le cadre du dossier du *Limburg*, le pétrolier français heurté par un bateau-suicide en octobre 2002, c'est en exécution d'une demande de Jean-Louis Bruguière faite… six ans plus tôt ! L'attente est interminable et puis, tout d'un coup, une fenêtre s'ouvre, un coin de ciel bleu apparaît. Nous sommes alors les bienvenus, mais il ne faut pas tarder car nous ne le serons pas forcément très longtemps. Il est parfois difficile de comprendre pour quelle raison, en vertu de quelle stratégie, tout d'un coup, les portes s'ouvrent.

Pour nos homologues étrangers, le système Bruguière avait le mérite de la simplicité : il n'était pas difficile d'identifier l'interlocuteur approprié puisque c'était nécessairement l'Amiral. Il se retrouvait ainsi saisi de la quasi-totalité des demandes d'entraide internationale un tant soit peu importante. Jean-Louis Bruguière ne pouvait cependant pas tout faire et il fallait de temps en temps faire confiance à l'officier de quart. Il subdéléguait donc quelques demandes d'entraide liées à des dossiers ou à des aspects de dossier que ses adjoints suivaient particulièrement. Pour moi, ce fut l'important dossier de terrorisme islamiste de Safé Bourada, un Français impliqué dans les attentats de 1995. Il présentait notamment des liens avec le Liban, l'Allemagne, l'Algérie et la Syrie. Mais l'Amiral, jusqu'à son départ, a conservé la main sur les principaux dossiers internationaux. L'inconvénient majeur de ce système, c'est qu'il fonctionnait parce qu'il était dirigé de main de fer par Bruguière. Même quand l'Amiral déléguait, il contrôlait. Quand quelqu'un voulait le mordre, il lui limait les crocs. Bref, il terrorisait les antiterroristes. La formule est de lui. L'Amiral terrorisait en effet par stratégie, ce qu'il a toujours admis. Les gens n'en menaient pas bien large devant lui, que ce soit le parquet en France, mais aussi les fonctionnaires à l'étranger osant lui répondre, lors de l'exécution d'une commission rogatoire internationale, qu'il n'était pas possible d'exécuter tel ou tel point de sa demande. Inutile de dire que l'Amiral ne rentrait pas bredouille de ses déplacements à l'étranger ! À ma manière, avec mon tempérament, je m'efforce d'arriver au même résultat. Je vous l'ai dit, je n'ai pas la même latitude que lui. Ma méthode est donc d'être au moins aussi entêté.

L'Amiral, en comparant le système français à celui des États-Unis, m'a souvent souligné cette différence fondamentale : le système américain ne repose pas sur les hommes mais sur la structure, contrairement au système français dans lequel tout dépend de la qualité des hommes. On retrouve dans l'antiterrorisme cette particularité hexagonale à un degré exacerbé. Il n'est pas étonnant que le rendement horaire d'un Français soit le plus élevé au monde. Le rapport qualité/prix, dans les services français de lutte antiterroriste, est même exceptionnel. Les policiers spécialisés sont d'une qualité remarquable et abattent un travail de titan. Pour le même dossier, nos partenaires étrangers mobilisent environ six fois plus d'effectifs, sans obtenir de résultats plus probants. Une équipe du FBI, par exemple, va travailler sur un seul et unique dossier pendant deux ou trois ans, en découpant ses différents aspects tant et si bien qu'aucun des membres de l'équipe ne le connaîtra en totalité. Dans le même temps, le groupe de la DCRI chargé du même dossier doit en traiter une dizaine d'autres en concomitance. Pourtant, vous trouverez toujours en France un interlocuteur connaissant tous les aspects du dossier. Le système français est en fait un miracle permanent.

Le même constat peut être fait pour les juges de la galerie Saint-Éloi. Alors qu'il est souvent difficile d'identifier un magistrat étranger connaissant l'ensemble d'une affaire, tous les juges d'instruction français, ou presque, connaissent par cœur leurs procédures. Nos collègues étrangers apprécient la facilité avec laquelle on peut identifier chez nous le magistrat responsable, en mesure de prendre toutes les décisions et d'exécuter rapidement leur demandes d'entraide pénale. C'est l'une des raisons pour lesquelles le système antiterroriste français est souvent montré en exemple et qu'il serait dommage qu'un pôle d'excellence soit transformé en service public antiterroriste de la Justice, où les magistrats seraient des guichetiers chargés de délivrer aux policiers les autorisations nécessaires pour rentrer chez vous à 6 heures du matin ou pour placer un micro dans le tableau de bord de votre véhicule.

« ON NE LAISSERA PAS TOMBER. »

Je ne sais pas ce que pensent les parties civiles quand elles se rendent au Palais de justice. Mais elles ont un point commun en arrivant : elles ont, la plupart du temps, un espoir résigné. Ce sentiment paradoxal, je l'ai ressenti lors de ces grandes réunions, comme celles que j'ai organisées à Cherbourg et à Paris dans le dossier Karachi, ou les réunions des parties civiles de l'attentat de la rue Copernic, qui fit quatre morts et quarante-six blessés en octobre 1980. Ce dossier est loin d'être terminé. Il remplit plusieurs étagères des armoires installées près de mon bureau, puisque j'en ai la charge depuis 2007. Les auteurs de cet attentat n'ont toujours pas été jugés, trente ans après. On peut aisément comprendre la résignation. Mais l'espoir ne s'éteint jamais. Les parties civiles, au contraire, nous relancent fréquemment pour s'assurer que nous ne les oublions pas. Et elles interpellent parfois directement l'opinion et les pouvoirs publics, comme l'ont fait deux filles de victimes de l'attentat Karachi, Magali Drouet et Sandrine Leclerc, dans leur livre *On nous appelle les Karachi*. L'espoir résigné, c'est cette obstination à vouloir connaître la vérité, sans se faire d'illusions.

Parfois, il est teinté de colère, de révolte. Dans d'autres cas, c'est l'abattement ou le chagrin qui l'emportent. Souvent, ces sentiments se succèdent en alternance. Cet espoir résigné, que j'ai constaté lors de réunions publiques, je le retrouve lors des auditions en cercle restreint dans l'intimité de mon cabinet.

Parfois, les victimes sont nombreuses. Parfois, je n'ai en face de moi qu'une personne, voire deux.

Un matin, je recevais dans mon cabinet d'instruction un couple de sexagénaires ayant perdu leur fils unique de vingt-cinq ans dans un attentat kamikaze à l'étranger. Le gendarme de garde à l'entrée de la Galerie m'a téléphoné pour me prévenir de leur arrivée. J'aime bien être prévenu. Ça me laisse deux ou trois minutes pour ranger mon bureau, afin ne pas recevoir les victimes au milieu de piles de dossiers, ou avec des photos sous le nez.

Ce couple était accompagné d'un avocat. Je préfère qu'un défenseur soit présent. Il y a quelque chose de potentiellement dangereux dans le contact direct entre des parties civiles et le juge d'instruction. Ce dernier ne doit en effet jamais se transformer en conseil des parties civiles.

C'est un rituel. Après le rangement, j'accueille toujours les personnes convoquées à ma porte, ce qui me permet de leur serrer la main.

— Bonjour, asseyez-vous là, s'il vous plaît. Maître, vous pouvez enlever la robe.

Il devait faire trente degrés dans mon bureau malgré la fenêtre grande ouverte. La climatisation était en panne.

— Bon, nous allons essayer de faire le point sur le dossier. Je regrette de ne pas vous avoir convoqués plus tôt mais…

— Ça fait un an et demi que nous avons demandé à vous voir ! m'a asséné d'emblée le père de la victime. Nous savons que vous avez beaucoup de travail mais tout de même !

Sa femme a un peu dodeliné de la tête pour indiquer que son mari exagérait. Pourtant, il n'exagérait pas. Il y a des choses qu'il faut faire, dont on sait qu'il faut absolument s'occuper, mais qui attendent trop longtemps pour des milliers de raisons. J'étais un peu gêné.

— Je suis désolé. Vous avez raison, je comprends très bien que vous ne soyez pas contents. Ce n'était pas qu'une question d'emploi du temps. Je voulais vous recevoir après avoir bien analysé le dossier. Et surtout les enquêteurs de la DST ont réussi à avoir quelques infos sur les arrestations effectuées par les autorités locales.

La perspective d'avoir enfin des éléments a eu pour effet de gommer le malaise ambiant. Le père de la victime a de nouveau pris la parole. Dans un couple, il y en a toujours un qui s'exprime plus que l'autre.

— Oui, nous avons lu ça dans les journaux. C'était dans un journal français et après j'ai cherché si les journaux locaux en parlaient. Il y avait plusieurs articles. Apparemment, les suspects ont avoué avoir commis l'attentat. D'ailleurs, nous aurions préféré l'apprendre par vous que par les journaux.

Si la femme restait silencieuse, son mari ne mâchait pas ses mots.

— Oui, moi aussi je l'ai appris par les journaux. C'est bien le problème. Ils ont avoué, mais on ne sait pas trop si c'est du lard ou du cochon. Tout n'est pas clair. Mon souci, c'est de pouvoir vérifier.

— Mais comment vous comptez le faire ? dit le père.

— Difficile de le savoir pour l'instant. En réalité, on fait toujours un peu la même chose. Il faut récupérer le dossier de la justice locale et vérifier s'il n'y a pas de contradictions évidentes, d'aberrations.

— Par rapport à quoi ?

Dans ces moments-là, le pointillisme du juge paraît déplacé. Le père tenait un début de réponse et je lui parlais de procédure. Cette pédagogie, même ingrate, est un devoir de vérité. J'aurais bien aimé dire : « Oui, c'est bon, on les tient ! » Mais il n'y a rien de pire que d'entretenir un espoir par commodité. J'expliquais :

— C'est toujours le même problème pour les attentats commis à l'étranger. Nous devons nous assurer qu'il n'y a pas d'éléments absurdes. On compare les constatations faites sur place, les résultats des expertises, les témoignages entre eux. Bref, on voit si ça tient la route. Ensuite, on peut comparer avec les éléments que la DST a obtenus d'autres sources, par exemple des Américains. Si quelque chose ne colle pas, il faut approfondir le problème. Dans votre cas, l'idéal serait que l'on obtienne les scellés eux-mêmes.

— Vous voulez dire les débris de la ceinture d'explosifs ? demanda l'avocat.

— Pas seulement ! Bien sûr, ça nous permettrait d'être certains de la nature de l'explosif utilisé mais ça n'a en l'espèce qu'un intérêt très limité. En plus, il ne reste pas grand-chose. Je faisais allusion à ce qui a été saisi lors de la perquisition chez les suspects : les téléphones portables, les agendas, tous les bouts de papier, les photographies et bien sûr les ordinateurs.

— J'ai vu dans le dossier qu'ils vous avaient donné un procès-verbal d'exploitation des téléphones et d'un ordinateur portable, souligna l'avocat.

— Oui, mais le mieux serait que nous puissions exploiter nous-mêmes les cartes SIM et les disques durs. Pour être certain que rien n'a été négligé. Sans vouloir faire cocorico, je pense que la DCRI est nettement plus douée et outillée pour ce genre de travail. En plus, elle est motivée. Ce qui n'est pas forcément le cas des services locaux. Je pense qu'il faut aussi entendre nous-mêmes les témoins.

— Quels témoins ?

La mère de la victime s'exprimait pour la première fois.

— Je ne pense pas aux témoins des faits. Je pense à la famille du kamikaze. Ce serait intéressant de savoir un peu mieux comment et par qui le kamikaze a été enrôlé.

— Il y a quand même les deux terroristes qui ont avoué, insista le père.

S'en tenir à cela n'aurait pas été leur faire justice. Il faut mettre en doute des pistes, même celles qui abrègent un peu la douleur.

— Tant mieux s'ils sont coupables, mais je n'en mettrais pas ma main à couper. Eux aussi, il faut que nous puissions les entendre. La question primordiale dans le dossier, aujourd'hui, c'est celle de l'identité des commanditaires. Si les deux personnes qui ont été arrêtées sont les commanditaires, on n'a plus grand-chose à faire. Mais si ce n'est pas le cas, nous ne tenons pas les responsables.

Au-delà du formalisme, c'est la finalité de nos démarches, même lentes, qu'il faut expliquer aux parties civiles. C'est pour cela que je leur parle le plus souvent avec empathie, mais de façon directe :

— L'intérêt de l'instruction menée en France est précisément de vérifier si les autorités locales ne font pas fausse route et, le cas échéant, de leur mettre la pression pour qu'elles fassent le maximum. Mis à part cela, nous ne servons à rien. S'ils ont trouvé les vrais auteurs de l'attentat, le travail de la justice française est terminé. L'objectif est d'être certain que les vrais coupables sont arrêtés et qu'il n'en reste pas d'autres dans la nature. Je pense que vous avez bien compris cela.

— Mes clients ont bien compris et tout ce qu'ils veulent savoir, c'est effectivement si les vrais coupables ont été arrêtés. Ils savent que votre travail n'est pas facile mais ils veulent être certains que le maximum est fait.

En l'écoutant, je me suis dit : « Le maximum ? C'est quoi le maximum dans ce genre d'affaires ? »

L'avocat avait bien synthétisé la problématique. Mais mon attention était attirée par la mère du jeune homme. Elle semblait être ailleurs, préoccupée :

— Madame, vous me semblez un peu perdue dans tout cela. Surtout, n'hésitez pas. Posez toutes les questions que vous voulez. Je ne veux pas que vous quittiez mon bureau sans avoir eu la réponse à toutes vos questions… enfin… enfin celles pour lesquelles j'ai des éléments de réponse.

La question fusa, basique, désarmante.

— Pourquoi ils ont tué notre fils ? Pourquoi notre fils ?

C'est le genre d'interrogations, si justes, si pleines de douleur, auxquelles il n'y a rien à dire. Cette incompréhension est plus facile à partager qu'à expliquer. Oui, pourquoi ?

— Madame, ce n'est pas votre fils en particulier qui était visé. Il y a eu trois personnes tuées et beaucoup de blessés dans cet attentat. Votre fils avait la malchance d'être présent au mauvais moment, au mauvais endroit. C'est tout. Il n'y a pas de raison à chercher. Ça aurait pu être n'importe qui.

— Et ce kamikaze qui s'est fait exploser, on sait pourquoi il a fait cela ?

Voilà une question essentielle sans aucune réponse valable ! Je ne me voyais pas disserter de religion, de fanatisme, de bêtise et de manipulation. Mais le mobile était effectivement crucial.

— C'est ce que nous devons absolument chercher à comprendre. Ça ne va pas être facile.

— Comment peut-on faire ça ? Comment peut-on tuer comme cela ? Comment peut-on se faire exploser en tuant n'importe qui autour ? Je voudrais tellement savoir.

Cette mère voulait plus que des noms et des aveux. Ce qui la tourmentait, et qui ronge toutes les parties civiles, c'était une raison un peu valable d'être privée de son fils. Le sens de tout cela.

— Je ne suis pas sûr qu'il y ait vraiment quelque chose à comprendre. Celui qui a fait ça est mort. On ne saura sans doute jamais vraiment pourquoi il a agi ainsi. C'est arrivé à votre fils et on ne peut hélas pas dire grand-chose de plus. Mon objectif est de m'assurer que les deux personnes arrêtées ont bien participé à l'assassinat de votre fils, rien d'autre. Si ce ne sont pas eux, on cherchera qui est responsable, croyez-moi ! Mais aujourd'hui, je ne sais même pas si je vais pouvoir aller sur place avec la DST.

— Pourquoi ils vous le refuseraient ? s'étrangla le père du jeune homme.

— Parce que c'est un pays où un attentat a lieu chaque semaine ou presque, parce que cet attentat-là ne les intéresse pas plus que n'importe quel autre, et surtout parce qu'ils ont deux beaux coupables qui ont tout avoué et que pour eux, de ce fait, l'affaire est classée.

— Oui, mais notre avocat nous a dit qu'il y avait plein d'éléments qui ne collaient pas.

— Effectivement, il y a plein d'éléments qui ne collent pas, mais on marche sur des œufs. Je peux difficilement expliquer à leur justice que l'on débarque parce que leur enquête ne vaut pas un clou. La DST a déjà essayé de leur faire passer le message avec diplomatie et les services locaux leur ont rétorqué : « Pourquoi compliquez-vous les choses puisqu'ils ont reconnu avoir commandité l'attentat ? »

— Nous, on veut savoir la vérité et on ne laissera pas tomber, affirma fermement le père de la victime.

Si l'un de mes enfants était mort dans un attentat, je serais comme lui. Têtu de nature, je serais aussi catégorique. Je jurerais de ne jamais laisser tomber. Malheureusement, cette promesse que l'on se fait ne garantit pas que l'on puisse arriver à quoi que ce soit.

— Monsieur le juge, nous savons que ce n'est pas facile mais nous voudrions du moins être assurés que vous allez faire le maximum, conclut l'avocat.

— Bien sûr que je vais faire le maximum, mais ce n'est pas forcément suffisant.

LA JEUNE FEMME AU CROISSANT

Que se passe-t-il dans la tête de ceux qui succombent aux sirènes de l'extrémisme ? La misère, la détresse sociale, l'humiliation, le sentiment d'injustice expliquent en partie l'attrait pour l'islam radical. De là à participer ou à soutenir une action terroriste ! Je n'ai jamais réussi à comprendre cette fascination pour l'intégrisme, qu'il soit violent ou prétendument pacifique. Les islamistes radicaux ont pourtant des adeptes un peu partout. L'attrait pour leurs discours s'est immiscé dans les lieux les plus inattendus. Jusque dans le temple de l'antiterrorisme. Au beau milieu de la galerie Saint-Éloi !

La première chose qui m'avait frappé, en me plongeant dans les dossiers de la campagne d'attentats de 1995, c'était la facilité avec laquelle le GIA avait pu constituer des réseaux de soutien importants sur notre territoire. Ces réseaux n'étaient pas constitués que de jeunes Algériens ou d'origine algérienne en mal d'identité. Il y avait aussi des petits gars bien de chez nous, comme on dit, intégrés, insérés, et pourtant fraîchement convertis. En 2001, une jolie jeune femme de vingt-cinq ou vingt-six ans, avec un léger accent du sud de la France, a intégré la section antiterroriste du parquet de Paris en qualité d'assistante de justice. Les assistants de justice sont généralement en fin d'études et cherchent à acquérir une expérience professionnelle. Dans la limite contraignante du budget disponible, les tribunaux embauchent ainsi, pour vingt heures par semaine, ces assistants qui ont pour fonction d'aider les magistrats dans la préparation de leurs audiences, réquisitions ou décisions. C'était la première fois qu'une assistante de justice était affectée à l'antiterrorisme. Et la dernière.

C'est à moi qu'elle avait été initialement affectée. Elle préparait une thèse de criminologie sur les attentats de 1995, il avait paru logique de la mettre à mon service puisque j'étais en charge du règlement de ces attentats. Mon assistante se passionna bien vite pour la campagne d'attentats de 1995. Elle échafaudait même des théories inattendues. Je me souviens de sa conviction que les lieux avaient été choisis dans Paris pour représenter la forme d'un croissant musulman. Elle avait, à l'appui de sa démonstration, indiqué les lieux des attentats sur un plan et, avec un gros effort d'imagination, on pouvait y déceler la forme d'un croissant. Ou d'une orange. Bref, elle ne manquait pas de créativité. Ni de curiosité. La jeune femme était passée dans tous les services, à l'instruction, à la SAT, discutant avec tous les « sachants » de l'antiterrorisme. Au fil du temps, sa curiosité pour la matière se transforma en un intérêt pour les terroristes eux-mêmes. La démarche était logique. Les études de criminologie impliquent de s'intéresser à la personnalité et aux motivations des criminels. Mais son intérêt tournait à la fascination et, même si elle ne vantait pas leurs actions, son intérêt très appuyé pour la personnalité de nos vedettes du terrorisme ne rassurait pas.

En 2002, son contrat d'assistante de justice ne fut pas renouvelé. Elle le prit très mal, pour des raisons d'amour-propre mais surtout parce qu'elle se trouvait soudain exclue de ce monde qui l'ensorcelait. De plus, sa thèse n'était toujours pas rédigée. Je n'en ai d'ailleurs jamais lu une seule ligne, alors qu'elle m'avait demandé de faire partie de son jury. Après mon départ à Nanterre, elle m'avait contacté épisodiquement pour m'indiquer que, même si elle avait quitté la section, son travail, c'est-à-dire sa thèse, avançait. En réalité, ce qui avançait, c'était sa connaissance personnelle et approfondie de certains protagonistes des attentats de 1995. Arguant du fait qu'elle préparait un doctorat et qu'elle avait travaillé à la section antiterroriste du parquet de Paris, munie d'un document en attestant, elle était parvenue à obtenir un ou deux permis de visite pour rencontrer des auteurs des attentats pendant leur détention. Après la libération de certains d'entre eux, les contacts n'en furent que plus faciles. Finalement, elle se convertit à la religion musulmane, se maria avec un musulman qui n'était pas, selon l'expression consacrée, inconnu de services spécialisés, et partit en Égypte pour suivre une formation religieuse. Je fus mis au courant de cette situation et du parcours de mon ancienne assistante de justice, par mesure de sécurité, à la fin de l'année 2006, alors que j'étais revenu à l'antiterrorisme : la crainte était que, manipulée par ses mentors, elle constitue une menace. C'était une pure précaution. Après tout, elle avait arpenté les couloirs du bâtiment, nous connaissait tous et avait eu accès à nos adresses et nos numéros de téléphone. Elle fut donc signalée *persona non grata*. Cette prudence reflétait à vrai dire notre difficulté d'admettre la conversion à l'islam en soi. Il s'agit là d'une déformation professionnelle compréhensible tant qu'elle ne vire pas à la paranoïa. Dans nos dossiers, tous nos convertis ont été au contact de personnes pratiquant un islam radical. Ils sont bien souvent plus radicaux encore que ceux qui les ont menés sur cette voie. Ils n'ont pas de point de comparaison avec la pratique d'un islam plus modéré. Mon assistante de justice avait découvert l'islam au contact de personnalités sulfureuses, condamnées pour certaines à de lourdes peines pour terrorisme. Lors de son passage à Saint-Éloi, je me souviens d'une jeune femme douce, timide et manquant terriblement de confiance en elle, une proie idéale en quelque sorte. Il n'est pas exclu que j'aie fait une erreur d'analyse. Elle a peut-être trouvé un équilibre, une harmonie, et le bonheur dans l'islam. Je le lui souhaite du moins, de tout cœur.

« VOUS POUVEZ LUI RETIRER SES MENOTTES. »

« Vous pouvez lui retirer ses menottes. » Cette phrase, tous les juges d'instruction, de Marseille à Dunkerque, de Grenoble à Roscoff, la prononcent depuis des décennies. Je ne me risquerai pas à affirmer que les tous premiers juges d'instruction, il y a deux cents ans, faisaient ôter les menottes aux personnes déférées devant eux, mais cette tradition s'est installée très vite. J'ai d'ailleurs longtemps pensé que le mot « déférement » s'écrivait avec deux « r » et qu'il signifiait le fait d'ôter les fers aux personnes présentées devant un juge. Notre déférement à nous s'écrit avec un seul « r » et vient du verbe « déférer », c'est-à-dire obéir à un ordre, en l'occurrence à l'ordre du juge de lui présenter la personne concernée.

Depuis que je suis à la galerie Saint-Éloi et que mes clients sont censés être dangereux puisque prétendument terroristes, ce qui est vrai pour certains d'entre eux, j'ai toujours demandé que les menottes leur soient ôtées.

Le fait d'enlever les menottes à une personne présentée devant un juge est très symbolique. Cette tradition s'inscrit dans la droite ligne de la présomption d'innocence. Tous les juges y tiennent. Les juges d'instruction, en particulier. Ils y voient un avantage bien concret. Sans menottes, la discussion s'installe plus facilement. L'interrogatoire est plus détendu. Les menottes lient la langue autant que les mains. C'est pourquoi je n'ai jamais fait d'exception à la règle. Avant d'être juge d'instruction antiterroriste, j'avais déjà été confronté à des demandes pressantes des escortes de ne pas démenotter. J'ai toujours refusé. En une occasion, j'ai accepté la présence d'un berger allemand entre moi et un mis en examen, classé dangereux. Je n'accepterai plus jamais cela, à moins d'être confronté à un psychopathe cannibale du type Hannibal Lecter. Ce n'est pas que le chien se soit mal comporté. Au contraire, il a été sage comme une image. Je ne pensais d'ailleurs pas qu'un chien puisse rester aussi immobile pendant six heures. Mais ce n'étaient pas des conditions d'interrogatoire idéales. Non seulement, il y avait un berger allemand entre mon mis en examen et moi, ce qui crée inévitablement une distance, mais à l'arrivée, mon suspect a davantage parlé au chien.

Pendant certains interrogatoires, j'ai bien été obligé d'accepter la présence d'un escadron entier de policiers ou gendarmes en tenue de combat dans mon cabinet. C'est le dispositif qui accompagne les stars du terrorisme. Ce fut le cas pendant une audition de Lionel Dumont, du groupe de Roubaix. Il n'était pas aisé d'avoir une conversation détendue encadré de gendarmes vêtus d'une combinaison sombre avec des poches partout, leur permettant, au choix, de descendre en varappe par la fenêtre de mon cabinet, ou de mener une opération coup de poing dans les montagnes afghanes.

Je dois cependant reconnaître qu'il ne faut pas négliger la sécurité et qu'il m'arrive, au fil des années, de devenir laxiste voire imprudent sur le sujet. Je me suis même surpris à laisser traîner une paire de ciseaux sur mon bureau, ce qu'un gendarme de l'escorte s'est empressé de me faire remarquer. L'été dernier ou l'été d'avant, j'ai essuyé le regard noir d'un autre gendarme car il faisait chaud et j'avais laissé ma fenêtre grande ouverte. Le gendarme l'a fermée aussitôt, avant de désentraver mon client du jour, un homme de soixante ans qui aspirait peut-être à finir sa vie vingt mètres plus bas. Fort heureusement, d'autres personnes pensent aux problèmes de sécurité car s'il fallait compter sur moi, on serait loin de la qualité totale en la matière. Il m'arrive presque d'oublier mes deux gardes du corps qui, eux, ne m'oublient jamais. Nous nous entendons bien, et tant mieux, ils ne me quittent pas d'une semelle. Ces officiers de protection m'accompagnent dans tous mes déplacements, en voiture, à pied, dans la rue, au restaurant... Ils inspectent les lieux avant que j'y entre, et, lorsque je sors d'un déjeuner ou d'un immeuble après un long rendez-vous, je dois les appeler pour qu'ils me récupèrent à l'entrée. Un juge antiterroriste a trois têtes, six bras et six jambes. Minimum. À force, on s'habitue au manque d'intimité. J'apprécie de discuter avec ces hommes dévoués à la sécurité des autres. J'admire leur patience. Parfois pourtant, j'aimerais bien leur échapper. Marcher librement sur les ponts de Paris, flâner chez les bouquinistes, m'asseoir seul à la terrasse d'un café. Je ne peux pas entrer dans le détail du contenu de cette protection, de peur qu'un de mes clients actuel ou futur ne lise ce bouquin. Au cas où, je tiens à les prévenir que ce n'est même pas la peine d'essayer. J'ai un hélicoptère qui tourne jour et nuit au-dessus de chez moi. D'ailleurs, les voisins se plaignent. Le GIGN surveille ma maison 24 heures sur 24 tandis que le service de protection des hautes personnalités a installé un sous-marin devant ma porte. De temps en temps, Superman passe me demander si tout va bien. Généralement, je lui réponds : « Ça va, et toi ? » J'exagère un peu. Il est probable que je n'aie pas trop envie de traiter du sujet (surtout en période de restrictions budgétaires) et j'en ferai la synthèse de la façon suivante : « Si t'approches, t'es foutu. »

Malgré quelques menaces de mort, qui sont le lot de tous les juges antiterroristes, je ne suis pas obsédé par ma sécurité. Je ne suis pas inconscient, je m'efforce d'être prudent mais j'imagine rarement le pire, l'idée qu'un mis en examen puisse me sauter dessus en rentrant dans mon bureau n'accapare pas mes pensées. Pourtant, en début de carrière, je me suis pris une agrafeuse qui a rebondi sur mon épaule droite avant de finir sa course dans une fenêtre de mon bureau à Péronne. Le plus drôle, c'est que ce seul et unique acte agressif envers ma personne n'était pas le fait d'un criminel ou d'un voyou… mais d'une partie civile complètement cinglée à laquelle je venais d'apprendre que j'estimais sa plainte juridiquement irrecevable et intellectuellement absurde. Je n'ai pas eu très mal mais j'ai dû attendre deux jours avant qu'on me change la vitre. C'était l'hiver et il faisait froid. Mis à part cela, avant de faire de l'antiterrorisme, je n'ai jamais eu la sensation d'être personnellement en danger. J'ai bien eu des manouches qui m'ont suivi pendant deux jours jusqu'à chez moi à l'époque où j'en avais embastillé un bon nombre pour le vol de plusieurs poids-lourds sur l'autoroute. Des petits loulous ont explosé le pare-brise de ma Clio 1,2 litre quand j'étais à Nantes. Et puis, j'ai eu deux ou trois superbes jeunes femmes qui ont, tout au long de leur audition, pris un malin plaisir à croiser et décroiser les jambes devant moi (un coup à gauche, un coup à droite), ce qui représente une menace à ne surtout pas prendre à la légère. Mais j'ai survécu.

Depuis, à l'antiterrorisme, j'ai appris ce que le mot « sécurité » voulait dire. Je ne l'ai pas appris en France où toute règle, même de sécurité, accepte une bonne tonne d'exceptions, mais aux États-Unis. Les Américains, pour ceux qui ne l'auraient pas déjà remarqué, par exemple en prenant l'avion, ne plaisantent pas avec la sécurité. Là-bas, pas de passe-droit, il faut se plier à la règle. Ce n'est évidemment pas toujours très confortable mais je m'y plie bien volontiers. Pour nous, le terrorisme est un crime, pour eux c'est une guerre, et en temps de guerre, l'état d'alerte est permanent. Un jour à New York, je devais entendre ce que nous appelons en France un repenti, cet islamiste était prêt à balancer un maximum d'informations pour diminuer sa peine, en vertu d'un *plea bargaining*. Mais avant de l'entendre, il fallait que je me plie aux règles de sécurité *made in USA*. Le principe était que personne, pas même moi, ne puisse savoir où était détenu notre islamiste repenti. Cela m'a valu une voiture capitonnée. Pas moyen de savoir où j'allais. Je n'avais pas de bandeau sur les yeux mais c'était tout comme. Ce trajet en aveugle a été particulièrement éprouvant car j'ai une oreille interne hors service, ce qui affecte l'équilibre. Après de la rééducation fonctionnelle, j'ai appris à compenser avec les yeux. Le problème, c'est que vous ne maîtrisez plus rien quand vous êtes dans une voiture capitonnée. Tout chavire. Pour être plus clair, je n'étais pas loin de rendre mon hamburger frites quand nous sommes enfin arrivés. Opération réussie. En arrivant, je ne savais vraiment pas où j'étais. Certainement pas en Bretagne car j'aurais senti l'air iodé. Nous n'étions pas près de l'océan. Je suis content d'être resté aussi stoïque que Tabarly sur son bateau. Je ne crois pas qu'un seul agent du FBI ou le procureur aient eu la moindre idée de mon drame personnel. Heureusement, je ne suis pas claustro.

Je n'ai pas davantage bénéficié de passe-droit quand je me suis rendu dans la prison de très haute sécurité de Super max à Florence dans le Colorado. C'est là que résident les terroristes incarcérés aux États-Unis, y compris les Français Zaccarias Moussaoui ou Richard Reid. Pour y aller, il faut une bonne voiture. Le paysage est splendide. Il me fait penser à une photo que j'ai accrochée dans mon bureau. Des morceaux de rochers érodés posés sur un sable rougi par le soleil couchant. Elle a été prise par Alain Sèbe, qui parcourt le Sahara depuis trente-huit ans. Les personnes qui voient ce cliché pensent généralement qu'il s'agit du désert californien ou du Colorado car c'est typiquement un paysage de western. Ils sont surpris quand je leur dis que c'est une photographie prise dans le tassili des Ajjer au sud de l'Algérie. À Florence aussi, des blocs de rochers rougissent au soleil. Pour ceux qui ont lu *Lucky Luke*, Super max ressemble au pénitencier des Dalton, situé… au milieu de nulle part. À l'horizon, rien d'autre que l'horizon. La seule activité possible est de casser des cailloux. Mais elle est réservée à ceux qui ont le droit de sortir, pas à nos terroristes. Super max est l'abréviation de « super maximum », le degré ultime en matière de sûreté. Et c'est le cas. Les prisonniers sont sous le régime de l'isolement total. Je ne détaillerai pas les mesures de sécurité car ce genre de choses ne se dévoile pas. Pour donner une petite idée de l'ambiance générale, il faut savoir que les contacts physiques avec les détenus sont impossibles. J'ai dû interroger mon client derrière une vitre munie d'un hygiaphone, comme à un guichet de gare. Ce n'est pas facile de créer le contact dans ce contexte, mais ça fait partie de l'Amérique. Si l'on met les questions de sécurité à part, qui ne sont pas discutables, nos homologues américains font tout pour nous faciliter les choses. La limite, c'est la sécurité, voilà tout. C'est bon à savoir quand on travaille avec eux sur un dossier terroriste. À l'inverse, les Américains sont assez étonnés quand ils viennent en France pour entendre un terroriste dans le cadre d'une commission rogatoire internationale. J'ai exécuté plusieurs demandes d'entraide pour eux et la présence dans mon bureau d'un jihadiste non menotté et non habillé en tenue orange les a un peu surpris. Ils n'étaient pas au bout de leurs surprises. Le plus étonnant pour eux était sans conteste que ce jihadiste veuille bien répondre aux questions. En France, c'est assez habituel qu'un mis en examen ou un témoin réponde aux questions du juge, alors même qu'il ne peut pas négocier une réduction de peine. Aux États-Unis, à moins d'avoir négocié avec la personne concernée et son avocat pendant plusieurs jours et leur avoir promis une diminution avantageuse, c'est moins fréquent.

Même si je trouve inconfortable d'interroger quelqu'un derrière une vitre ou en présence d'un berger allemand, je ne prends pour autant pas les questions de sécurité à la légère. Comme je passe la moitié de mon temps à l'étranger, elles me tiennent nécessairement à cœur. Il est certains pays très beaux où il ne faut pas mettre un mécréant dehors, surtout un mécréant antiterroriste. Je ne devrais pas écrire cela car je rassure toujours ma femme, quand je pars en déplacement. Je lui jure mes grands dieux que c'est sans risque. Ce qui est le cas la plupart du temps, et c'est donc un tout petit mensonge. La vérité moins de rares exceptions. Je suis allé au Yémen il y a deux ans. Je connais très peu de pays plus beaux mais je ne suis pas certain que tous les Yéménites nous aiment. Quant au Liban, c'est variable. Parfois le soleil brille, les gens sont détendus, et parfois l'atmosphère est pesante. Ça dépend généralement de ce qui s'est passé la veille ou la semaine auparavant, ou de ce qui doit se passer le lendemain. Le Liban, c'est comme la Samaritaine, il s'y passe toujours quelque chose. Là-bas, la sécurité est tout sauf une plaisanterie. La première fois que je m'y suis rendu pour le travail avec la DST, c'était peu de temps après la fin de la guerre de 2006. Pour le Liban particulièrement, il faut toujours indiquer l'année de la guerre dont on parle car à force on s'y perd. Cette année-là, des snipers sévissaient encore par endroit. Un policier qui faisait la circulation au carrefour, à cinquante mètres de notre hôtel, a d'ailleurs été touché par une balle. Nous sommes restés neuf jours dans cette ambiance. Il n'y avait aucun promeneur sur le bord de mer, juste une automitrailleuse. L'atmosphère était si pesante qu'à l'hôtel, un soir, à l'occasion d'une soirée musicale, tout le monde s'est lâché, histoire d'évacuer la pression. Les Libanais chantaient des chansons françaises, des vieux trucs que l'on ne fredonne plus chez nous, du Joe Dassin ou du Delpech. Les Libanais sont de grands romantiques francophones, enfin presque tous.

Quand je pars au Liban, ou dans n'importe quel pays théoriquement à risque, je fais confiance à mes officiers de sécurité. Je n'interfère pas. C'est ainsi que je mets n'importe quoi sur la fiche de débarquement. Suivant les consignes d'un ami de la DCRI qui connaît bien le Liban, j'ai ainsi écrit que je descendais à l'hôtel de France, en face de l'ambassade, alors que je ne comptais pas y mettre les pieds. Ce n'est qu'un exemple. Dans certains pays, je n'emporte pas mon ordinateur. Les dossiers sont scannés dessus et je n'ai pas envie de vivre jour et nuit avec lui. C'est embêtant car, de ce fait, je n'ai pas le dossier avec moi et je ne peux pas, pendant la mission, vérifier certains détails. J'essaye donc, avant de partir, de lister tout ce qui me sera utile pour emporter les informations correspondantes sur un support plus léger, comme une clé USB, mais il manque toujours quelque chose. Alors, il me reste le téléphone. « Claire, pouvez-vous vérifier à la cote D 5648 ? » Message crypté ?

Non, j'appelle ma greffière en clair. J'ai pourtant un téléphone crypté qui m'a été fourni par le secrétariat général de la Défense nationale. Théoriquement, mes conversations ne peuvent pas être écoutées, sauf par mon fournisseur, l'État français, quand je téléphone en utilisant le « chiffre », c'est-à-dire le cryptage. Le problème, c'est que le cryptage ne marche que si vous appelez un correspondant qui est également muni d'un téléphone crypté. Sinon, vous êtes donc obligé d'appeler en clair. Peu de mes interlocuteurs ont un téléphone crypté. Pas même ma greffière.

Pour nos déplacements à l'étranger, c'est l'UCLAT (unité de coordination de la lutte antiterroriste) qui donne un avis, généralement suivi par le ministère de l'Intérieur, sur les moyens qui doivent être déployés pour assurer notre sécurité. Sans entrer dans les critères retenus, disons que nous sommes en période de restrictions budgétaires.

DANS LA TÊTE DE RICHARD REID

Si ma vie de tous les jours a quelques accents sécuritaires, notre vie quotidienne à tous est rythmée par des impératifs de sécurité. La France a mis en place de longue date les différents plans Vigipirate. Il y en a un peu pour tout. Chaque type de menace a son plan Vigipirate, Piranet pour le cyberterrrorisme, Piratext pour les menaces contre des ressortissants ou des intérêts français à l'étranger, Piratome pour la prévention des attaques nucléaires ou radiologiques, Piratox pour les produits chimiques toxiques, Biotox pour les agents biologiques pathogènes. Quant à l'objet de Piratemer et Piratair, ce n'est pas difficile à deviner ! L'efficacité de ces mesures est très difficile à apprécier. Certes, aucun terroriste n'a jamais été arrêté en application, *stricto sensu*, d'un plan Vigipirate, mais le déploiement de forces de sécurité à tel ou tel endroit a peut-être dissuadé un groupe terroriste de passer à l'action. Par ailleurs, les plans Vigipirate s'adressent également à la population. L'objectif est de sensibiliser celle-ci dans la mesure où des millions de paires d'yeux, en période de crise, valent mieux que quelques milliers. La même remarque peut s'appliquer aux mesures de sécurité prises dans les aéroports. Depuis Richard Reid, nous devons nous déchausser aux portiques et, petit à petit, selon les pays et les compagnies aériennes, les scanners corporels font leur apparition. Aucun terroriste n'a jamais été arrêté dans un aéroport à la suite d'une fouille, d'un passage sous un portique ou même d'un scanner. Si un terroriste avait été arrêté en Europe ou en Amérique du Nord en possession d'une bombe alors qu'il s'apprêtait à embarquer dans un avion, nous l'aurions su. Les seuls terroristes arrêtés l'ont été par les membres d'équipage ou les passagers une fois leur tentative commise, qu'il s'agisse de Richard Reid en décembre 2001 ou d'Abdul Farouk Abdulmutallab en décembre 2009. Cela signifie qu'ils étaient parvenus à pénétrer dans l'avion et que la bombe aurait pu exploser. Vu sous cet angle, on pourrait conclure que ces mesures préventives ne servent à rien, mais ce serait inexact. Ces mesures compliquent considérablement la tâche des terroristes. Aucun ne va tenter de s'embarquer avec un engin explosif sous le tee-shirt s'il sait qu'un dispositif de scanner personnel a été mis en place et c'est pourquoi aucun terroriste n'a jamais été arrêté dans ces circonstances. En revanche, obligé de tenir compte des mesures de sécurité, il est contraint de modifier son mode opératoire au point de rendre beaucoup plus aléatoire la réussite de son action. L'idéal pour faire exploser un engin explosif est de disposer d'un détonateur. Or les détonateurs classiques, de loin les plus performants, contiennent trop de métal pour passer inaperçus lors du passage au portique. De ce fait, voici notre terroriste contraint de se passer de détonateur. Cette contrainte technique l'oblige à utiliser un explosif instable dont la mise à feu est susceptible d'être initiée autrement. Le 22 décembre 2001, Richard Reid, alors qu'il montait dans le vol Paris-Antigua *via* Miami, était porteur de chaussures dont l'expertise allait révéler à quel point les terroristes se creusent la tête pour tuer des innocents. Chacune des chaussures contenait dans la semelle et sur l'un des côtés un morceau de douze centimètres de fusée à retardement rempli de poudre noire, prolongé par un cordeau détonant, qui devait faire exploser la charge proprement dite composée de PETN (pentrite), un explosif très puissant de la famille du plastique et du TATP (péroxyde de triacétone), un explosif très instable, fabriqué notamment avec de l'eau oxygénée et de l'acétone, sensible aux changements du milieu ambiant ou aux chocs. L'engin et son système artisanal de mise à feu, parfaitement intégrés dans les chaussures de Richard Reid, auraient pu fonctionner. La mèche était tout à fait susceptible de s'allumer au contact d'une flamme suffisamment puissante ou durable. Il ne semble pas que les pauvres allumettes de Richard Reid aient constitué une source de chaleur suffisamment longue ou forte. D'aucuns prétendent qu'il avait tellement peur que sa transpiration a mouillé ses allumettes. Pourquoi n'a-t-il donc pas utilisé un briquet ? Et pourquoi, surtout, a-t-il essayé d'allumer le système de mise à feu au nez et la barbe du passager assis à ses côtés ? Nous étions le 22 décembre 2001, soit seulement trois mois après les attentats du 11 Septembre, et il y avait vraiment peu de chances que le manège d'un Pakistanais, suant sang et eau, essayant frénétiquement de mettre feu à ses chaussures, reste longtemps inaperçu. Richard Reid n'aurait-il pas pu aller aux toilettes pour tenter, hors des regards, d'enflammer le dispositif ? Il existe certes des capteurs de fumée dans les toilettes, mais étaient-ils suffisamment performants pour détecter la flamme d'une allumette ? Et puis le temps que l'hôtesse lui demande de bien vouloir sortir puis ouvre autoritairement la porte, Richard Reid aurait enfin achevé son horrible travail.

Cependant, les toilettes d'un avion ne sont peut-être pas l'endroit idéal pour faire exploser une petite charge d'explosif. Logiquement, en raison des mesures de sécurité, un terroriste n'aura à sa disposition qu'un engin capable de faire un trou dans les parois de l'avion ou de faire exploser un hublot. Ce sont les conséquences de ce trou, à savoir les importantes vibrations et la dépressurisation massive, qui sont censées conduire à la destruction de l'appareil. Ceci implique d'agir à haute altitude et de faire exploser l'engin dans un endroit critique. J'ignore totalement si les parois d'un avion sont plus épaisses dans les toilettes mais elles n'ont pas de hublot. Il faut bien qu'il y ait une raison pour que les terroristes ne s'y aventurent pas, quand on constate qu'Abdulmutallab n'a pas jugé non plus utile de se mettre à l'abri des regards pour tenter de faire exploser son engin. À moins qu'il ne s'agisse d'un acte manqué. L'envie d'être stoppé. Ce n'est pas exclu dans le cas de Richard Reid. Peut-être n'avait-il pas suffisamment envie de mourir ? Peut-être se trouvait-il dans cet état psychologique particulier qui l'a poussé à faire quelque chose qu'au fond de lui il ne voulait pas accomplir. Ne rien faire du tout était en effet impossible. C'eût été le déshonneur. Je me demande vraiment ce qui peut bien se passer dans la tête d'un Richard Reid ou d'un Abdulmutallab. Avant d'embarquer, ils ont vu ces hommes, ces femmes, ces enfants qu'ils ont décidé de tuer. Ils ont patienté en salle d'attente avec eux, ont longé la passerelle à leurs côtés, avant de s'asseoir parmi eux. Très probablement, ils ont échangé quelques mots avec l'un ou l'autre. Une fois assis dans l'avion, ils ont bien dû jeter un regard sur leurs voisins. Ils ont répondu à la charmante hôtesse qui leur proposait quelque chose à boire. Ils ont forcément imaginé que ces gens avaient une vie, une famille, des enfants, des projets. Malgré tout, ils craquent l'allumette. Oui, je me demande vraiment ce qui peut bien se passer dans la tête d'un Richard Reid ou d'un Abdulmutallab.

LA MYSTIQUE TERRORISTE

L'attrait pour la mort, le goût pour le martyre sont incontestablement des caractéristiques de nos clients. Il existe quatre écoles d'interprétation reconnues, plus ou moins progressistes, dans l'islam sunnite : hanafite, malékite, châféite et hanbalite. La seule se rapprochant de la psychologie de mes mis en examen est l'école hanbalite (du nom de l'imam Ahmad Ibnou Hanbal). Ultra-conservatrice, elle n'admet qu'une interprétation très limitée des textes sacrés. Si nos terroristes amateurs ou professionnels ne se proclament généralement d'aucune école et seulement de l'islam, ils adoptent fondamentalement les préceptes de l'école hanbalite.

N'étant pas en mesure de faire une exégèse des passages du Coran susceptibles de légitimer le Jihad, je ne peux offrir que mon expérience de juge laïque. J'ai visionné, et plus qu'il n'en fallait, ces vidéos par lesquelles nos futurs shahids (les martyrs) témoignent du sacrifice capital qu'ils s'apprêtent à faire. Des testaments d'autant plus troublants que parfois le candidat pour le martyre faisant ses adieux à l'écran se retrouvait dans mon cabinet d'instruction, ayant été arrêté avant d'avoir pu réaliser son rêve en Irak, en Tchétchénie ou encore en Afghanistan.

Cette mort en martyr à laquelle aspirent nos jihadistes amateurs est glorifiée de façon à la fois puérile et morbide sur Internet. Je fais évidemment expertiser les ordinateurs des personnes interpellées. Dans la plupart des cas, ces candidats au martyre regardaient jusqu'à récemment *Koh-Lanta* ou *Les Experts Las Vegas* à la télé. Outre ces films de propagande et les sempiternels textes et discours des vedettes du jihadisme international, je retrouve avec lassitude les images de cadavres de martyrs. Comment peut-on stocker dans « Mes documents » plus de cent cinquante photos montrant le visage embaumé de shahids ? Je veux bien qu'ils aient l'air rayonnants, paisibles, mais de là à passer des heures à contempler ce genre de clichés ! Un adolescent qui veut devenir footballeur colle des posters du Barça ou de l'OM dans sa chambre, tandis qu'un moudjahid collectionne les photos des morts au combat comme des vignettes Panini. Évidemment, sur ces images, le défunt est présentable.

Je précise, parce que j'en ai vu beaucoup, qu'avant d'être préparé, un moudjahid décédé de mort violente est rarement regardable, contrairement à ce que prétendent les sites web islamistes. Pourtant, les fantasmes prospèrent. L'un de mes mis en examen m'affirmait récemment qu'un doux parfum s'échappe du corps sans vie d'un moudjahid. J'aimerais en être témoin car j'ai vu bien des cadavres lorsque j'étais à la 8e section et je n'ai jamais remarqué d'odeurs agréables émanant de leur corps. Une autre certitude m'a été assénée un jour par un autre inculpé : seule l'âme des moudjahidin morts en martyrs pèserait vingt et un grammes. Je n'avais rien compris à l'époque. La référence au travail surréaliste de Duncan MacDougall en 1907 n'avait rien d'islamique. Ce médecin américain était arrivé à la conclusion que le corps humain perdaient très précisément vingt et un grammes au moment du décès. Une quinzaine de chiens furent victimes des travaux de ce savant fou. Il les pesait juste après les avoir occis. MacDougall pesa également des patients humains après leur mort naturelle, sitôt leur dernier souffle rendu, et constata une perte de vingt et un grammes, contrairement aux chiens, qui n'en perdaient pas un. Selon ce chercheur, ces vingt et un grammes étaient incontestablement le poids de l'âme qui vient de s'envoler. Cette théorie douteuse s'était métamorphosée en vérité religieuse dans la tête de mon mis en examen. Il l'avait lue sur Internet. Des expériences avaient en effet démontré, disait-il, que les moudjahidin sont délestés très exactement de vingt et un grammes sitôt après leur décès, preuve irréfutable que leur âme avait rejoint le paradis. J'étais un peu surpris que l'on pèse les moudjahidin avant qu'ils ne partent au combat puis sur le champ d'honneur. Quand quelqu'un me sort ce type de « vérité », mon âme pèse une tonne. Ce genre de théorie déviante est toutefois exceptionnel. 99 % de nos islamistes s'en tiennent aux écrits et discours académiques des théoriciens du jihadisme international que sont, par exemple, Sayyed Qotab, Abdallah Azzam, Ibn Taïmiyya, et bien entendu, Oussama Ben Laden. Qu'il s'agisse de l'odeur du corps, du poids de l'âme ou de toute autre théorie par ailleurs officiellement rejetée par les Ouléma, il ne faut pas prendre à la légère ces croyances de nos candidats au martyre. Les maîtres de l'endoctrinement profitent de leur quête spirituelle pour les mystifier. Toute religion se nourrit de miracles. L'islam n'échappe pas à la règle d'autant que la Sunnah, c'est-à-dire la tradition islamique, utilise les allégories pour faire mieux comprendre au croyant les règles à respecter.

Abdullah Azzam, l'un des théoriciens les plus vénérés du Jihad international, utilisait sans modération le miracle islamique pour glorifier la lutte armée. Apôtre de ce qu'il appelait le « tawhid de l'action » (l'unicité dans l'action, c'est-à-dire le Jihad armé), il fonda à partir de 1981 ou 1982 les premières maisons d'accueil des moudjahidin en zone pakistano-afghane, avec la bénédiction et l'argent des Américains et des Saoudiens. Il fut rapidement secondé par Oussama Ben Laden. Et à les écouter, le sort que les moudjahidin réservèrent aux Soviétiques tint beaucoup du miracle. Ils en ont même fait des contes. Dans l'un des plus célèbres écrits d'Azzam, celui-ci raconte que, cachés au fond d'un trou avec ses fidèles moudjahidin, en attendant que les avions russes aient fini de bombarder la zone, il vit un vieil homme appelé Omar provoquer l'armée rouge en combat singulier. Pendant qu'un avion de chasse amorçait une longue courbe au-dessus de lui, Omar en appela à Allah en levant les deux bras vers le ciel, pour savoir qui de Lui ou de l'avion était le plus grand. « *Allah Akbar* », « Dieu est le plus grand », évidemment, si bien que l'appareil acheva sa courbe dans les champs de pavot. Aucun coup de feu n'avait été tiré. Le sceptique répondra que la vodka, ou tout simplement une panne, n'étaient peut-être pas étrangers à l'événement. Qu'importe, ce genre d'histoires est assez révélateur de l'état d'esprit des moudjahidin. Décidément inspiré, Azzam relata une scène d'autocombustion de chars russes en Afghanistan, que l'on retrouve aujourd'hui sur de nombreux sites Internet. Imaginez une étendue de sable et de pierres et soudain le bruit assourdissant d'une division blindée ! En face, quelques moudjahidin survoltés armés de kalachnikovs. Les chars avancent, les chenilles grincent, les moudjahidin s'agitent. Soudain, des Anachids (chants de guerre islamiques) s'élèvent vers les cieux. Le silence se fait. Puis un souffle brûlant recouvre le sol et embrase le ciel. Les tanks rougeoient avant de fondre. Quelques instants plus tard, il ne restait rien de l'Armée rouge, par la grâce de la combustion spontanée.

Outre la mystique, la littérature jihadiste s'appuie sur une logique éminemment attractive : soit le moudjahid survit et jouit de la victoire, soit il meurt en martyr et jouit du Firdaws, le Paradis. C'est « gagnant-gagnant ».

Cet attrait pour la mort rend difficile le travail du juge d'instruction en matière de terrorisme islamiste. En droit commun, aucun criminel ne vous soutient que la mort est une récompense que l'on gagne après avoir tué le plus de gens possible. Le moudjahid se sacrifie au nom de Dieu pour se sauver lui-même, en faisant un carnage. Ce martyre lui permet également d'intercéder en faveur de soixante-dix membres de sa famille. Face à ce constat, un magistrat est non seulement en position d'incrédulité, mais surtout d'infériorité. Ceux qui ne redoutent pas la mort au nom de la vie éternelle sont nécessairement les plus forts.

Je ne dis pas que je ne crois pas en Dieu, ni en l'éternité, mais personne ne me fera jamais croire que se faire sauter au milieu d'un marché chiite en Irak, dans un métro parisien ou un train madrilène, peut conduire au paradis. Pour moi, l'âme du terroriste ne pèse pas vingt et un grammes, son cerveau peut-être…

Je peux admirer le courage de ceux qui se sacrifient sans attendre de récompense comme le résistant qui combat une dictature afin de sauver d'autres vies. Le terroriste islamiste ne défend aucune cause sinon sa félicité. Pourtant, il est convaincu de la noblesse de son geste. En effet, qui se sacrifierait pour une mauvaise cause ? Hélas, il est le jouet d'une sinistre manipulation. Il est prêt à perdre la vie, et surtout à ôter celles d'autres, en l'échange de la promesse du paradis, fondée sur l'interprétation farfelue d'imams autoproclamés.

Ces écrits, d'une obscénité rare, situent le débat sur un plan dogmatique terrifiant. La question est de savoir si l'islam permet ce que nous appelons très prosaïquement l'attentat-suicide. L'islam, comme les religions chrétiennes, l'interdit. Ceux qui ont besoin de bombes humaines présentent ce genre d'« opérations-martyre » comme une forme de combat parfaitement admissible. Il ne s'agit pas d'un suicide mais d'un sacrifice au nom de Dieu. L'un de mes mis en examen, lors d'un interrogatoire, avait résumé les choses ainsi : le kamikaze se sacrifie pour Dieu alors que le suicide tient à une souffrance personnelle. Cette analyse, évidemment simpliste, prouve que la dialectique terroriste fonctionne. Le sacrifice est en effet le résultat d'un parcours souvent parsemé de frustrations et de douleurs. « Quand on n'a rien, on n'a rien à perdre », chantait Bob Dylan. Le parcours personnel d'un shahid montre souvent à quel point le désespoir, la haine de soi et des autres peuvent amener au sacrifice ultime. Les attentats de Casablanca, le 16 mai 2003, en sont un bon exemple. Pour mémoire, et d'abord celle des victimes, quarante-cinq personnes furent tuées et soixante et une blessées, lors de cinq explosions provoquées par quatorze kamikazes. Comment avait-on pu recruter autant de candidats au martyre dans un pays comme le Maroc ? Ce n'était ni la zone pakistano-afghane, ni la Tchétchénie. Que le GICM (groupe islamique combattant marocain) puisse recruter un ou deux illuminés... mais quatorze ! Les différents articles et reportages qui suivirent ont permis de lever une partie du voile. La plupart des kamikazes était des jeunes d'une vingtaine d'années originaires d'un quartier misérable, triste assemblage de tôles ondulées où ceux qui s'en sortaient le mieux étaient les chiens errants.

Pour autant, il est faux de croire que les candidats au martyre sont tous des nécessiteux désespérés. À commencer par Oussama Ben Laden. Qu'on l'aime ou pas, il fascine. Il aurait pu rester au bord de la piscine d'un palais, à superviser la construction d'une route, d'un hôpital ou d'une mosquée, par l'entreprise familiale. Il a préféré l'humidité des grottes afghanes.

Qu'ils soient désespérés ou pas, une chose est certaine pour les candidats au martyre, les victimes n'existent pas. Elles sont hors du débat. Certains de mes mis en examen sont convaincus du bien-fondé du combat unique et rapide consistant à se faire exploser au milieu d'inconnus. Si je leur parle des victimes civiles, ils me renvoient aux victimes civiles des bombardements sur des villages afghans, irakiens ou palestiniens. Et si je leur réponds que tuer des innocents pour venger des innocents n'est pas une solution, la discussion s'arrête. Ils estiment que la loi du talion doit s'appliquer comme à l'époque du Prophète. De fait, des hadiths, les recueils des paroles de Mahomet, légitiment ce droit à la vengeance : si les ennemis de l'islam ont tué des femmes et des enfants musulmans, il est recommandé de tuer leurs femmes et leurs enfants, même s'ils n'ont rien fait. Que dire après cela ! Face à ces croyants fanatiques, je suis le juge mécréant. Pour moi, le sacré, c'est aussi la vie humaine. Pour eux, le sacré, c'est uniquement Dieu.

Si les textes sur les opérations-martyre font l'impasse sur le sujet des victimes, il ne faut pas croire que les théoriciens du Jihad n'aient pas abordé la question brûlante du sacrifice des « victimes innocentes ». Aucun prédicateur, si criminel soit-il, n'est capable d'affirmer qu'il faut tuer aveuglément sans donner un semblant de justification au bain de sang envisagé. Pour être tout à fait honnête, certains Occidentaux n'ont pas fait autre chose. George W. Bush et ses faucons ont ainsi invoqué la notion de « frappe préventive », juridiquement très discutable. Elle prévoit de frapper avant d'être frappé. Un point de vue logique. À condition de ne pas le faire à tort et à travers, ce qui fut parfois le cas.

La notion de victimes collatérales, très présente dans les écrits jihadistes, se retrouve de façon prosaïque, voire cynique, chez les acteurs occidentaux de la lutte antiterroriste. Elles sont un sacrifice nécessaire. Bien entendu, la technologie moderne permet de limiter les dégâts en ciblant au maximum, les fameuses « frappes chirurgicales », mais la science a ses limites. Après la première guerre du Golfe, si télégénique, on a pu constater qu'il ne s'agissait en rien de microchirurgie. Aujourd'hui, le programme d'utilisation de drones militaires en zone pakistano-afghane bat son plein mais il fait l'objet de critiques acerbes en raison des victimes collatérales qu'il occasionne immanquablement. Ces drones permettent de sauvegarder la vie des pilotes américains mais sont sans pitié pour les personnes à proximité des cibles visées. À en croire Jeffrey Addicott, ancien consultant juridique des forces spéciales américaines auprès de l'université Sainte-Marie de San Antonio (Texas), des officiers de la CIA auraient mis en lumière le « *blowback effect* » du programme d'utilisation de drones, c'est-à-dire son effet pervers : la multiplication des victimes collatérales serait devenue un argument de poids pour recruter des volontaires dans la lutte contre les forces de la coalition.

Si l'armée américaine n'invoque pas la raison divine pour justifier les dommages collatéraux, ce n'est pas le cas des islamistes. Ils s'appuient sur des hadiths judicieusement choisis. Quelques-uns sont célèbres pour leurs Fatwa destinées à légitimer les pires actions tout en apaisant les doutes des jihadistes hésitants. C'est le cas du cheik Hamoud Al-Aqla Al-Shuebi. Ses écrits se retrouvent fréquemment dans les ordinateurs de nos mis en examen. Il faut dire qu'il ne fait pas dans la langue de bois : il appelle un chat, un chat, et un mécréant, un mécréant. Ses commentaires sur le bien fondé des attentats du 11 septembre 2001 lui ont valu une réputation particulièrement sulfureuse. Il faut lui reconnaître un grand esprit de synthèse. Il écrit par exemple : « Il n'existe pas de Kafir (« mécréant ») innocent. L'innocence ne se trouve que chez les musulmans. Il ne faut donc pas qualifier un Kafir d'innocent. Tout au plus pouvez-vous le qualifier de victime. Le musulman est en revanche toujours innocent quand il engage le combat contre le Kafir. »

Sa pensée est encore plus tordue. En effet, pour lui et les autres docteurs de la terreur, il est également possible de tuer des innocents, c'est-à-dire des musulmans lorsqu'ils sont mélangés avec les combattants et qu'il n'est pas possible de les distinguer les uns des autres. Pour la même raison, il est licite de tuer des innocents lorsqu'ils sont utilisés comme boucliers humains. Le musulman innocent tué par nécessité sera considéré comme un martyr. Tout est donc bien qui finit bien. En revanche, il est interdit de verser une larme pour le Kafir non combattant, femmes et enfants compris, car toute calamité qui frappe les Kuffar doit réjouir le cœur des musulmans. Les débats se focalisent surtout, dans la littérature islamiste radicale, sur les définitions. Qui est innocent, qui est combattant ? Que faire des femmes, des vieillards, des enfants ? Pour cheik Hamoud, tous les hommes en âge de combattre sont des combattants « en raison de leur capacité à combattre ». Il ne faut dès lors pas les qualifier de « civils » et encore moins « d'innocents » : ils sont des combattants même s'ils n'ont pas (encore) pris les armes. L'appréciation de l'âge à partir duquel un mécréant peut être combattu n'est pas si évidente. Les notions de capacité physique et de discernement rentrent en ligne de compte. À l'extrême de l'extrémisme, l'on trouve des arguments fondés sur la fitrah, sorte de prédestination qui ferait nécessairement des enfants de Kuffar de futurs Kuffar. Pour un ignorant comme moi, cette assertion paraît curieuse car la conversion fait partie intégrante de l'islam. Mais nos théoriciens islamistes radicaux ne s'encombrent pas de ce genre d'états d'âme. La notion de combattant peut ainsi être étendue à l'infini : est un combattant celui qui prend les armes mais aussi celui qui soutient d'une manière ou d'une autre l'ennemi. Dans cette logique, la destruction du Worl Trade Center est légitime puisqu'il s'agit de frapper une économie qui finance l'armée américaine. Le raisonnement est poussé à l'extrême par une présentation volontairement simpliste du système démocratique occidental. Puisque nous votons, nous sommes responsables des décisions de nos élus. Par conséquent, nous devons tous être considérés comme des combattants, car nous déléguons notre « pouvoir de combattre » à nos représentants. Il n'existe plus aucune distinction entre les « civils » et les « militaires », tous peuvent être tués. Au moins, cette théorie terrifiante a le mérite d'être claire.

La mentalité laïque occidentale a évolué très sensiblement. Dans le passé, sans même invoquer une quelconque religion, il était encore possible de mobiliser une population entière contre un ennemi en attisant une haine absurde. Un Allemand pouvait haïr un Français et inversement. Aujourd'hui, il est impossible d'engager durablement une population occidentale dans une guerre qu'elle ne considère pas comme juste. Quand les gouvernants veulent à tout prix guerroyer pour de mauvaises raisons, ils sont obligés de mentir, comme les États-Unis et la Grande-Bretagne l'ont fait avec les prétendues armes de destruction massive de l'Irak.

Les dirigeants de la nébuleuse Al-Qaida n'ont pas la même contrainte. Il leur suffit de convaincre les crédules que le Jihad est légitime, de la même façon qu'il suffisait de convaincre les croisés que le tombeau du Christ devait être délivré d'une menace inexpliquée.

Le texte fondateur de cette énorme escroquerie que constitue le Jihad international est sans conteste la Fatwa du 23 février 1998 portant la création du front islamique mondial du Jihad contre les juifs et les croisés, qui a reçu un vaste écho dans le monde musulman.

Le sous-titre de cette poésie morbide « Appel au Jihad pour la libération des lieux saints musulmans » n'est pas sans rappeler nos propres turpitudes en Terre sainte. Au IXe siècle, avant même le début des croisades, le pape Jean VIII promit l'absolution aux valeureux guerriers qui mourraient en combattant les Sarrasins en Italie. Ben Laden l'imite à sa façon.

Dans cette Fatwa du 23 février 1998, il officialisa le Jihad international en appelant tous les musulmans à massacrer les mécréants sans faire aucune distinction entre militaires et civils, suivant ainsi la voie des croisés occidentaux entre le XIe et le XIIIe siècle. Voici un passage édifiant de cette fatwa : « Tuer les Américains et leurs alliés civils et militaires est un devoir individuel pour chaque musulman qui peut le faire partout où il lui est possible de le faire jusqu'à la libération des mosquées Al-Aqsa et Al-Haram (situées en Israël et sur les territoires palestiniens occupés, *nda*). » Les mots ont été soigneusement choisis mais cette charte peut être lue de la façon suivante : nous sommes faibles, nous préférerions tuer des militaires dans de véritables actions de guerre mais, comme c'est difficile, tuons plutôt des civils ! L'avantage, c'est qu'il y en a partout et qu'ils ne sont pas armés. Par cet appel au meurtre, Ben Laden et ses thuriféraires ont discrédité à jamais le Jihad islamiste. Ce texte fondateur du nazisme islamiste fut rapidement suivi de faits marquants et en particulier les attentats de Dar es Salam et de Nairobi contre les ambassades américaines. Le premier fit deux cents morts dont trois Américains, et celui de Nairobi cent cinquante dont... quatre Américains. Les autres victimes étaient de braves Africains qui passaient par là ou des employés locaux des ambassades. Dans un texte d'explication autant que de revendication, Al-Qaida soutiendra que toute personne travaillant pour les mécréants juifs ou croisés prend le risque d'y laisser sa peau. Le sang de ces collaborateurs impies est donc licite. C'est ce que l'on appelle le « *takfir* », ou l'accusation d'impiété rendant le « sang licite ».

Il y avait des musulmans dans les tours du World Trade Center, mais ils méritaient de mourir puisque Oussama Ben Laden l'a décrété.

Malgré les incantations et les justifications de ce dernier, ces morts sont plus lourdes à porter. Certains de mes mis en examen soutiennent que les attentats contre les civils, et en particulier ceux du 11 Septembre, ont été commis par les Américains eux-mêmes ou par le « lobby juif ». Malgré les revendications d'Al-Qaida, ils assurent que ce genre d'attentats ne peut pas avoir été commis par un musulman parce que jamais un musulman ne ferait une chose pareille...

Nous sommes là au cœur de la dialectique au service de l'obscurantisme de ceux qui dissolvent l'horreur des faits dans l'alcool de la théorie. Un musulman ne tuerait jamais des personnes innocentes et donc celui qui fait cela ne peut pas être considéré comme un musulman. Autrement dit, aucun musulman sur terre ne peut être un terroriste. Au moment même où il commet un attentat contre des innocents, le musulman perd sa carte du club, en quelque sorte. Ce discours est un modèle de manichéisme : les bons sont les musulmans et les mauvais sont les mécréants. Il est inutile d'aborder le cas des athées qui sont forcément mauvais puisqu'ils ne suivent pas la voie de Dieu. Dans la hiérarchie des ennemis d'Al-Qaida, l'Athée ne vient cependant pas en premier, les mécréants non plus d'ailleurs. L'ennemi juré est le chef d'État musulman et ses sbires vendus à l'Occident. La phraséologie al-Qaidienne les désigne sous le nom d'apostat. Ce sont les collabos, ceux qui ont vendu leur foi à l'Amérique et à ses dollars corrompus.

Il m'est arrivé, mais rarement, d'interroger des terroristes osant dire ce que les autres mis en examen n'osent pas reconnaître : à savoir qu'Al-Qaida a bien commis les attentats qu'on lui attribue, notamment ceux du 11 Septembre, et qu'un bon musulman doit s'en féliciter. Il faut reconnaître qu'ainsi la discussion gagne en clarté. Les attentats du 11 Septembre ont été perçus comme un triomphe par les islamistes. Le grand Satan était touché sur son propre territoire.

Les auteurs de l'attentat s'étaient probablement régalés en visionnant les précédentes victoires de Ben Laden contre l'Amérique.

J'ai vu à l'époque la vidéo de revendication de l'attentat contre le *USS Cole*, perpétré en octobre 2000 au port d'Aden, au Yémen. Une petite embarcation l'avait accosté avant d'exploser, faisant dix-neuf morts et quarante blessés. Le premier plan du film, pour autant que ma mémoire ne me trahisse pas, représentait des moudjahidin crevant de chaud dans un camp afghan, avec en bande sonore un chant à la gloire du Jihad. Le refrain était quelque chose du genre : « Merci à Allah pour nous avoir permis de détruire le *Cole* sur la mer. » Puis Oussama *himself* faisait son apparition. Il portait à la ceinture une Jambia yéménite et récitait un poème dont j'ai pu retrouver le passage suivant dans une dépêche de l'Associated Press : « À Aden, ils chargèrent et détruisirent un destroyer qui effraient les peureux, un navire qui évoque l'horreur lorsqu'il est à quai ou lorsqu'il navigue. » On voyait ensuite l'*USS Cole* en feu avec un sous-titre tout de rouge, indiquant « la destruction du destroyer américain *Cole* ». Le film se poursuivait par des images de victimes musulmanes de la barbarie américaine en Irak, au Liban, en Indonésie, en Palestine, au Cachemire et en Tchétchénie. Oussama Ben Laden réapparaissait en train d'exhorter ses troupes. Il appelait les musulmans vivant dans les pays alliés des juifs et des chrétiens à venir le rejoindre dans ses camps d'entraînement pour se préparer à la guerre sainte. Ce genre d'images a pour but de recruter, à moindres frais, des combattants. Elles pullulent sur le web, un outil parfaitement maîtrisé par les terroristes islamistes. Et plus redoutable que jamais.

« JIHAD.COM »

Aujourd'hui, Al-Qaida ne recrute plus dans les mosquées. Il est bien loin le temps de Baker Street et de Finsbury Park. Tout se joue sur Internet. Les jeunes musulmans les plus influençables croient ce qu'ils voient, et ce qu'ils voient se trouve précisément sur le Net. Non seulement nos clients s'abreuvent de textes et de vidéos jihadistes, mais ils déversent leur rage contre l'Occident sur des forums, des chats de discussion. Ils cherchent la sourate ou le hadith susceptibles de renforcer leur désir profond d'action. Ils font une confiance d'autant plus aveugle à Internet qu'ils ne consultent que les sites propres à conforter leur attente. Quand je demande à l'un de mes mis en examen ce qui l'a poussé à fréquenter des sites prônant le Jihad armé, il commence toujours pas me dire qu'il voulait seulement s'informer. Or il n'avait plus confiance dans les médias traditionnels. Ceux-là cachent la vérité. Ils ne montrent pas, me disent-ils, les exactions d'Israël et de l'Amérique, les corps des femmes et des enfants musulmans en Palestine ou en Irak. Cela est en partie exact, quoique le pluralisme de l'information en Occident permette d'en savoir beaucoup, comme l'a prouvé la diffusion en 2004 d'images de prisonniers irakiens humiliés par des GI's dans la prison d'Abou Ghraib. Comment, en revanche, mon mis en examen est-il capable d'expliquer sa confiance aveugle dans l'information délivrée par les sites jihadistes ? Que les médias occidentaux ne disent pas toute la vérité ne signifie nullement que la propagande jihadiste soit pour sa part objective ! À cet argument, je n'ai jamais eu de réponse car, en réalité, nos jeunes jihadistes ne veulent pas être informés, ils veulent être confortés. La propagande d'Al-Qaida a toujours consisté à consolider, sous couvert d'information, la haine des populations musulmanes envers l'Occident.

Ce qu'ignorent beaucoup de jeunes internautes, c'est que le prosélytisme d'Al-Qaida est beaucoup plus sophistiqué qu'ils ne l'imaginent. Que l'état-major de la base ne soit plus capable de fonctionner ne signifie pas qu'il ait renoncé à jouer son rôle sur la scène jihadiste ! Au contraire. Rendue incapable en l'état d'organiser des attentats sur le terrain militaire, « la base » a investi le terrain médiatique, en créant notamment le GIMF (*Global Islamic Media Front*) chargé de diffuser ses théories à travers le monde, à traduire ses discours ainsi qu'à sous-titrer ses vidéos. Les succursales franchisées de la mouvance Al-Qaida ne sont pas le seul phénomène issu de la disparition de l'état-major opérationnel de « la base ». La naissance d'entreprises individuelles terroristes est la résultante la plus évidente du « Jihad médiatique » (expression empruntée à un policier de la SDAT). Des individus isolés, nourris des discours et images jihadistes diffusés sur Internet, décident de passer eux-mêmes à l'action. Al-Qaida continue d'exister puisque des groupes terroristes se réclament de son idéologie, utilisent sa phraséologie et portent sa bannière.

Il existe certes des sites célébrant un islam tolérant, mais ils sont beaucoup moins attractifs. Ils ne présentent aucune vidéo de combats et censurent les discours les plus durs des ténors du Jihad. Ceux des « filiales » d'Al-Qaida sont au contraire très attrayants. Ils proposent de multiples liens vers des documents sulfureux. L'on y découvrira des corps de soldats américains ou ceux de villageois irakiens ou afghans tués sous les bombes, les preuves des tortures infligées à la prison d'Abou Ghraib, des témoignages des méfaits et crimes des mécréants en général, quelques exécutions par égorgement d'otages occidentaux et une grande profusion de textes. La recette est simple : il s'agit de montrer que l'Occident agresse l'islam, tuant des musulmans innocents partout dans le monde. Pour cela, les vidéos d'enfants en pleurs devant les corps de leurs parents ou inversement touchent nécessairement la corde sensible de jeunes internautes. La haine des mécréants va germer inexorablement dans certains esprits. C'est en faisant appel au cœur et à la conscience, cette obligation de défendre les musulmans, que les théoriciens du Jihad capturent leurs proies.

Un petit « clic droit » suffit pour investir l'espace du Jihad virtuel, prendre tous les contacts nécessaires, puis intégrer un groupe dont on ne connaît ni le chef ni les membres, faire brièvement connaissance, passer ensuite en Turquie, puis en Iran et rejoindre enfin la zone pakistano-afghane pour tirer des roquettes sur un horizon soi-disant peuplé de soldats américains, pourtant imperceptibles à l'œil nu. Deux heures plus tard, il faudra se terrer quand les drones *made in USA* lâcheront leurs bombes. De la guerre virtuelle sur ordinateur, on sera passé à la guerre sans ennemi visible.

Les camps afghans n'existent plus. Qu'à cela ne tienne, nos jihadistes virtuels les réinventent là où ils se trouvent :

on court où l'on peut courir, on saute, on nage, on pratique les arts martiaux et, si on a des armes, on grille des cartouches à la belle étoile. Notre pays ne manque pas de montagnes, de bois et de rivières pour se préparer au Jihad. De petites bandes se forment facilement grâce au web. On engage la discussion, puis l'on se découvre des points communs, une haine commune pour l'Amérique, le sentiment d'être méprisé, une sensation d'ennui et une envie irrépressible d'action. Aux contacts virtuels succèdent les rendez-vous physiques. Ensuite, le phénomène d'émulation de groupe joue à plein. On regarde ensemble les vidéos jihadistes, on s'indigne ensemble des bombardements américains ou israéliens, on se répète les discours des prédicateurs comme des amoureux se lisent des poèmes. Un peu plus tard, on consulte des recettes d'explosifs, pour voir de quoi ça a l'air. Bientôt viendra le moment de la mise en condition physique. Ces entraînements, généralement bon enfant et improvisés, parfois un peu plus sophistiqués, sont apparus de façon récurrente dans nos dossiers d'instruction, à Toulouse, Besançon ou Carcassonne. Bien souvent, nos soldats en herbe n'ont aucune idée de ce qu'ils feront après cette mise en condition. Ils se répètent à l'envi un verset ou un hadith ordonnant à chaque musulman de se tenir prêt, y compris physiquement, pour le Jihad, mais il s'agit d'une préconisation d'ordre général qui n'oblige concrètement à rien. Ces jeunes sont de possibles bombes à retardements. Certains ne passeront jamais à l'action, par manque de conviction, par peur de mourir ou grâce à une rencontre providentielle. D'autres n'ont qu'une hâte : rentrer à leur tour dans la grande histoire du Jihad.

Si notre système de prévention du terrorisme, alliant le renseignement au judiciaire, s'est montré efficace, nous n'avons pu mettre en place aucun système prévenant le désir même du passage à l'action. L'Occident a organisé de grandes campagnes de publicité contre l'alcool au volant ou sur le danger du tabac, mais rien de tel n'a été fait sur les dangers de l'islamisme. Je rêve pour ma part d'un clip où l'on suivrait le parcours d'un jeune musulman qui quitte sa famille pour partir dans les camps, se trouve embrigadé dans un groupe terroriste et finit par se faire sauter dans un lieu public. Évidemment, le film se terminerait par les images de victimes du genre petite fille qui pleure sur le corps ensanglanté de sa maman. Il s'agirait de montrer tout simplement ce qu'est le terrorisme, comme l'on nous montre allègrement la violence des accidents de la route. De faire ce que fait Al-Qaida sur Internet avec les images des victimes musulmanes des guerres en Afghanistan, en Palestine ou en Irak. Il faudrait aussi leur montrer l'envers du décor, les meurtres commis de sang froid sur des personnes tout aussi innocentes, le cynisme des chefs jihadistes qui prennent leurs jeunes recrues pour de la chair à canon, les parents qui pleurent leurs enfants kamikazes. Pour nos apprentis terroristes, jusqu'au bout, l'attentat est un acte abstrait dont il ne mesure pas l'horreur. Ce spot serait-il efficace ? Pas forcément. Mais ces images-là, ils ne les voient pas. Ils ne regardent plus les médias traditionnels qui ne leur donnaient d'ailleurs pas grand-chose à voir, à part quelques séquences furtives. Même lors des attentats du 11 Septembre, la mort n'a pas été montrée. Le World Trade Center s'est effondré à la télé comme dans les plus spectaculaires films d'Hollywood, mais nous n'avons pas vu de cadavres. Pour les apprentis kamikazes, abreuvés de discours simplistes, ces victimes sont une entité d'autant plus abstraite qu'ils n'ont pas vu de corps. Éventuellement, des silhouettes tombant d'un immeuble. En revanche, ils ont vu les victimes du grand Satan. D'un côté des débris d'immeubles, de l'autre des êtres humains opprimés. Dans sa guerre médiatique, Al-Qaida a également peu de contradicteurs sur le terrain de la théologie.

Est-il donc impossible de trouver un ou deux savants religieux capables d'expliquer à nos jeunes de confession musulmane que tuer un innocent est interdit par l'islam, que le recours au terrorisme est un péché mortel ? Al-Qaida ne se prive pas de manipuler les textes, de présenter une vision manichéenne du monde, de légitimer le recours au terrorisme avec une malhonnêteté intellectuelle écœurante. Par exemple, le cheik Hammoud se fonde sur un verset du Coran et quelques hadiths pour affirmer qu'est mécréant celui qui soutient que le terrorisme est contraire à l'islam. N'existe-il pas un Salim capable, au journal de 20 heures de TF1, de démontrer le contraire sur le terrain dogmatique ? A-t-on seulement déjà vu un débat de fond à la télévision, à une heure de grande écoute, sur le terrorisme et l'islam ?

Pendant ce temps, Al-Qaida n'a même plus besoin d'Abou Doha, de Katada, d'Hamza, et autres prêcheurs de choc. Ses idées se propagent comme des virus sur Internet tandis que nos jeunes endoctrinés meurent pour rien dans des pays qu'ils ne connaissent pas.

DIX-HUIT ANS ET DEMI

Claire, ma greffière, m'avait prévenu : « Qu'est-ce qu'il fait jeune ! » Moi, je n'avais pas fait attention à sa date de naissance. Du coup, avant qu'il ne rentre dans mon cabinet d'instruction, j'ai regardé. Pas croyable ! C'est la première fois que j'avais le droit à un 1990. Quelques mois plus tôt, je n'en revenais pas d'avoir affaire à des années 1980 !

J'ai lancé à Claire : « Si ça continue, je demande ma mutation au tribunal pour enfants. » Mes clients sont de plus en plus jeunes. Un phénomène déprimant.

Pendant que ma greffière va prévenir l'avocat, je regarde mes maquettes de bateau. C'est étonnant comme la vision de certains objets peut réconforter. Moi, ce sont les maquettes de bateau. En face de mon bureau, derrière les chaises prévues pour mes invités plus ou moins volontaires, il y a un coffre-fort de deux mètres de haut contenant des documents que je préfère garder en sécurité et à portée de main. Sur le coffre, j'ai mis une maquette de vieux galion, *Le Superbe*. Cette maquette se trouvait dans le bureau de mon père avant sa mort. À gauche du coffre, sur un meuble beaucoup plus bas, j'ai posé une maquette du plus beau navire qui ait jamais mouillé à Bénodet, le *Penduick 1*. Ce bateau appartenait à Éric Tabarly, et avant lui à son père. Je pense à mes dix-huit ans. Je pense à mon père.

Mon jeune « terroriste » entre dans mon bureau. Je demande à l'escorte de le démenotter. L'escorte attend toujours qu'on lui donne l'ordre de démenotter, même si c'est systématique. Ça fait partie du cérémonial. Le garçon en effet a l'air jeune.

— Pourquoi vous vous asseyez sur la chaise de droite ? Mettez-vous en face de moi !

Il s'est installé sur l'un des sièges réservés à l'escorte, le plus loin possible. En plus, il est caché par mon écran d'ordinateur. Il s'assoit lentement sur la chaise face à moi. Il doit faire soixante kilos tout mouillé. Il a l'air d'un gosse pris en train de faire exploser un pétard dans une cour de récréation. Il a été arrêté peu avant en Syrie d'où il tentait de rejoindre l'Irak pour combattre les Américains. D'après le testament laissé à ses parents, il espérait bien y mourir en martyr. Il fixe obstinément ses baskets, sans dire un mot. Oui, on dirait un môme. Un de ces gamins de *La Guerre des boutons*, lorsqu'ils rentrent expliquer à leurs parents l'air penaud qu'ils n'ont plus de boutons.

En quelques années d'antiterrorisme, j'ai vu un peu de tout et assez souvent des individus qui ne craignent pas de vous regarder en face avec des yeux menaçants. Aujourd'hui je n'arrive absolument pas à croiser, même un millième de seconde, le regard de mon interlocuteur. Ai-je vraiment affaire à un islamiste prêt à s'enrôler dans les troupes de la mouvance Al-Qaida en Irak ? Est-ce vraiment le bon dossier ?

Je lui lis son nom et son prénom, et vérifie sa date de naissance.

— Vous êtes né le 10 janvier 1990 et vous avez donc dix-huit ans ?

— Dix-huit ans et demi !

C'est dit avec force et conviction. Il ne regarde plus ses baskets.

— Si vous voulez, disons dix-huit ans et demi !

Ma greffière continue de le regarder avec un air incrédule. Il a deux ou trois poils sous le menton. Les épaules rentrées, la mine boudeuse, il ressemble à n'importe quel adolescent un peu mal dans sa peau. L'idée qu'il puisse terroriser qui que ce soit semble absurde. Il ne ferait pas peur à une retraitée cannoise.

— Dix-huit ans ou dix-huit ans et demi, ne trouvez-vous pas que c'est un peu jeune pour aller mourir en Irak ?

— Je ne voulais pas mourir. Je voulais combattre les Américains.

— Et vous comptiez faire comment ?

J'y suis allé un peu trop vite. Le voilà qui regarde de nouveau ses baskets.

— Bon, je vais vous aider un peu. C'est votre copain Ahmed qui devait vous faire passer en Irak. On est d'accord ?

J'entends un « oui » timide, alors je continue.

— Dix-huit ans et demi. Donc vous êtes majeur. Quand on est majeur, on assume, surtout si l'on a fait quelque chose par conviction. Surtout vous ! Vous n'êtes pas un délinquant, rien au casier, bon élève. Expliquez-moi : pourquoi êtes-vous parti en Irak en mentant à vos parents ?

— Je n'ai pas menti à mes parents !

— Ah bon ? Et vous leur avez dit quoi ?

— Que je partais voir un copain.

— Où ça ?

— À Paris.

— Si on arrêtait ce jeu ? Vous êtes français. Vous devez passer le bac scientifique cette année. Tout semble se dérouler normalement dans votre vie. Vos parents ont l'air d'être des gens biens. Ce sont d'ailleurs eux qui ont prévenu la DST. Vos deux frères n'en reviennent toujours pas que vous soyez parti en Syrie pour passer la frontière irakienne. L'aîné a même sauté dans un avion pour essayer de vous retrouver à Damas. Alors expliquez-moi comment vous avez décidé de partir !

Après cette longue tirade, j'ai l'impression qu'il a envie de parler… Mais non. De toute façon, je prendrai le temps qu'il faut. Je veux qu'il m'explique, je ne comprends pas. Il faut qu'il vide son sac. Et puis j'ai une petite idée de qui l'a fait partir. Celui-là, resté au chaud en métropole, je ne veux pas le rater. Je relance :

— Je veux comprendre, c'est tout. Je veux comprendre comment vous avez pris cette décision de partir pour le jihad.

Mince, il continue à hésiter. Ses yeux font des allers-retours entre ses baskets et moi. Il entrouvre la bouche… et rien.

— Qu'est-ce que vous allez faire ? Vous allez changer le monde ? Vous vous seriez retrouvé comme les autres, sur un marché chiite, avec une ceinture d'explosifs autour de la taille.

— C'est faux ! Jamais. Je voulais combattre les Américains. Je ne suis pas un terroriste !

Sa réponse a été violente, sèche, spontanée. Il y a de l'espoir.

— Mais vous êtes le dernier ou presque. Plus personne ne va en Irak en 2008. Tout le monde en part, au contraire. La destination à la mode, c'est la zone pakistano-afghane. Pourquoi l'Irak ?

— Je ne savais pas comment aller en Afghanistan.

— Vous voulez dire que vous ne connaissiez personne pour vous faire passer. En Irak, il y avait votre copain Ahmed. Au fait, il est toujours vivant ?

— Je sais pas.

— C'est quand même lui qui vous a accueilli à Damas ! Vous savez très bien que nous sommes au courant. On vous a montré les mails que vous vous échangiez lors de votre garde à vue.

— Puisque vous le savez, pourquoi vous me posez la question ?

Désormais, il me regarde dans les yeux, tête droite. Il est agacé mais accepte de discuter.

— Parce que c'est mon boulot, comme c'est mon boulot de regarder ce qu'il y a sur votre ordinateur, sur votre téléphone, dans votre tête. Qu'est-ce qu'il y a dans votre tête ? Votre ordinateur est plein à craquer de vidéos montrant des égorgements. C'est avec ça que vous vous êtes monté la tête ?

C'est reparti : il regarde de nouveau ses baskets. J'y ai été un peu trop fort. Je recommence un ton en dessous.

— Écoutez, je ne suis pas là pour vous enfoncer. Vous venez de me dire que vous n'êtes pas un terroriste, je veux bien vous croire. Mais je vous assure que vous étiez parti pour en devenir un. Pas tout de suite, bien sûr, mais progressivement. Ces gens-là n'ont pas besoin de vous pour combattre les Américains, que ce soit en Irak ou en zone pakistano-afghane. Pour eux, vous auriez été une bouche de trop à nourrir, et une bouche de trop, on s'en débarrasse. Ils vous auraient collé une ceinture d'explosifs autour de la taille. C'est comme ça, c'est toujours comme ça. Vous ne me croyez pas ?

— J'aurais dit non.

— Et ils vous auraient laissé dire non ? Répondez simplement à une question : oui ou non, des moudjahidin se font-ils sauter au milieu de la population en Irak ?

— Oui, mais moi, je n'aurais jamais fait ça. Moi, je ne suis pas comme eux. Eux, ce sont des terroristes.

— Et vous êtes certain qu'on vous aurait laissé le choix ? Après des mois de lavage de cerveau, vous auriez fait comme les autres. Qu'est-ce que vous croyez ? Vous pensez que ceux qui font cela sont différents de vous. Vous n'avez tué personne. Vous vous êtes fait arrêter avant même de rejoindre l'Irak. Ça a été votre grande chance, mais regardez le contenu de votre ordinateur, c'est quoi ces conneries de scènes d'égorgement ?

— Je les ai téléchargées comme ça.

— Non, vous ne les avez pas téléchargées comme ça. Il y en a plusieurs, aussi horribles les unes que les autres. Il y a notamment celle de Zarkaoui égorgeant un otage. C'est quoi, ça, c'est le Jihad ?

— Et les Américains qui tuent des femmes et des enfants, vous trouvez ça normal ?

— Vous trouvez que tuer d'autres innocents, c'est la solution ?

Il s'exalte un peu trop. Il ne va pas lâcher si facilement la conviction que ce qu'il voulait faire était juste. Sa conviction, c'est sa planche de salut ! Il est temps de laisser un peu la pression redescendre.

— Vous vous sentiez bien chez vos parents ?

— Très bien. Mes parents, ils feraient tout pour moi.

— Et vous, vous avez fait quoi pour eux ? Voulez-vous que je vous lise le testament que vous leur avez laissé ?

— Comment vous avez eu ça ?

— C'est votre père qui l'a donné à la DST. Il l'a trouvé dans sa boîte aux lettres quinze jours après votre départ. À cette date-là, vous pensiez sûrement être déjà passé en Irak. Le problème, c'est que cette lettre n'a pas été postée mais déposée dans la boîte aux lettres. Pourriez-vous me dire qui a fait le petit facteur ?

— J'avais demandé à un ami.

— Est-ce ce même ami qui vous a payé le billet d'avion Paris-Damas ?

— Non, c'est moi qui l'ai payé.

— Soyons un peu sérieux. Le billet a été payé avec une carte bancaire et vous vous doutez bien que l'on sait avec quelle carte.

— C'est vrai, mais je l'ai remboursé. J'avais pas de carte bancaire, alors j'ai utilisé celle de mon ami.

— Et il ne vous a pas demandé ce que vous alliez faire à Damas ?

— Je lui ai dit que j'allais étudier l'arabe.

— Il vous a cru ?

— Je ne sais pas.

— Qu'a-t-il pensé quand vous lui avez donné la lettre pour vos parents en lui demandant de ne la leur remettre que quinze jours plus tard ?

— Je ne sais pas.

— Mais si, vous savez très bien. Et lui aussi, il savait très bien.

— Non, il savait pas.

— C'est gentil de ne pas vouloir l'impliquer, mais ça ne sert à rien. Voilà le SMS que vous lui avez envoyé avant d'essayer de passer en Irak : « Merci pour tout. Grâce à toi, j'ai rejoint la caravane. Nous nous retrouverons au Firdaws inch'Allah. » Vous lui parlez du paradis.

Et c'est reparti pour une nouvelle séance de baskets ! Cette fois-ci, je décide de laisser un moment de silence. Il regarde toujours ses chaussures.

— Monsieur, j'ai besoin de savoir si vous êtes dangereux ou pas. J'ai besoin de savoir si cette histoire restera du passé ou si vous allez continuer dans cette voie sans issue.

Pas de réaction.

— Bon, si on repartait à zéro ? Mon travail consiste à comprendre. Vous êtes jeune. Vous avez la vie devant vous. Vous n'êtes pas un criminel. Alors, je peux essayer de comprendre.

Toujours pas de réaction.

— OK, on ne parle plus des autres. On parle juste de vous. Depuis quand vouliez-vous partir faire le Jihad ?

Il me regarde furtivement.

— Un an… quelque chose comme ça.

— Comment l'idée vous est venue ?

— On regardait des vidéos. Moi, c'est pas les vidéos d'égorgement ou de combat qui m'intéressaient le plus. Je les ai téléchargées mais je ne les ai pas beaucoup regardées. Moi, ce que je regardais, c'était les vidéos qui montraient les musulmans, ce que les Américains faisaient aux musulmans.

— C'était quel genre de vidéos ?

— Un peu de tout, des vidéos dans lesquelles on voyait des corps après un bombardement américain. Il y avait des interviews aussi, des femmes qui expliquaient que la maison s'était écroulée. Elles étaient avec leurs enfants. Et puis, il y avait des discours de savants religieux… tout ça.

— Vous alliez surtout sur quel site web ?

— Un peu tous. Je dirais surtout Al-Mourabitoune, mais je regardais aussi des vidéos sur Dailymotion. De toute façon, on les trouve partout.

Il répond presque du tac-au-tac.

— Avec qui vous regardiez ces vidéos ?

— On était trois ou quatre au maximum.

— Il y avait Ahmed ?

— Oui, avant qu'il ne parte en Irak.

— Et les autres ?

— Il y avait Abou Bakr, qui m'a payé le voyage et qui a porté la lettre à mes parents. Les autres, je ne préfère pas les impliquer. De toute façon, ils n'ont fait que regarder. Ils n'ont rien fait.

— Ça ne les intéressait pas de partir faire le Jihad ?

— Si, bien sûr, mais ils disaient qu'il fallait finir les études d'abord. En fait, je crois qu'ils avaient peur. En plus, l'un d'eux devait se marier prochainement au pays.

— En Algérie ?

— Oui, il est de là-bas.

— Revenons à Abou Bakr. Vous l'avez connu en quelle année ?

— En 2004 ou 2005. À l'époque, on ne parlait que de l'Irak. Il n'y avait que cela qui comptait. On voyait les musulmans qui souffraient là-bas et on n'en pouvait plus. Abou Bakr nous disait qu'il fallait faire quelque chose.

— À qui disait-il cela ?

— Ben, toujours au même groupe. Et puis il a commencé à nous faire voir des vidéos, à nous dire où on pouvait les trouver nous-mêmes. Une fois, il a téléphoné à un savant, je ne sais pas où, il a mis le haut-parleur.

— De quoi ont-ils parlé ?

— Je sais pas. C'était en arabe, et moi je ne comprends pas l'arabe, mais Abou Bakr m'a dit que, selon ce savant, je n'avais pas à demander l'autorisation de mes parents pour partir faire le Jihad.

— Pourquoi a-t-il posé cette question ?

— Parce qu'il m'avait dit plusieurs fois qu'il voulait partir faire le Jihad et il voulait que je parte avec lui. Moi, je n'étais pas trop chaud, alors je lui répondais toujours que je ne pouvais pas partir sans l'autorisation de mes parents, qu'en plus j'étais mineur.

— Pourquoi ne vouliez-vous pas partir avec lui à cette époque et surtout pourquoi avez-vous changé d'avis ?

— J'avais dix-sept ans et puis c'était pas clair. Abou Bakr était incapable de m'expliquer comment on allait faire. La vraie raison, c'était mes parents. Je me suis dit que ça tuerait ma mère. Après, il y a eu Ahmed et ça a tout changé.

— C'est-à-dire ?

— Lui, il était chaud bouillant et puis il disait qu'il avait un contact, qu'il savait comment faire pour intégrer un groupe.

— Il vous a donné des détails ?

— Oui, il parlait d'un Saoudien qu'il avait rencontré lors du grand pèlerinage. Ils étaient restés en contact. Il m'a dit qu'il s'appelait Abou Abdallah et qu'il avait déjà fait passer plusieurs personnes. D'après lui, c'était quelqu'un de connu en Irak. Il avait été l'un des bras droits de Zarkaoui.

— Cela ne vous a pas paru curieux qu'un personnage si important fasse aussi facilement des confidences à votre ami Ahmed ?

— Non, parce qu'Ahmed c'est quelqu'un qui a une grande culture religieuse. Et il parle arabe couramment. Il a étudié en Syrie. Ah oui ! J'avais oublié. En fait, en discutant avec Abou Abdallah, Ahmed s'est rendu compte qu'ils avaient un ami commun à Damas.

— Quel alias utilisait Ahmed quand vous l'avez connu ?

— Je ne sais pas mais quand il est parti en Irak, il venait d'avoir un bébé, alors il s'est fait appeler Abou Aisha.

— Abou Aisha ?

— Oui, d'ailleurs, on se foutait de lui parce qu'il avait un alias de fille. Mais ça ne l'énervait pas. Il disait même que ce sont les filles qui allaient faire la différence. Il parlait de Muriel Degauque, la Belge qui s'est fait exploser. Il disait que ça, c'était une sœur, ça, c'était une musulmane.

Il est certain que bientôt il y aurait plein de sœurs qui rejoindraient la caravane. Il nous montrait des photos de son bébé. Il était fier. Il voulait que sa fille devienne une moudjahid plus tard. C'est pour ça qu'il l'a appelée Aisha.

— Comme la femme du Prophète ?

— Oui, pour dire qu'elle allait suivre sa voie. Ahmed disait tout le temps que les filles étaient le futur du jihad.

— C'était un progressiste en quelque chose. La femme est l'avenir du moudjahid, comme chantait Abou Ferrat.

L'avocat a compris la plaisanterie mais mon client aussi, ce qui est plus surprenant. Il a esquissé un demi-sourire, plutôt un rictus.

— Vous connaissez Jean Ferrat ?

— Oui, mon père met ça tout le temps, mais moi je n'aime pas trop.

— C'est sûr qu'il est pas du genre à composer des Anachids !

Pour la première fois depuis le début de l'interrogatoire, mon jeune interlocuteur rit un peu. Il a l'air enfin décontracté. Il faut rester sur ce mode-là, discuter tranquillement.

— Parlez-moi un peu de votre frère aîné, Abdelatif.

— Je sais qu'il est en colère contre moi.

— Vous savez qu'il est allé voir Abou Bakr ? Vos parents lui ont montré votre testament qu'Abou Bakr venait de leur remettre, la lettre dans laquelle vous leur annoncez que vous ne reviendrez pas, que vous partez vous battre et que vous espérez mourir en martyr. Votre frère était très énervé.

— Oui, je sais, il était persuadé que c'était Abou Bakr qui m'avait envoyé en Irak.

— Et ce n'est pas exact ?

Pas de réponse. Je reprends plus en douceur.

— Ahmed est parti en Irak. Nous sommes bien d'accord ?

— Oui.

— Il vous a contacté pour que vous veniez le rejoindre. C'est toujours exact ?

Pas de réponse.

— Ah non, excusez-moi. Ce n'est pas vous qu'il a contacté, c'est Abou Bakr. Je me trompe ?

Il se tortille sur son siège et commence à s'agacer.

— Si vous savez la réponse, pourquoi vous me posez la question ?

— Ce n'est pas la première fois que vous me faites cette remarque. Je vais vous expliquer. J'ai besoin de savoir si vous jouez franc jeu avec moi, si vous avez vraiment envie de dire la vérité, de tout expliquer, de tout mettre sur la table, si vous voulez que je puisse comprendre, si vous avez envie que le Tribunal puisse comprendre vos motivations, savoir qui vous êtes. La question est de savoir si on peut vous faire confiance. Si je pose des questions dont je connais déjà la réponse, c'est pour vérifier si vous dites la vérité ou non.

— En fait, vous me testez.

— Seulement pour certaines questions. Je ne sais pas tout et puis moi j'ai besoin de connaître votre vision des choses. C'est cela qui m'intéresse. Il ne s'agit pas de vous piéger, mais de voir si vous me dites les choses, si l'affaire est claire. Vous devez comprendre ça. Si le Tribunal sait pourquoi et comment vous êtes parti, s'il n'y a pas de zone d'ombre, ça se passera beaucoup mieux pour vous à l'arrivée. Ça, je vous le garantis. Votre avocat pourra vous expliquer ça mieux que moi.

Son défenseur saisit la perche

— Ce que M. le Juge veut vous expliquer, c'est qu'il ne faut pas que le Tribunal pense que vous cachiez quelque chose. Sinon, les juges n'auront pas confiance et ils penseront que vous allez recommencer.

— Votre avocat a été plus clair que moi. Mais le fait de vous faire confiance ou pas n'est pas seulement le problème du Tribunal. Pour l'instant, on est à l'instruction et vous êtes en détention provisoire. Mon problème à moi est de savoir si je peux vous faire confiance.

— Je ne veux plus tous ces trucs-là. Pour moi, c'est du passé. Je veux reprendre ma vie normalement. Je veux rester avec mes parents. J'ai compris des choses.

— Qu'est-ce que vous avez compris ?

— Que c'est pas clair, l'Irak. Je comprends pas ce qui se passe là-bas. Je ne crois même pas qu'ils aient besoin de moi.

— Et l'Afghanistan ?

— Non, je veux plus tout ça. C'est pas pour moi.

— OK. Le problème maintenant c'est de me prouver que je peux vous croire. Pour ça, il n'y a pas vingt mille façons. Il faut déjà dire la vérité.

— Allez-y. Je vais répondre.

— OK, en garde à vue, vous avez nié avoir utilisé l'alias d'Abou Omar. Nous savons tous les deux pourquoi. C'est à cause des mails que vous avez envoyés depuis la Syrie à Abou Bakr en utilisant cet alias. Est-ce exact ?

— Oui. Je ne voulais pas le reconnaître parce que j'ai mis n'importe quoi dans ces mails. J'étais quelqu'un d'autre... j'étais survolté.

— Effectivement, par exemple, vous écrivez qu'il vous tarde de capturer un Américain pour l'égorger de vos propres mains. Ce n'est pas très cool.

— C'était juste pour Abou Bakr. Je voulais lui montrer que j'étais un vrai moudjahid, que je n'avais pas peur des Américains.

— Il est si important pour vous, Abou Bakr ?

— C'est un ami.

Mon apprenti terroriste n'est qu'un poisson. Je veux évidemment savoir qui l'a recruté.

— C'est peut-être un peu plus qu'un ami. Vous avez dix-huit ans. Pardon, dix-huit ans et demi et il a trente et un ans. Il parle arabe. Il s'y connaît en religion. C'est grâce à lui, si l'on peut dire, que vous avez découvert les sites islamistes sur Internet. C'est lui qui vous a payé le billet pour Damas et c'est lui qui a donné la lettre à vos parents. Surtout, c'est lui qui a reçu d'Ahmed les coordonnées de la personne que vous deviez contacter une fois arrivé à Damas. Êtes-vous d'accord avec tout ce que je viens de vous rappeler ?

— Oui, mais il n'a fait que m'aider. C'est moi qui ai pris la décision de partir.

— Pourquoi n'est-il pas parti avec vous ?

— Je ne sais pas. Il devait… et puis… il m'a dit qu'il ne pouvait pas tout de suite.

— Il n'y a pas d'autres explications ?

— C'était un problème avec sa famille, je crois… sa mère était malade ou quelque chose comme ça.

— Et si je vous dis qu'il en a envoyé d'autres que vous en Irak ?

— Non, non, je crois pas. Il me l'aurait dit, il m'en aurait parlé. Et je l'aurais su, de toute façon. Tout se sait.

— Votre frère Abdelatif a failli lui casser la figure, tellement il était persuadé qu'Abou Bakr était pour quelque chose dans votre départ pour l'Irak.

— C'est ce que je vous ai dit. Tout se sait.

— Vous vouliez vraiment mourir en martyr, à dix-huit ans ?

— Oui. Notre vie ne nous appartient pas. Elle appartient à Allah.

— Mourir, c'est tout ce que vous attendez de la vie ?

Il me regarde en silence. Je ne sais pas ce qu'il pense.

— Bon, on va en rester là pour aujourd'hui. Maître, avez-vous des questions à poser à votre client ?

— Non, monsieur le juge, mais je sais qu'il voudrait parler du problème de sa détention. Il a beaucoup de mal à supporter la prison et puis il y a le bac à la fin de l'année.

— Maître, je pense que votre client, s'il était parvenu à rejoindre un groupe islamiste en Irak, aurait raté son bac.

— Oui, mais maintenant il veut justement reprendre une vie normale. C'était un élève brillant et ça serait dommage pour la suite qu'il…

— Maître, c'est trop tôt pour parler de mise en liberté. J'ai plusieurs interrogatoires de votre client en perspective. On est loin d'avoir fait le tour. Je n'exclus pas l'hypothèse d'une mise en liberté au cours de l'instruction mais c'est beaucoup trop tôt. Monsieur, vous voulez ajouter quelque chose ?

Pas de réponse.

— Bon, on va relire le procès-verbal. Vous lisez tout et, si ça vous convient, vous signez en bas de chaque page.

— Mes initiales ?

— Non, votre signature complète.

KABOULIPOLIS

Au cours de mes interrogatoires, j'apprécie de pouvoir discuter librement avec mes mis en examen. J'entends par discussion libre une conversation à bâtons rompus, éventuellement hors procès-verbal. Ces échanges d'idées ne seront pas retranscrits, et ce, en accord avec l'avocat de l'intéressé. Il est important que je connaisse la personne que j'interroge et dont le sort est en partie entre mes mains, qu'il s'agisse de sa remise en liberté immédiate ou de son renvoi devant le tribunal. À la grande différence de mes anciennes fonctions au parquet antiterroriste, le travail de juge d'instruction permet de confronter des points de vue, de parler franchement, d'aller au fond des choses. Les rapports d'un parquetier avec les personnes poursuivies n'ont lieu que très brièvement lors des débats contradictoires sur la détention provisoire et lors de l'audience de jugement. Il n'y a donc jamais de véritable dialogue avec les gens contre lesquels il requiert. C'était un manque que je ressentais déjà quand j'étais substitut, cette impression de ne pas connaître les gens présents dans le boxe ou à la barre du Tribunal. Du coup, on peut tomber complètement à côté de la plaque dans ses réquisitions, trop sévères ou trop légères. On ne peut pas comprendre les motivations des membres d'un groupe terroriste islamiste sans avoir exercé les fonctions de juge d'instruction. Ce dernier doit bien sûr se méfier de la sympathie ou de l'antipathie que les heures d'interrogatoire, souvent épuisantes, peuvent susciter. Le respect est toujours présent dans mon esprit, quel que soit l'acte commis ou envisagé par mon interlocuteur. Ce respect est le plus souvent partagé. Il est rare que l'on soit confronté à un terroriste endurci ou à un fondamentaliste totalement obtus pour lequel le simple fait de parler à un juge mécréant est insupportable. Au contraire, les personnes mises en examen, le plus souvent, ne demandent pas mieux que de s'expliquer, de faire valoir leur point de vue et de tenter de nous convaincre de leur innocence. En droit commun, un criminel peut nier pour s'en sortir. Cela ne signifie pas qu'il se considère innocent pour autant. Dans les dossiers islamistes, un bon nombre de nos mis en examen se disent innocents parce qu'ils s'estiment innocents, même lorsqu'ils reconnaissent les faits. Ils ne se considèrent tout simplement pas comme étant des terroristes puisqu'ils sont des jihadistes, des moudjahidin, les combattants de Dieu. Cela est sans doute la seule chose importante que j'ai apprise à leur contact. Nos mots et notre façon de penser ne sont pas les leurs. Ce n'est pas seulement leur rapport à la mort qui est foncièrement différent, c'est aussi leur rapport à la morale et à la loi. Dieu leur tient lieu de morale et de loi. Dieu est de leur côté. Le juge d'instruction antiterroriste essaye donc d'appréhender une essence volatile, un état d'esprit, une conviction ou une intention. Même si cet échange m'intéresse sur un plan humain et intellectuel, il est surtout indispensable dans l'hypothèse d'un procès. On appelle également la procédure d'instruction une information judiciaire : il s'agit bel et bien d'informer le Tribunal. Dans le système français, l'information est longue et l'audience est courte. Les juges composant le Tribunal, le procureur, les avocats, les victimes, le public et les médias auront peu de chances d'appréhender la complexité d'un dossier et de ses acteurs sans un travail approfondi à l'instruction. C'est pourquoi il est indispensable de passer du temps en interrogatoire, afin d'évaluer l'état d'esprit des personnes et la nature de leurs actes. Il faut écouter et parler avec les terroristes, même si les explications paraissent vaines, que les faits sont monstrueux. Je me souviens encore d'une réflexion de ma greffière qui m'avait profondément marqué quand j'étais en poste à Péronne. J'étais un jeune juge d'instruction confronté très souvent à des affaires de mœurs. Lors de l'interrogatoire d'un père qui avait violé successivement ses quatre filles, ma greffière avait littéralement explosé. Elle ne supportait plus de l'entendre raconter par le détail et avec un stoïcisme déconcertant les actes commis sur ses filles. Il avait fallu interrompre l'interrogatoire pour qu'elle reprenne sa contenance. À la fin de l'interrogatoire, elle m'avait dit ne pas comprendre comment je pouvais rester calme face à une « ordure » pareille. Quitte à aggraver mon cas, je lui ai expliqué que je n'avais pas la sensation d'être face à une ordure. Un juge d'instruction, même choqué par des faits, ne peut pas s'installer dans une posture morale. Il n'est pas là pour réprimander, punir ou psychanalyser un suspect. On lui demande de rechercher la vérité. D'enquêter puis d'informer et dans les deux cas, il faut laisser parler. Quand un juge d'instruction fait la leçon, quand il hausse le ton ou roule les yeux, la personne poursuivie se tait inexorablement et le dialogue est rompu. Il ne se rétablira pas.

En matière de terrorisme, il est au moins aussi crucial de maintenir en toutes circonstances le dialogue. Parfois le mis en examen veut quitter le bureau, il n'a plus rien à dire. Parfois il faut un monologue de plusieurs minutes avant que j'obtienne une réponse.

Le juge peut dire sa vérité, même si elle ne s'appuie que sur le Code pénal et le respect de la vie humaine. Souvent, c'est peine perdue, mais il arrive que la discussion amène à une certaine réflexion chez l'interlocuteur, surtout chez les apprentis-terroristes qui sont très jeunes. Quand ce n'est pas sur Internet, ils ont été endoctrinés en maison d'arrêt alors qu'ils étaient vulnérables. Tout l'art de l'endoctrinement religieux consiste à redonner un sens à leur vie, même tourné vers la destruction et la négation de l'autre. Avec eux, la porte n'est pas totalement fermée. Il est possible d'ébranler leurs nouvelles croyances, ou au moins d'instiller le doute.

La propagande islamiste est redoutable. Elle touche à quelque chose de très profond. Les jeunes islamistes que j'interroge dans mon cabinet se sentent humiliés, agressés dans leur religion. Ils sont persuadés que l'Occident veut détruire l'islam. C'est cette paranoïa que la charte du front islamique mondial attise et utilise.

Au lieu de se contenter de le déplorer, il faudrait se demander pour quelle raison des jeunes se convertissent à la religion musulmane et adoptent ses pratiques les plus strictes, poussant cette pratique jusqu'au Jihad armé et au terrorisme. Il ne s'agit pas seulement des jeunes de familles musulmanes qui ne pratiquaient pas leur religion avant de verser dans l'extrémisme, mais également de blondinets, comme on dit, bien de chez nous. Le prosélytisme fait des ravages auprès de tous les jeunes en détresse, quelle que soit leur religion d'origine. Les jeunes musulmans sont juste les plus vulnérables.

La vérité est que notre société ne leur offre plus de rêves et parfois même plus d'espoir. Il n'est pas étonnant que les maisons d'arrêt soient le lieu privilégié des conversions à un islam souvent rigoriste. Les jeunes qui se tournent vers le radicalisme religieux ont souvent fait plusieurs allers-retours en prison pour des infractions peu compatibles avec une bonne pratique de l'islam, comme des trafics de drogue, des vols ou des actes de violence. À force d'allers-retours entre la rue et la prison, ces adolescents paumés ne voient plus trop d'issue. C'est ce parcours cabossé qu'ils décrivent dans l'intimité de mon cabinet. Faire du trafic de drogue ne plaît qu'aux crapules. Un jeune toxico-dealer n'est pas forcément bien dans ses baskets ni fier de ce qu'il fait. Alors, quand le moment est favorable, quand le jeune délinquant entre en prison, une fois de plus, quand il est au fond du trou et qu'il n'a plus la force de creuser encore, l'étincelle survient. La petite flamme prend la forme d'un codétenu à la voix douce qui prend le temps de vous parler. Et pour la première fois, vous écoutez. Vous écoutez d'abord parce que vous n'avez rien d'autre à faire, et puis vous écoutez car au fond, ce que l'on vous propose, c'est une solution. Dehors, on ne vous propose plus rien. En écoutant cet homme au ton assuré, vous redevenez un enfant auquel ses parents apprennent à vivre. D'ailleurs, vous auriez aimé que vos parents vous apprennent à vivre. Ils ont essayé mais ça n'a pas marché. Maintenant, c'est différent car c'est une vérité qu'on vous enseigne. Ce n'est pas de l'éducation, c'est de la révélation. Une règle d'éducation se conteste. Une règle divine ne se conteste pas. Elle ne s'interprète même pas. Paradoxalement, vous qui ne supportiez aucune contrainte, vous adoptez une pratique de l'islam très contraignante, mais c'est ce qu'il vous fallait pour discipliner votre vie et calmer votre esprit. Vous étiez meurtri, paumé, sans boulot, sans but précis. Et vous voilà encadré, écouté, guidé. Vous avez désormais un rôle, mieux, une mission. Voilà ce qui se passe dans la tête des apprentis-terroristes qui se confient en interrogatoire. Ils ne le formulent pas comme ça, bien sûr, mais c'est ce parcours qu'ils décrivent. Désormais, les choses ont un sens. Et nos lois, nos règles, celles qui régissaient leur vie d'avant, qui les renvoient précisément aux périodes des galères, à la solitude, au vide, eh bien, nos lois, elles ne pèsent pas grand-chose. Ou si peu. C'est pour cela que le dialogue doit s'instaurer pendant un interrogatoire. Pour comprendre ce cheminement. Et les mécaniques de recrutement. Notre apprenti-terroriste a découvert la pratique de sa religion sur le web ou en prison et comme il n'en connaissait rien, il ne peut la comparer avec aucune autre pratique. Il n'a pas d'esprit critique. Il est sous emprise. Tout ce que dit son mentor est parole d'évangile (si l'on peut dire). Ce jeune, autrefois indocile, accepte de suivre les règles plus strictes au nom d'un nouvel idéal.

L'islam lui impose un cadre contraignant. Il y a bien sûr les cinq piliers dont la prière qui rythme la journée. Le ramadan est aussi une discipline de vie à la fois personnelle et sociale. Mais comme notre jeune, rentré dans le droit chemin, a quelque chose à se prouver, il ira souvent bien au-delà des obligations respectées par la plupart des musulmans. Il recherchera une sorte d'absolu, peut-être pour obtenir l'absolution. Cette recherche, en simplifiant un peu, amène nos apprentis-jihadistes à suivre deux voies principales qui toutes deux nécessitent un retour au mode de vie des Salafs, c'est-à-dire des anciens. Les Salafs étaient les premiers compagnons du Prophète et pratiquaient un islam pur, encore à l'abri des innovations qui l'auraient perverti. En adoptant le mode de vie des Salafs, le musulman s'assure de vivre comme un bon musulman doit le faire. Les membres du tabligh adoptent ce retour au mode de vie du Prophète et de ses compagnons, jusqu'à la tenue vestimentaire ou la longueur de la barbe. Ceux que nous appelons, par souci de simplification, les salafistes jihadistes, le font également, mais de l'extérieur et en particulier pour un magistrat antiterroriste, ces deux mouvements ou obédiences présentent une grande différence. Les tablighs évoluent dans la société, font du porte-à-porte pour apporter la bonne parole et poussent leur conviction de l'intemporalité supérieure de l'islam jusqu'à refuser toute action politique. Quand la population sera convertie, le société deviendra nécessairement islamique et les lois respecteront la Sunnah. Il n'est nul besoin de violence pour cela mais uniquement de force de conviction dans la parole. Les salafistes jihadistes prônent au contraire le recours à la violence comme une nécessité pour défendre leur religion, en appuyant sur le fait que Mahomet a combattu pour l'islam. Les salafistes jihadistes, ne se placent donc pas en dehors de la politique. Ils sont en lutte constante. Pour eux, il n'y a pas de demi-mesure. Il n'y a surtout pas de soumission à une autorité temporelle quelconque. Leur seul modèle de vie sociale acceptable est une vie respectant la charia, la voie à suivre et qui conduit vers l'au-delà. C'est pourquoi ils rejettent les notions d'État, de nation et surtout le principe même de la démocratie, et qu'ils admirent le régime taliban. Le fondamentalisme religieux et la démocratie sont deux lignes parallèles qui ne se rejoindront jamais.

Leur opposition frontale ressort clairement de divers écrits du cheik Abou Muhammed Al-Maqdissi, en particulier son livre *La Religion démocratie*. D'origine palestinienne, Al-Maqdissi est détenu en Jordanie depuis 1994, mais ses œuvres et notamment ses Fatwa sont largement diffusées sur Internet. Selon lui, « la démocratie est une religion autre que la religion d'Allah » et « les parlements sont des palais du polythéisme et des forteresses de l'idolâtrie». La démocratie serait l'enfant incestueux de la laïcité, qui tend à éloigner la religion de la vie quotidienne et donc les serviteurs d'Allah de leur devoir envers lui. Seul Allah doit être adoré et obéi. Il n'est pas permis qu'un parlement vote une loi contraire à la Sunnah et au Coran. De façon moins détaillée qu'Al-Maqdissi, plusieurs auteurs islamistes et plusieurs Ouléma ont non seulement condamné la soumission à des lois humaines mais ont de plus préconisé le comportement que doit avoir un bon musulman dans un pays mécréant. En premier lieu, et si cela est possible au regard de la situation du pays, il convient de tenter de faire appliquer la charia. En second lieu, si la situation ne peut être changée et si la loi islamique ne peut être appliquée, il est préconisé de quitter le pays mécréant. En tout cas, il ne faut pas aller voter, même dans l'espoir illusoire que les parlementaires feraient voter des lois conformes à l'islam, car on se fait complice d'un système d'idolâtrie. Évidemment, l'interdiction de voter n'est pas un facteur susceptible de faciliter l'intégration de nos jeunes musulmans dans la société civile. Pour un magistrat, c'est encore pire. En effet, un juge français applique nécessairement les lois françaises et non la loi qu'Allah a fait descendre sur terre. Il est donc un juge mécréant. Confronté dans son cabinet à ce genre de raisonnement qui ne peut en soi se discuter puisque celui qui le tient s'appuie sur sa foi, le juge n'a pas beaucoup d'alternatives : soit il met fin à l'interrogatoire mais ne fera donc pas progresser son dossier, soit il joue sa partition sur un mode mineur. Je préfère cette seconde solution. Cela n'a rien à voir avec de l'hypocrisie : il s'agit simplement de clarifier la situation en précisant à la personne mise en examen que l'objectif premier du juge d'instruction est d'établir la véracité des faits. Pas de juger mais de chercher. Comme les personnes poursuivies nient souvent la matérialité même des faits, par exemple d'avoir fourni un faux passeport ou d'avoir détenu une arme, elles éprouvent le besoin d'entamer la discussion pour finalement se disculper aux yeux d'un juge et d'une loi qu'elles ne reconnaissent pourtant pas. Il arrive que la conversation aille au-delà et que s'engage un dialogue sur ce problème de démocratie et de droit de vote. J'ai bien compris le raisonnement dogmatique mais j'ai du mal à comprendre où est l'alternative. Pour appliquer en toutes circonstances la loi divine, encore faut-il s'en remettre à des érudits capables, dans les cas litigieux, de dire le droit islamique. Il faut donc s'en remettre à des juges. Il n'y a certes plus d'État dans ce modèle, plus de loi forgée par l'homme, mais il reste les juges, c'est-à-dire les érudits en science islamique. Ce modèle est celui du régime taliban, ce que mon interlocuteur n'hésite généralement pas une seconde à confirmer. Mais qui va décider de qui est érudit ? Sur cette question précise, les réponses sont assez floues. Disons que nous approchons d'une version à la mode islamique du Philosophe-Roi de Platon, la philosophie en moins. Le Philosophe-Roi de Platon était le dirigeant idéal de la cité rêvée, Kallipolis. Le Salim-Roi serait le gardien spirituel de Kaboulipolis.

NOUVELLES BASES

Dix ans après le 11 Septembre, Al-Qaida n'est plus. Pourtant, Al-Qaida est partout. L'organisation a répandu son poison en explosant. L'opération militaire « Liberté immuable » déclenchée par les Américains après le 11 Septembre, n'a qu'affaibli le régime taliban mais a totalement anéanti les infrastructures d'entraînement de « la base ». De plus, son état-major, dont les membres se sont cachés, qui dans une grotte afghane, qui dans un appartement de Peshawar ou de Karachi, est paralysé. La surveillance des communications des chefs et de leurs déplacements par des moyens sophistiqués de télédétection spatiale a rendu très difficiles les contacts entre eux et plus encore avec les cellules à l'extérieur de la zone pakistano-afghane. Pour autant, des groupes terroristes puissants, affiliés à Al-Qaida, ont continué leurs activités de façon autonome, avec des contacts très réduits ou quasi inexistants avec la hiérarchie d'Al-Qaida. Associée à la situation géo-politique, notamment les conflits en Tchétchénie et en Irak qui ont créé de nouvelles vocations jihadistes de moins en moins encadrées, l'explosion de « la base » en sous-bases indépendantes et dispersées sur toute la planète a rendu encore plus difficile le travail de renseignement. Il n'en est que plus indispensable.

C'est pourquoi la France a consolidé les différentes structures destinées à éviter qu'une menace ne soit sous-évaluée. Les services chargés à un titre ou à un autre de la lutte antiterroriste sont nombreux et chacun détient des informations de nature et d'origine très diverses qu'il faut donc recouper.

Le 11 Septembre ne doit jamais être oublié. Pas seulement la mémoire des victimes, mais aussi l'enchaînement des erreurs. Les Américains détenaient, dans plusieurs services, des informations qui, mises ensemble, auraient peut-être permis d'empêcher les attentats. Des indications sur des menaces de détournement d'avion existaient et il y avait surtout le cas Zacarias Moussaoui, le Franco-Marocain condamné en 2006 à la perpétuité par la justice américaine pour conspirations liées aux attentats du 11 Septembre. Il lui est reproché d'avoir eu connaissance de leur préparation. Moussaoui a d'abord reconnu qu'il aurait même dû y participer, avant de se rétracter. Son CV n'a pas plaidé en sa faveur au cours de son procès. Il s'était entraîné dans les camps afghans au cours des années 1990, avait pris des cours de pilotage à Oklahoma City au début de 2001, puis suivi des cours sur un simulateur de vol de Boeing 747, près de Minneapolis, l'été de cette même année. Son profil, qui ne pouvait pas passer inaperçu, aurait dû alerter les autorités américaines. Ou plutôt les mobiliser. Une recrue des camps afghans, proche des réseaux islamistes anglais, qui s'était rendu au Proche-Orient et en Malaisie, avait été expulsé du Maroc, et qui prenait des cours pour piloter un Boeing aux États-Unis, ne pouvait que paraître suspect. Et il l'était, puisqu'il figurait sur une liste de terroristes présumés rédigée par le Pentagone plus d'un an auparavant. Tous les voyants étaient au rouge. Et pourtant.

Plus près de nous, la tentative d'actionner un engin explosif, commise le 25 décembre 2009, sur un vol de la compagnie américaine Northwest Airlines par un Nigérien de vingt-trois ans nommé Abdul Farouk Abdulmutallab, témoigne encore de la difficulté de recouper des informations sensibles ou de les exploiter rapidement. Le père du terroriste avait informé deux agents de la CIA en poste au Nigeria de la dangerosité de son fils et de la présence de ce dernier au Yémen. Or le fiston voulait prendre un avion pour les États-Unis. L'alerte avait été donnée mais n'a pas empêché Abdul Farouk Abdulmutallab d'embarquer. Sans doute à cause de l'extrême complexité du système des fichiers informatiques, pléthoriques et approximatifs, donc difficiles à coordonner. Le nom du Nigérien aurait été inscrit sur le fichier « *Terrorist Identities Datamart Environment* » (TIDE), qui comprend aujourd'hui près de cinq cent cinquante mille noms. Ce listing, tenu par le gouvernement fédéral, répertorie les personnes suspectées de terrorisme. Le fichier du FBI dit « *Terrorist Screening Database* » (TSDB), contient environ quatre cent mille noms, et est alimenté par le TIDE. Seuls quatre mille cinq cents noms figurent en revanche sur la « *Non Fly List* », la liste des personnes interdites de vol par le gouvernement américain. Ces listes les plus connues font partie des multiples fichiers qui recensent les terroristes ou ceux suspectés comme tels. Le traitement de ces données est un casse-tête. Il ne pose pas simplement le problème des critères de passage d'une liste à l'autre mais également des difficultés de retranscription phonétique des noms arabes. Ceux-ci peuvent en effet être orthographiés de multiples façons et un employé d'ambassade ou de consulat a souvent une façon très personnelle de l'écrire lors de sa saisie dans le système informatique répertoriant les demandes de visa. Un nom, bien que connu du fichier, peut être orthographié de tant de façons différentes qu'il ne sera pas forcément reconnu lors d'une saisie ou d'une recherche. La personne recherchée passe ainsi à travers les mailles du filet. Il existe cependant des systèmes de reconnaissance élaborés. Le casier judiciaire français, par exemple, utilise depuis longtemps le rapprochement phonétique. Si vous écrivez le nom de Ben Laden, il va vous sortir toutes les inscriptions sur le casier à ce nom, mais aussi à des noms phonétiquement proches comme Bin Laden, Bin Lidin, Bin Lden, etc. Ces nouvelles techniques permettent de limiter les impairs. Mais, outre les limites du traitement informatique, les méthodes traditionnelles d'alerte sont indispensables pour relayer efficacement une information de premier ordre. Lorsqu'un père de famille vient informer la CIA que son fils entend commettre un attentat contre les intérêts américains, il est vraisemblable que l'attention du service des visas de l'ambassade des États-Unis à Sanaa doive être attirée sur l'individu signalé. On peut même imaginer la fourniture d'une photographie ou d'une description. En tout cas, toutes les personnes correspondant un tant soit peu au signalement doivent faire l'objet d'un examen attentif. Une différence phonétique dans un fichier aurait alors une moindre conséquence. L'accumulation de données informatiques ne suffit pas. Elle peut même se révéler contre-productive.

Le principal défi que doivent relever les Américains réside dans l'incroyable masse des informations à traiter. Tous les pays les intéressent, toutes les conversations entre islamistes doivent pouvoir être écoutées et analysées. Si la technologie moderne permet à la superpuissance américaine de surveiller les communications de milliers d'individus, encore faut-il être en mesure de trier, décrypter, traduire et comprendre les données interceptées. De surcroît, les clients d'une certaine envergure savent que leurs conversations sont écoutées. Ils utilisent donc des stratégies « polluantes ». Il leur est assez facile de laisser entendre au cours d'une discussion que telle ou telle attaque terroriste pourrait survenir à tel ou tel endroit, et ce dans le seul but de mettre le branle-bas de combat dans le camp américain et le détourner de la véritable cible. Les analystes des services spécialisés doivent être capables d'identifier ces leurres et de détecter, parmi les milliers d'informations que la technique permet de recueillir, celles qui représentent un intérêt et sont une priorité. Le travail de renseignement, déjà essentiel à l'époque des attentats du 11 Septembre, est au moins aussi crucial aujourd'hui. En presque dix ans, les communications sur Internet, écrites ou orales, et *via* les téléphones portables, ont explosé. Si les outils de géolocalisation des appareils mobiles de nouvelle génération font redouter à certains une société « Big Brother », l'accroissement exponentiel du volume des échanges (conversations audio, SMS, e-mails, chats, messageries instantanées...) et les outils permettant de masquer leur provenance sur Internet rendent la surveillance des menaces très compliquée. Al-Qaida n'est plus opérationnelle, et l'on ne peut que s'en réjouir, mais les multiples microréseaux qui se réclament de « la base », disséminés dans le monde entier, sont bien plus difficiles à identifier et à suivre qu'un vaste groupe implanté géographiquement dans des zones délimitées, en contact avec d'autres groupes localisés. La technologie aide donc à prévenir le terrorisme mais elle facilite aussi les projets terroristes. C'est une course permanente. Le renseignement est donc plus que jamais au cœur de la lutte antiterroriste.

Et l'efficacité de la justice repose sur sa qualité puisque le renseignement nourrit les dossiers d'instruction, permet de faire les perquisitions pertinentes, d'interroger les suspects prioritaires et d'entendre les témoins utiles.

SECRET DÉFENSE

À l'étranger, c'est la direction générale de la sécurité extérieure (DGSE) qui est chargée de recueillir des informations permettant de déterminer si des Français ou les intérêts français sont menacés et quelle est l'ampleur de cette menace. La DGSE a été créée en 1982, en remplacement du SDECE (service de documentation extérieure et de contre-espionnage). Elle est placée sous l'autorité hiérarchique du ministre de la Défense et exerce sa mission de renseignement extérieur « au profit du gouvernement ». Elle n'a donc aucune activité de police judiciaire et ne peut se voir confier une enquête par la Justice. Les informations collectées par la DGSE peuvent avoir, par exemple, pour conséquence le rapatriement de nos ressortissants, la fermeture d'une école française dans un endroit particulièrement exposé, l'arrestation des terroristes par les autorités locales à la suite des renseignements fournis par le service français. La DGSE peut également recueillir des informations sur une menace terroriste pesant sur la métropole. Dans ce cas, cette information sera généralement communiquée puis exploitée par la DCRI. La DCRI est conçue comme un véritable « FBI à la française ». Contrairement à la DGSE, elle peut être saisie par la Justice. La DCRI, comme la DST avant elle, dispose de ce qu'on appelle la double casquette : elle est à la fois un service de renseignements et un service de police judiciaire. Elle est saisie par les magistrats antiterroristes de la plupart des affaires de terrorisme islamiste et c'est donc avec les enquêteurs de la DCRI que j'ai été et que je suis le plus souvent amené à travailler, avec bonheur car il s'agit de policiers très compétents. La particularité de la DCRI, et son grand atout, réside donc dans sa possibilité de passer facilement du renseignement au judiciaire. C'est ce que nous appelons, dans notre jargon antiterroriste, la « judiciarisation du renseignement ». Dans un premier temps, l'information, qu'elle vienne d'une source française ou d'un service étranger, est traitée à titre de renseignement par un groupe d'enquêteurs de la DCRI, sans qu'aucun procès-verbal judiciaire ne soit établi. Ces enquêteurs rédigent en revanche des rapports à leur hiérarchie qui sont généralement classés, comme le sont les rapports de la DGSE, « confidentiel défense », « secret défense », voire « très secret défense », dans les cas exceptionnels. Un gros coup de tampon rouge indiquant le niveau de classification frappe le document. Seule une personne à un niveau au moins équivalent au niveau de classification du document, et à la condition d'avoir « besoin d'en connaître », pourra le consulter, à moins que celui-ci ne soit déclassifié à la demande de la justice. Dans un deuxième temps, si des éléments suffisamment pertinents permettent de penser qu'un groupe terroriste s'est effectivement constitué sur notre territoire ou même qu'un individu isolé présente un danger, la DCRI confie à son département justice le soin d'établir un procès-verbal destiné à l'autorité judiciaire. Ce PV est transmis au juge d'instruction si les faits concernent une information judiciaire déjà en cours ou, si tel n'est pas le cas, à la section antiterroriste du parquet de Paris qui décidera de se saisir, c'est-à-dire d'ouvrir une enquête préliminaire. Plus tard, le parquet ouvrira éventuellement une information judiciaire, permettant d'étendre les moyens d'investigation. C'est-à-dire, s'il ne peut vraiment pas faire autrement, dans la conjoncture actuelle. Dans ce cas, un juge d'instruction est saisi. En matière terroriste, l'ouverture d'une information judiciaire est souvent inévitable. Elle est obligatoire au moment d'arrêter les membres d'un groupe terroriste. Leur mise en examen et leur éventuelle mise en détention provisoire ou sous contrôle judiciaire impliquent en effet l'ouverture d'une instruction. Et seul le juge d'instruction peut demander des actes indispensables au réel progrès d'une enquête.

La facilité du passage du renseignement au judiciaire nous est généralement envié par nos collègues étrangers. Dans bon nombre de pays, en effet, les informations recueillies administrativement par les services de renseignements ne sont pas exploitables judiciairement. Or les surveillances physiques des suspects par les services de renseignements, notamment, apportent une multitude d'informations qu'il peut être dommage de ne pas verser au dossier d'instruction. De même, les informations recueillies sur les appels passés et reçus avant l'ouverture de l'enquête judiciaire ou sur les messages électroniques échangés pourront aider à reconstituer le puzzle. La seule limite, dans le système français, est l'interdiction de verser des retranscriptions d'écoutes téléphoniques administratives dans le dossier judiciaire. Ce qui est logique, puisqu'elles ne sont pas effectuées sous le contrôle du juge, dans les conditions prévues par le code de procédure pénale.

Cet aspect technique des écoutes mis à part, le passage du renseignement au judiciaire est un atout lors du démarrage de l'enquête et pendant son déroulement.

Bien souvent, les principaux membres du groupe sont déjà identifiés et l'enquête judiciaire se poursuit dans la même ligne que « l'enquête administrative » réalisée auparavant. L'objectif immédiat est le même : déterminer avec le plus de précisions possible l'identité des membres du groupe, la hiérarchie au sein du groupe, les relations que ce groupe entretient avec l'extérieur et, surtout, les projets terroristes de ce groupe. Quand l'enquête judiciaire est ouverte, le tableau est donc toujours plus ou moins peint. Il est néanmoins indispensable de contrôler judiciairement la crédibilité du travail de renseignements, même très avancé, et surtout de constituer des éléments de preuve suffisants. Même quand le travail de renseignements effectué en amont est de qualité, les informations fournies à la Justice, lors de la « judiciarisation » du renseignement, n'ont valeur que de simples renseignements. Ils sont des outils extraordinaires mais leur pertinence doit être judiciairement démontrée.

C'est un peu comme jouer au Cluedo en sachant déjà que le colonel Moutarde est coupable. Pour être exact, le colonel Moutarde vous est présenté comme étant le coupable et, que vous en soyez convaincu ou non ne change rien, car vous allez devoir prouver la culpabilité du colonel Moutarde ou établir son innocence. Le gain de temps est considérable si notre colonel est vraiment le coupable. En revanche, la perte de temps est souvent irréversible si les informations initiales sont de mauvaise qualité. Tout le problème est là. Le juge d'instruction à qui l'on communique un renseignement n'a pas accès à l'origine de l'information : il ne connaît pas la source, même s'il s'en abreuve.

Les services de renseignements ne peuvent en effet pas dévoiler leurs sources, pour préserver leur sécurité et conserver leur confiance. En matière de terrorisme, la source, qu'elle fasse état d'informations qu'elle a directement recueillies ou qu'elle fournisse des documents contenant les informations pertinentes, n'apporte son concours que sous la condition impérative de la garantie de son anonymat. Une procédure judiciaire est en effet accessible à toutes les parties, ainsi qu'à leurs avocats, et le dossier, s'il parvient jusqu'au Tribunal, fera l'objet d'un débat public au cours duquel tous les éléments seront mis sur la table. De ce fait, il est impossible, pour un service de renseignements, de « sourcer » l'information. La Justice n'en connaît que le contenu. La question de sa fiabilité se pose irrémédiablement au juge d'instruction. Selon les services de renseignements, le colonel Moutarde a tué Mme Olive avec un pistolet dans la bibliothèque, mais qu'est-ce qui me prouve que cette information est exacte ? Et si la source avait mené les enquêteurs en bateau ? Et si c'était une fausse piste ? Et si le renseignement avait été arraché sous la torture ? Et si, et si, et si ?

L'information peut être inexacte pour plusieurs raisons : d'abord, et c'est sans doute là que réside le risque principal, la source peut être un tuyau percé. Ensuite, il peut s'agir d'une manipulation organisée par la source qui distillerait de fausses informations pour envoyer les services de renseignements français, et par contrecoup la Justice française, sur une voie de garage. Autre hypothèse : celle du billard à plusieurs bandes : la source est fiable, de bonne volonté, mais elle est elle-même manipulée et donne de fausses informations ou de faux documents sans le savoir. On peut imaginer bien pire. Le service de renseignements français peut, par exemple, tenir son information d'un service étranger théoriquement ami, qui tient son information d'une source de bonne volonté manipulée par le service ou la source à l'origine de la fausse information, et ainsi de suite. Enfin, il se peut également et de façon exceptionnelle, dans des affaires très importantes pour l'État, que le service de renseignements manipule lui-même la Justice en lui fournissant de fausses informations pour l'envoyer dans le mur ou, en tout cas, éviter qu'elle ne suive la bonne piste.

Toutes ces hypothèses sont possibles. Il faut cependant les relativiser.

En effet, l'évaluation de la valeur du renseignement fait partie intégrante du travail d'un service spécialisé. La DCRI, pour prendre l'exemple qui concerne le plus directement le terrorisme, sait pertinemment que les données des services de renseignements de certains pays étrangers doivent être prises avec des pincettes. Par ailleurs, la DCRI recoupe tout renseignement avec ses propres informations et celles d'autres services spécialisés, français ou étrangers, ou d'autres sources, avant de « valider » l'information. Et si elle n'est pas écartée, la DCRI lui attribue une valeur relative sur une échelle de crédibilité.

En outre, seules les informations les plus fiables font l'objet d'une judiciarisation. Car tôt ou tard, elles se retrouvent sur la place publique, et parfois devant un tribunal, où la crédibilité du service de renseignements est en jeu. C'est pourquoi la DCRI verse avec prudence des renseignements dans un dossier d'instruction. Quand elle établit un procès-verbal, elle n'hésite pas à recourir au conditionnel pour signifier son doute au juge. Parfois, la source n'est pas entièrement fiable mais il est préférable de ne pas garder l'information secrète, si hypothétique soit-elle. Cela est notamment le cas en présence d'un danger imminent. C'est la fameuse théorie du parapluie. L'information a peut-être une chance sur cent d'être exacte mais si ça pète, le fait d'avoir disposé de l'information et de n'en avoir rien fait sera dévastateur. L'adage « dans le doute, abstiens-toi » est inconnu dans le monde de l'antiterrorisme. Nous serions plutôt à l'ère de la paranoïa active et de l'avalanche des « dangers imminents ».

Quand une information est déjà ouverte, l'interaction renseignement/judiciaire continue tout au long de l'enquête. La synergie est parfaite quand la DCRI a été, grâce à ses informations, à l'origine de l'ouverture de l'enquête judiciaire et que, bien entendu, elle a été chargée de poursuivre cette enquête judiciaire par le parquet puis par le juge d'instruction. Étant judiciairement saisie, elle aura tout intérêt à nourrir, tout au long de l'instruction, l'enquête dont elle est chargée. En revanche, si elle amène une affaire au procureur de la République mais n'est pas saisie de ses suites judiciaires, que ce soit par le procureur ou par le juge d'instruction, il n'est pas certain qu'elle mette beaucoup de bonne volonté par la suite à aider le service concurrent qui aura été saisi à sa place.

La fameuse double casquette de la DCRI, à la fois service de renseignements et service de police judiciaire, constitue à mon sens un gage de la qualité des renseignements versés au dossier d'instruction. Quand la DCRI apporte au juge un renseignement issu de son propre travail, elle sait qu'elle va être très probablement saisie de l'exploitation procédurale de ce renseignement. Fournir un renseignement de mauvaise qualité reviendrait, pour la DCRI, à se tirer une balle dans le pied.

Les détracteurs du système de la double casquette font observer que la DCRI pourrait être tentée de faire tenir, contre vents et marée, une piste bancale, précisément parce qu'elle l'aurait elle-même amenée. La DCRI ayant la maîtrise des informations qu'elle verse au dossier, elle pourrait aussi garder pour elle des informations qui n'iraient pas dans le sens de la piste qu'elle entend suivre.

Les deux analyses sont en théorie exactes sur le papier, mais les fonctionnaires de la DCRI sont des gens honnêtes. Et le juge d'instruction, qui dirige l'enquête, a tout le loisir d'orienter celle-ci vers une autre piste ou de constater que les éléments matériels réunis dans le dossier ne valident pas les informations versées au préalable.

L'important est de prendre le renseignement pour ce qu'il est : il n'est pas une preuve, il est une simple information, qui peut être la clé, le « sésame, ouvre-toi » d'une enquête.

Le fait de pouvoir travailler sur un suspect identifié, surtout si celui-ci ne sait pas qu'il est suspecté, rend l'enquête plus facile. Le juge sait en effet quelle ligne téléphonique il faut écouter, quel trafic Internet il faut détourner, qui il faut surveiller physiquement ou électroniquement, quel domicile ou quelle voiture il faut sonoriser, de qui il faut vérifier les comptes en banque, lister les voyages effectués ainsi que les passeports et visas obtenus. Le suspect devient donc une cible, ce qui ne veut pas dire qu'il soit considéré *ipso facto* comme coupable. Les juges d'instruction antiterroristes et les enquêteurs savent, par expérience, que l'on devient vite suspect en la matière, pour peu que l'on ait fait tel ou tel voyage, que l'on ait rencontré telle ou telle personne, mais que les fausses pistes sont abandonnées assez rapidement. Parfois, d'ailleurs, la cible n'apprendra jamais qu'elle l'a été. Sa surveillance n'ayant rien donné, le juge décidera que son audition ne présente aucun intérêt, et attirerait de surcroît l'attention sur une enquête qui requiert la discrétion. Dans les milieux islamistes, il n'est pas rare que des individus qui n'ont personnellement rien à se reprocher côtoient des terroristes, dont ils partagent les idées radicales mais pas les activités sulfureuses. Cela ne signifie nullement qu'ils désapprouvent l'activisme de leurs relations et amis. Ils sont souvent des soutiens passifs. Ils ne veulent pas s'engager eux-mêmes pour des raisons de famille ou de santé dans des actions terroristes. Si ces personnes apprennent au cours d'une audition par la police que nous nous intéressons de près à certaines de leurs relations, elles risquent de les en informer.

Si le renseignement est un apport indispensable à l'instruction, il se nourrit lui-même avec avidité des informations recueillies au cours de la procédure judiciaire : chaque écoute judiciaire, chaque surveillance de trafic Internet, chaque sonorisation, chaque perquisition, chaque saisie, chaque expertise informatique du contenu des ordinateurs de nos suspects, chaque audition, chaque interrogatoire effectué dans nos dossiers sont autant d'informations qui vont alimenter les fichiers de la DCRI et autres services de renseignements. Contrairement aux Basques d'ETA, les personnes poursuivies ou suspectées dans des affaires de terrorisme islamiste sont assez prolixes lors de leurs auditions. Les plus bavards sont les suspects qui, droits dans leurs bottes et fidèles à leurs convictions, n'ont pas peur de les afficher. Ceux qui veulent, par peur de la prison, collaborer, sont également intarissables. Les Américains sont admiratifs de la qualité de nos auditions alors que notre procédure ne prévoit même pas, à leur grand étonnement, un système légal de négociation de la peine. Le système français se fonde beaucoup plus sur des rapports de confiance que sur de véritables garanties légales âprement négociées à l'américaine. C'est ainsi qu'Ahmed Ressam a accepté de donner des informations au FBI après avoir négocié, dans le cadre d'un plaider-coupable, une réduction de peine conséquente. Il risquait cent quarante ans de prison et a négocié pour vingt-six années seulement ! Le procédé a été utilisé par les Américains dans presque tous les dossiers d'importance. Il s'agit d'un donnant-donnant avec un esprit pragmatique qui caractérise assez bien nos amis d'outre-Atlantique. Le petit poisson sert à attraper le gros. Ça ne marche pas toujours, évidemment. À partir du moment où un islamiste vend des informations en échange d'une réduction de peine, il n'est pas exclu qu'il balance n'importe quoi sur n'importe qui. Ou plutôt, s'il est malin, ce que les enquêteurs aimeraient entendre sur les personnes qui les intéressent. Nos collègues américains font cependant très attention à ne pas se faire manipuler. Le FBI réclame un maximum de détails pour vérifier. Le risque demeure toutefois. Il est encore plus important, de ce point de vue, pour les services étrangers ou les magistrats étrangers qui viennent se servir au puits. Je suis moi-même allé entendre aux États-Unis des terroristes disposés à parler. Et avant moi, Jean-Louis Bruguière et Jean-François Ricard ont, par exemple, auditionné Ahmed Ressam aux États-Unis. Dans un cas comme dans l'autre le but n'était pas d'obtenir des informations contre la personne qui est entendue mais sur d'autres individus, comme par exemple des éléments sur la présence d'untel ou d'untel dans un camp d'entraînement d'Al-Qaida. Dans les accords de *plea bargaining* avec peine négociée, il est souvent prévu par les autorités américaines que l'obligation d'aider la justice comporte également l'obligation d'aider les justices de pays alliés dans la lutte contre le terrorisme. Autrement dit, quand la justice américaine accepte une demande d'entraide d'un pays tiers, notre terroriste doit également collaborer avec ses alliés pour respecter pleinement sa part du marché.

Concrètement, cela signifie que nous bénéficions par ricochet de l'efficacité indéniable du système de peine négociée à l'américaine.

CAS DE CONSCIENCE

Mon premier dossier d'instruction criminelle a été… ma première erreur judiciaire. Et la seule. Tout du moins la seule que je suis certain d'avoir commise. Il y en a peut-être eu d'autres car comment être sûr ? Se tromper est la hantise du juge. Cette idée me donne des sueurs froides. La recherche de la vérité, en particulier dans l'antiterrorisme, est un exercice périlleux. Qu'on sous-estime le danger, et les conséquences seront incalculables. Qu'on balaye le doute, au nom du risque zéro, et l'on brise irrémédiablement des vies.

Cette première affaire, cette première erreur, m'a rendu service. J'ai compris qu'on pouvait être un bon juriste, un bon technicien du droit, appliquer à la lettre nos codes, être un accro de procédure pénale, lire régulièrement les bulletins de la Cour de cassation, et pourtant avoir tout faux. L'idéal serait que tous les juges commettent une belle erreur en début de carrière, éclatante, évidente, qui leur donne à réfléchir. Aujourd'hui, alors que j'exerce la fonction de juge d'instruction antiterroriste depuis plus de quatre ans, je ne veux pas oublier ma première affaire criminelle. Au contraire, je repense à cette erreur à l'ouverture de chaque nouveau dossier. Flashback.

Février 1991. J'avais vingt-cinq ans. Quelques semaines plus tôt, j'avais choisi le poste de juge d'instruction au tribunal de Grande Instance de Péronne parmi ceux offerts par le ministère de la Justice aux sortants de l'École nationale de la magistrature. Je voulais absolument un poste de juge d'instruction et j'avais donc accepté l'exil en terre inconnue. Un peu comme le Marseillais de *Bienvenue chez les Ch'tis*, je faisais la route à contrecœur. Dans ces moments-là, on ne voit que les mauvais côtés. L'hiver était glacial. Je me retrouvais dans un « coin perdu ». Je revois les corbeaux sinistres qui m'avaient accueilli à la sortie de l'autoroute A1.

Passé ce moment de déprime, je m'étais rapidement mis au travail. À l'époque les personnes mises en examen s'appelaient des inculpés et le juge d'instruction n'avait besoin de personne pour les envoyer en prison. Le juge de la liberté et de la détention (JLD) a été créé en 2000 par loi sur la présomption d'innocence. Et depuis, c'est lui qui décide d'incarcérer ou de maintenir en détention un mis en examen. En 1991, la tâche m'incombait. À vingt-cinq ans, c'était une responsabilité écrasante.

Le jour de mon premier déférement criminel par le parquet, j'avais conscience de l'étendue de mes pouvoirs mais je n'en menais pas large. Je n'étais pas enivré par un sentiment de toute-puissance, j'avais le trac. Pendant ma formation, j'avais évidemment déjà mené des interrogatoires de première comparution au côté d'un juge d'instruction en poste, mais je n'étais qu'un auditeur de justice, je ne décidais pas. À Péronne, je ne pouvais m'abriter derrière personne. C'était le baptême du feu. L'avocat n'était pas présent lors de l'inculpation. Il attendait dans le couloir. La personne déférée, un homme d'âge mûr soupçonné de viol, se retrouvait donc seule avec moi et la greffière. L'affaire était assez banale puisque le viol est hélas le lot quotidien de tous les juges d'instruction. Ce qui sortait un peu de l'ordinaire, c'est que la victime n'était pas mineure et que le mis en cause n'était pas son beau-père ou son père mais son frère. La jeune femme avait vingt ans et le frère vingt-sept ou vingt-huit. La victime présentait de légères blessures pouvant accréditer l'hypothèse de relations sexuelles imposées par la violence. Elle avait porté plainte contre son frère. Il n'y avait pas grand-chose de plus dans le dossier. La jeune femme avait lavé ses vêtements et pris une douche avant de porter plainte. Elle s'était certes rendue auparavant chez une amie pour lui raconter, en larmes, ce qu'elle venait de subir, mais c'était à peu près tout et c'était un peu léger pour le dossier. Dans les affaires de mœurs, il est très difficile d'avoir des preuves. Surtout lorsque les faits se déroulent derrière les volets clos d'une vie de famille. C'est un peu parole contre parole. Le frère avait tout nié pendant sa garde à vue, mais avait lancé des imprécations et des menaces à l'intention de « l'aut'pute », sa sœur.

Je l'avais donc inculpé de viol et je l'aurais certainement mis en détention provisoire dans la foulée, tant il était antipathique et agressif, si le procureur de la République n'avait requis la mise sous contrôle judiciaire. Pour mon premier déféré, les rôles étaient assez inversés : j'envisageais la mise en détention et le procureur requérait la liberté sous contrôle judiciaire. J'étais persuadé de la culpabilité de l'inculpé. D'où me venait cette certitude ? Ma jeunesse, mon inexpérience, probablement. La très mauvaise impression que le mis en cause m'avait faite également. Mais il y avait autre chose. Avant de procéder à l'interrogatoire de première comparution de l'inculpé, j'avais demandé aux gendarmes d'aller chercher la victime car je voulais l'entendre, ce qui est assez inhabituel. Je voulais voir de quoi elle avait l'air. En fait, je voulais apprécier sa crédibilité. Comme si j'en étais capable à vingt-cinq ans, tout juste débarqué de l'École de la magistrature ! J'allais en apprendre long sur les apparences trompeuses, les *a priori* et les préjugés, le revers de l'empathie et les côtés sombres de l'idéalisme. Je cherchais la vérité des autres, et j'allais en apprendre beaucoup sur moi-même. L'audition poignante de la victime, chahutée de larmes, me plongea dans l'état d'esprit qu'il ne faut pas avoir lors d'une mise en examen. J'avais tout faux. J'étais en quelque sorte solidaire de la malheureuse victime. Néanmoins, et rendons à César ce qui lui appartient, uniquement grâce à Robert Génix, le procureur de la République, j'avais remis l'inculpé en liberté sous contrôle judiciaire. Robert Génix était intelligent, sensible, toujours calme et réfléchi, souvent drôle. Il m'a beaucoup aidé au début de ma carrière. Il est mort d'une rupture d'anévrisme lors d'une réunion à la sous-préfecture. Il avait trente-six ans et s'apprêtait à quitter Péronne pour Tulle. C'est le magistrat que j'ai le plus apprécié dans ma carrière. Lors de cette première affaire, mes certitudes se heurtaient à sa sagesse.

Peu après la remise en liberté du frère, nous avons discuté du cas lors d'un déjeuner.

Moi et mon intime conviction :

— Robert, pourquoi as-tu requis le contrôle judiciaire ? Ce gars est complètement barge !

— Nos inculpés sont tous un peu barges dans le coin, rétorqua-t-il avec fatalisme, tu sais on peut être barge et innocent. Crois-moi, ici tu vas voir de tout, en particulier des affaires d'inceste. Ce dossier-là, il ne ressemble pas aux autres. Tu ne vas rien trouver de plus. Ton dossier va rester comme ça et il n'y aura pas assez d'éléments pour le renvoyer aux assises. C'est un dossier foutu, sauf miracle.

En fin d'après-midi, Robert Génix m'a téléphoné :

— Marc, les gendarmes viennent de ramasser la sœur. Elle marchait sur la route en titubant avec une tête comme une citrouille. Elle dit que son frère l'a enlevée et l'a tabassée pour qu'elle retire sa plainte.

— Elle a quoi, comme traces de coups ?

— Plusieurs hématomes sur le visage et un énorme coquard.

Et voilà, j'en étais sûr, il fallait coffrer ce type ! Je maugréais.

— Merde, avec l'autre qui n'a pas arrêté de la menacer pendant sa garde à vue !

— La brigade des recherches est déjà partie récupérer le frère. Je te tiens au courant.

En raccrochant, j'étais consterné. Le frère avait menacé sa sœur et moi je l'avais remis dehors, et malgré l'interdiction d'entrer en relation avec la victime, c'était risqué. Je l'avais bien dit qu'il était barge ! J'avais libéré un danger public. J'en voulais un peu au procureur. En 1991, heureusement, il n'était pas encore devenu habituel de montrer du doigt un juge comme on le fait aujourd'hui dès qu'une personne laissée en liberté dérape dans la foulée. À l'époque le risque zéro n'existait pas, l'erreur était humaine. Cette erreur apparente me minait. J'étais responsable. Et certains collègues et gendarmes n'en pensaient pas moins. Je le ressentais. Quelle galère ! Il faut dire que c'était un cas d'école. Sitôt sorti de mon cabinet, l'inculpé était allé directement chez sa sœur, l'avait fait monter de force dans sa voiture, avant de la conduire à l'entrée d'un sous-bois où il l'avait rouée de coups en exigeant qu'elle retire sa plainte. Je culpabilisais. Cette violence écœurante, le frangin l'a reconnue en garde à vue. Il savait que le contrôle judiciaire lui interdisait de rencontrer sa sœur mais il s'en foutait. En revanche, il a continué de nier l'avoir violée. Cette « salope » avait tout inventé, disait-il. Et s'il lui avait mis quelques baffes, c'était pour lui apprendre à dire la vérité. La classe !

À l'issue de sa garde à vue, lors de son second interrogatoire devant moi, il persista à affirmer que sa sœur était une menteuse, précisant qu'elle avait intérêt à « arrêter ses conneries ». Sinon ? « Sinon, je vais lui défoncer la gueule. » Il aggravait son cas.

— Qu'est-ce que vous feriez, vous, si votre sœur vous accusait de l'avoir violée ? Qu'est-ce que je dis au père et à la mère après ça ?

Après cette charmante conversation, je l'ai fait incarcérer. Robert Génix ne croyait toujours pas qu'il avait violé sa sœur mais il avait tout de même requis la mise en détention provisoire car, comme il disait : « À défaut d'avoir violé sa sœur, il a bel et bien violé son contrôle judiciaire. »

Moi, j'étais persuadé de sa culpabilité. Point à la ligne. Quinze jours plus tard, je l'ai interrogé en détail mais j'écoutais à peine. Je suis certain d'avoir été parfaitement infect. Il parlait mais c'était « cause toujours, tu m'intéresses ».

Ma conviction a été rapidement confortée par le résultat des expertises psychiatrique et médico-psychologique. Mon inculpé était décrit comme un individu violent et intolérant à la frustration, le profil du violeur type, tandis que la victime n'était atteinte d'aucune pathologie psychiatrique ni d'aucune anomalie psychique permettant de mettre en doute ses déclarations. Son discours était fluide, sans exagération, sans signe d'affabulation, même si elle était frustre et avait un QI assez bas. Elle pouvait être considérée comme parfaitement crédible dans sa narration des faits. C'est ce que nous appelions à l'époque l'expertise de crédibilité. Les experts avaient parlé. Je n'avais donc plus de raison de douter de mes certitudes. Avec l'expérience, je sais qu'il est certes possible de détecter des signes d'une véritable pathologie psychiatrique comme la mythomanie, mais pas grand-chose de plus. Le psychiatre et le psychologue ne sont pas des détecteurs de mensonge. Ils vous soumettent une analyse, pas des preuves, encore moins la vérité. Ces expertises peuvent être utiles dans la compréhension de certains aspects d'un dossier, mais elles ne sont qu'un point de vue.

Néanmoins, j'étais content de ces expertises. Elles allaient dans « mon » sens. Mais j'étais encore plus satisfait après avoir reçu la victime, devenue partie civile, avec son avocat. Robert Génix m'avait dit que, sauf miracle, je n'aurais rien de plus dans mon dossier, mais voilà que je tenais mon miracle !

— Madame, asseyez-vous, s'il vous plaît. Alors, comment allez-vous ?

— Ça va mais j'ai toujours mal à la tête. Et puis je suis embêtée car mon frère, y reconnaît pas ce qu'il a fait… le viol. C'est pas bien qu'y reconnaisse pas ce qu'il a fait. Le père et la mère, y sont pas contents. Y me croient, le père et la mère.

La pauvre fille !

— Mais moi aussi, je vous crois, madame, mais on n'a pas vraiment d'éléments matériels.

L'imbécile ! Il ne faut jamais dire à une victime, dans un dossier contesté, qu'on la croit. Elle savait dans quel « camp » j'étais.

— Ben justement, monsieur le juge, je suis embarrassée.

— Oui, moi aussi, madame…

— Non, mais je suis vraiment embarrassée.

— Oui, moi aussi…

Fort heureusement, l'avocat vola à mon secours.

— Monsieur le juge, ma cliente veut vous dire qu'elle est enceinte.

Je n'osais pas y croire.

— Madame, est-ce que le père serait… ?

— Pour sûr, c'est mon frère.

— Excusez-moi cette question, mais vous êtes absolument certaine de n'avoir eu de relations sexuelles avec personne d'autre dans la période précédant ou suivant le viol ?

— Pas depuis un an, ça c'est sûr.

— Et vous êtes enceinte de combien, à peu près ?

— À l'hôpital, y m'ont dit environ cinq semaines. Ça tombe pile sur le viol. Voilà, c'est ça la preuve. S'il ne m'avait pas violée, je serais pas embarrassée.

Cela devenait bigrement intéressant. Quelques mois auparavant, à Bordeaux, j'avais assisté à un cours sur les expertises génétiques. Ces expertises sont aujourd'hui quasi systématiques en matière criminelle et en particulier dans les affaires de viol, mais en 1991 c'était encore assez nouveau.

— Excusez-moi de vous poser cette question mais envisagez-vous d'avorter ?

— Pour sûr, et je vais pas attendre, même. J'ai déjà rendez-vous. À l'hôpital, y m'ont dit qu'y avait des délais. Mais ça change quoi ?

Elle n'avait aucune idée de ce qu'était l'ADN. Elle n'en avait jamais entendu parler, pas plus que des expertises génétiques. Je ne suis pas sûr qu'elle ait compris où je voulais en venir. En tout cas, ça ne la gênait pas qu'on récupère l'embryon pour analyse.

J'ai immédiatement appelé le laboratoire de police scientifique de Lille. J'ai exposé mon problème et j'ai eu le responsable de la section concernée, un professeur manifestement intéressé par l'idée de faire une première : une recherche d'ADN sur embryon. La preuve qu'il me fallait pour lier le frère au viol. Ou le disculper. Mais sur le moment, je n'envisageais qu'une issue. Le professeur lillois m'expliqua :

— Monsieur le juge, on n'a jamais eu l'occasion de faire une comparaison d'empreintes génétiques à partir d'un embryon mais il n'y a aucune raison que cela pose problème puisqu'un embryon a nécessairement le capital génétique de sa mère et de son père. Simplement, il va falloir effectuer un prélèvement sanguin sur les deux géniteurs.

— Et comment je vous fais parvenir l'embryon ?

— Il faut l'apporter tout de suite. Vous le mettez dans un récipient du style glacière mais à température ambiante. Ne le mettez pas dans de la glace. De toute façon, il fait froid actuellement et il n'y aura pas de problème de conservation pendant le trajet. Les gendarmes en ont pour une heure de route, pas plus.

Je me suis rué à l'hôpital de Péronne. J'ai convenu avec le médecin que les gendarmes s'installeraient dans la salle d'attente, que l'embryon serait mis dans une glacière et que les gendarmes apposeraient les scellés sur la glacière elle-même. Le médecin a accepté de signer le carton de scellé.

Et puis il y a eu l'attente. Entre-temps, j'avais revu mon inculpé, pour lui reposer une question qui devenait essentielle :

— Bon, imaginons que vous soyez innocent. Je ne vois pas pourquoi votre sœur mentirait mais imaginons : avez-vous eu des relations sexuelles consenties avec votre sœur ? C'est pas interdit ; vous êtes majeur et elle aussi.

— Ça va pas, non ! Je ne l'ai jamais touchée. C'est ma sœur ! On fait pas ça à sa sœur !

Quand, trois semaines plus tard, mon greffier est venu me chercher dans le couloir, pour m'annoncer que j'avais Lille au téléphone, j'avais le cœur qui battait fort.

— Alors, qu'est-ce que ça donne ?

— Ce n'est pas lui.

— Vous êtes sûr ?

— Ah oui, certain, c'est pas lui le père.

J'étais sous le choc. Je venais de recevoir une grande claque. J'étais persuadé qu'il était coupable ! Avant d'admettre l'évidence, j'ai fait vérifier que, lors de la prise de sang à la maison d'arrêt, mon inculpé n'avait pas envoyé un codétenu à sa place. Mais non, c'était bien lui, c'était bien son sang et il n'était définitivement pas le père. Je m'étais fait avoir sur toute la ligne. Robert Génix a demandé la libération de l'inculpé. J'ai ensuite rédigé mon ordonnance de mise en liberté pour que mon greffier la faxe à la maison d'arrêt. À sa réception, j'ai eu l'appel de contrôle du greffe de la maison d'arrêt.

— Monsieur le juge, nous avons reçu une ordonnance de mise en liberté de votre cabinet. Vous confirmez ?

— Oui.

Je ne me souviens plus du temps exact que cet inculpé avait passé en détention. Ce devait être à peu près trois mois. Lui n'a probablement pas oublié.

DÉRAPAGE CONTRÔLÉ

Des erreurs judiciaires, comme je l'ai dit, je ne crois pas en avoir commises depuis. En matière de terrorisme, les mensonges peuvent aussi abîmer des vies. L'histoire du bagagiste de Roissy, que j'ai suivie de près, devrait être disséquée sur les bancs de l'École nationale de la magistrature. Le bagagiste de Roissy a défrayé la chronique en 2002. Je lui annoncé sa libération après dix jours de tempête médiatique. Cet homme suspecté de préparer un attentat dans le plus grand aéroport de France a fait la une de tous les journaux. C'est Gilbert Thiel qui a instruit ce dossier piégé. Avec un talent hors pair. Nous étions en décembre 2002, un peu plus d'un an après les attentats du 11 Septembre et dans l'effervescence des affaires dites de la Courneuve et de Romainville à l'occasion desquelles la menace d'attentats chimiques en France était apparue. À l'époque, tout bagagiste musulman était un terroriste en puissance, ou au minimum une menace potentielle. Alors que dire d'un bagagiste d'origine algérienne de l'aéroport Charles-de-Gaulle dont le coffre de voiture contenait un pistolet-mitrailleur, des pains d'explosifs et un pistolet automatique ? Son sort semblait scellé dès l'ouverture du coffre. Cependant, même durant les quatre jours qu'avaient duré la garde à vue du bagagiste et l'enquête en flagrance du parquet, bien des questions étaient restées en suspens. Il y avait ce petit quelque chose qui met mal à l'aise, qui fait douter. L'affaire nous passionnait tous. J'étais substitut au parquet mais bien avant de devenir son collègue à l'instruction, j'admirais l'intelligence et l'humour de Gilbert Thiel. Avec sa barbe, son air renfrogné, il ressemblait déjà au capitaine Haddock. Comme le vieux loup de mer, il était souvent bougon. Avec cette affaire de bagagiste, Gilbert était particulièrement tracassé. Que faisait en particulier ce témoin providentiel qui avait vu le bagagiste manipuler une arme puis la ranger dans le coffre de sa voiture au petit matin ? Il n'est pas fréquent de faire une promenade sur les parkings de Roissy-Charles-de-Gaulle à l'aube. Au moment du déférement du bagagiste, personne n'était à l'aise. Gilbert ne cessait de dire que c'était louche.

Si louche qu'il mit toute la section antiterroriste de la brigade criminelle sur le pont, les priant tous de mettre les bouchées doubles. Le bagagiste avait bien sûr été embastillé, en détention provisoire. Il faut dire que toutes les apparences étaient contre lui et qu'il n'y avait guère d'autre solution dans un premier temps. Les charges semblaient accablantes. Mais Thiel, en bon juge, instruisait aussi à décharge. Il fallait tout faire pour déterminer si cette histoire était un complot de sa belle-famille, comme le soutenait l'inculpé, ou une véritable affaire terroriste. Très rapidement, l'hypothèse du complot parut réaliste. Notre bagagiste n'avait aucun lien connu avec des groupes terroristes. La perquisition n'avait rien donné. Il n'y avait rien dans son ordinateur et il n'avait eu aucun contact téléphonique, contrairement à ce qu'un journal avait annoncé en première page, avec une personne connue pour avoir eu des activités terroristes. Le journal en question avait été victime d'une homonymie. Quelqu'un leur avait fourni le nom d'une personne qui avait été en contact téléphonique avec le bagagiste. Or ce nom était connu ! Le patronyme l'était bien mais la personne en relation avec le bagagiste n'était pas plus terroriste que le ministre de l'Intérieur. Du côté de la belle-famille, c'était bien confus. Celle-ci accusait ni plus ni moins l'homme d'avoir tué sa femme, c'est-à-dire leur fille, en provoquant un incendie. Il y avait effectivement de quoi redouter un complot. Au bout de dix jours d'enquête menée à un rythme accéléré, Gilbert Thiel obtint enfin un résultat incontournable, l'élément dont rêve tout juge d'instruction, celui qui vous offre la vérité sur un plateau. L'analyse des facturations détaillées du téléphone de la belle-famille et de celui du témoin du parking, les fameuses fadets, démontrait l'existence de liens entre eux. Le témoin miracle n'en était pas un et il s'agissait effectivement d'un abominable complot. L'homme de main de la belle-famille avait placé les armes dans le coffre du gendre et le témoin était venu prévenir la police de l'air et des frontières du grave danger terroriste qui menaçait la France. Un peu plus et la justice se faisait rouler dans la farine. Le bagagiste aurait pris dix ans de prison, la France aurait soufflé et la vie aurait repris son cours. Pas celle du bagagiste.

Dès la réception de l'exploitation des fadets, Gilbert Thiel m'a prévenu, j'ai donc immédiatement informé mon procureur, Yves Bot, du coup de théâtre. Yves Bot m'a demandé de partir sur-le-champ à Fleury-Mérogis afin de rencontrer notre innocent. J'étais chargé de lui annoncer sa libération imminente et d'essayer aussi de lui faire comprendre que ce n'était peut-être pas la peine de nous casser du sucre sur le dos, étant donné que c'était sa belle-famille et non la justice antiterroriste qui l'avait mis dans cette situation. Bref, de lui expliquer la situation et d'éviter, si possible, qu'il ne se trompe de cible. L'idée n'était pas mauvaise. Je suis immédiatement allé voir Gilbert Thiel pour lui exposer l'objet de ma mission. Haddock bougonna :

— Qu'est-ce que c'est que ces conneries ? J'étais sur le point d'envoyer l'ordonnance de mise en liberté.

— Écoute, il est 12h30. Tu me laisses un peu de temps. Je vais là-bas. Je lui explique et puis tu balances ton ordonnance.

— Pouf... Bon, je te laisse une heure.

— Merci, Gilbert.

Je suis parti avec une équipe des RGPP (renseignements généraux de la préfecture de police de Paris) qui assurait ma protection à l'époque. Manque de chance, il s'est mis à neiger quand nous étions sur le périphérique et la circulation est devenue cataclysmique. Même avec le gyrophare et le deux tons, nous avons bien failli rester coincés. Finalement, nous sommes arrivés à destination sains et saufs. Et je me suis retrouvé à temps dans le parloir réservé aux entretiens entre les avocats et les clients pour rencontrer le malheureux bagagiste. Je lui ai expliqué ce que je venais faire. Il était satisfait d'apprendre que sa libération n'était plus qu'une question de minutes. Puis il m'a lancé cette phrase qui m'a paru étrange, étant donné la situation : « En somme, vous venez vous excusez. Vous venez présenter les excuses de la justice. »

Je ne m'y attendais pas ! L'idée de m'excuser ne me dérange habituellement pas mais dans le cas précis, il n'y avait aucune sorte d'acharnement judiciaire contre lui. Au contraire, il avait eu la chance de tomber sur Gilbert Thiel qui avait accéléré considérablement le mouvement et était parvenu rapidement, avec l'aide de la SAT, à prouver son innocence. Il pouvait être en colère. Mais à la section antiterroriste, nous avions œuvré à le disculper. J'étais parti à sa rencontre avec un sentiment de fierté. Nous n'avons pas à attendre de remerciements, mais je n'avais pas de raison de m'excuser. Ce n'était pas à la section de le faire. Nous n'étions ni la belle-famille, qui avait tenté de le piéger, ni les médias, qui avaient mis son nom en une.

— Des excuses ? Pas vraiment. Je suis seulement venu vous expliquer que tout a été fait pour vérifier que la thèse du complot que vous aviez soulevée était exacte. Elle l'était et vous allez être libéré dans les minutes qui viennent.

— Et ceux qui m'ont mis là, ma belle-famille ? Elle va venir en prison à ma place ?

— Ça, je n'en sais rien. Ce n'est pas terroriste. Ce n'est pas nous mais le parquet local qui va s'occuper de votre belle-famille et du faux témoin.

— Je trouve que c'est un peu facile de venir vous excuser comme cela.

— Je comprends. Vous avez passé quatre jours en garde à vue et dix jours en prison. Mais franchement, vous vous en sortez bien, vu la machination organisée par vos beaux-parents.

Quand je l'ai quitté, c'est à peine s'il m'a serré la main. Je croyais quoi ? Qu'il allait me sauter au cou ? Cet homme avait traversé une terrible épreuve et j'incarnais forcément à ses yeux une mauvaise justice, puisqu'il avait été incarcéré. Pour l'avoir suivie de l'intérieur, cette affaire avait été traitée avec un sang-froid exemplaire, et la justice avait sorti d'un mauvais pas un homme que tout accablait. Face à lui dans ce parloir, je comprenais évidemment sa rancune. J'aurais peut-être été encore plus virulent à sa place. D'un autre côté, je ne pouvais pas vraiment présenter d'excuses ; la justice fait des erreurs mais là, ce n'en était pas une. Je me suis senti un peu con en quittant la maison d'arrêt. Je pensais à l'obstination de Gilbert. J'aurais aimé que le bagagiste ait pu le voir, comme moi, s'échiner à démonter le piège. Qu'il l'ait entendu bougonner, éructer, nous demander de nous activer. Oui, cette affaire devrait être enseignée dans toutes les facs de droit.

LA BIBLIOTHÈQUE ROSE

Mon principal problème de juge est… d'être un juge, c'est-à-dire d'avoir prêté serment de me montrer digne et loyal dans l'exercice de mes fonctions. Parfois, ma conscience me joue des tours, mon Jiminy Cricket vient me parler à l'oreille. Es-tu digne et loyal ? Cette crise, heureusement temporaire, survient quand je me pose la question des méthodes utilisées par certains services étrangers, de renseignements ou de police, pour glaner quelques informations au demeurant fort utiles.

Et puis, je dois bien reconnaître qu'il m'arrive de me compliquer la vie avec de « curieuses » lectures, comme les rapports de l'association de défense des droits de l'Homme, *Human Rights Watch*. Le dernier rapport, en date de juin 2010, intitulé « Sans poser de questions », en pose plusieurs. Il a pour sous-titre évocateur « La coopération en matière de renseignements avec des pays qui torturent ». Comme ce document concerne la lutte antiterroriste, y compris judiciaire, j'ai pensé que je devais le lire, conscience professionnelle et Jiminy Cricket obligent. Ma conscience professionnelle en a pris un coup. Je précise qu'un magistrat antiterroriste, que ce soit dans une interview, un article ou un bouquin, n'est pas censé aborder des sujets comme la torture : c'est tabou. Tant pis. Disons-le d'emblée, jamais, que ce soit au parquet ou à l'instruction antiterroriste, je n'ai été témoin ou n'ai eu connaissance de comportements pouvant s'assimiler de près ou de loin à de la torture de la part des services spécialisés français. Ce n'est d'ailleurs pas du tout le sujet du rapport d'*Human Rights Watch*. Son but est de dénoncer, non la torture dans les pays occidentaux, mais l'utilisation à titre de renseignements ou même dans une procédure judiciaire d'informations obtenues par la torture dans des pays où ces méthodes sont encore en cours. Donc de la sous-traitance d'informations obtenues par la torture. La problématique consiste à savoir de quelle façon les renseignements que l'on nous fournit sont obtenus. Je ne suis pas de ceux qui pensent qu'un interrogatoire doit être une partie de plaisir. Toutefois, il y a effectivement des limites et la torture est totalement inacceptable. Autant les gardes à vue en France, en matière de terrorisme, si elles ne sont pas agréables, restent dans la limite de ce que l'on peut estimer raisonnable, autant certains de nos clients débarquent tout droit de pays plus folkloriques sur le plan des libertés individuelles et dans un état physique qui fait s'interroger sur les mœurs policières. Le problème est de déterminer ce que l'on fait des renseignements ou procès-verbaux communiqués par ces autorités étrangères aux méthodes discutables. La DCRI est en première ligne face à ce problème car elle établit quotidiennement des procès-verbaux relatant les éléments obtenus à l'étranger lors de l'audition de tel ou tel islamiste. Mais voilà ! Même si *Human Rights Watch* a raison de poser le problème de l'usage d'informations dont on peut suspecter qu'elles ont été obtenues par la torture, que peut-on faire ? Doit-on demander à la DCRI (ou à la DGSE), de s'asseoir sur les informations obtenues alors que celles-ci correspondent éventuellement à une menace bien réelle ? Il est exact, ainsi que le souligne *Human Rights Watch* qu'aucun attentat n'a été directement déjoué grâce à une information obtenue dans des conditions douteuses. Oubliez la série *24 Heures chrono* et les sauvetages *in extremis* réussis par son héros Jack Bauer grâce à la violence.

Dans la réalité, l'hypothèse selon laquelle un individu indiquerait sous la torture qu'un attentat doit avoir lieu le lendemain, permettant ainsi de le déjouer et de sauver de nombreuses vies, est un cas d'école. La réalité correspond en fait à la façon dont la DCRI et d'une manière générale les services spécialisés français travaillent habituellement. Toute information, d'où qu'elle vienne, est vérifiée tant que faire se peut. Les indications données par une personne entendue dans un « pays à risque » sur le plan des droits de l'homme, vont faire l'objet de vérifications par les services de renseignements puis éventuellement donner lieu à une enquête judiciaire. Au bout du compte, ces informations permettent parfois de démanteler un groupe potentiellement dangereux qui n'était certes pas sur le point de passer à l'action mais qui préparait toutefois des actions pas très catholiques. En ce sens, certains renseignements obtenus à l'étranger sans possibilité de vérification des méthodes employées ont effectivement permis, sinon d'éviter un attentat à court terme, du moins de démanteler des groupes terroristes dangereux. Ce n'est évidemment pas satisfaisant et *Human Rights Watch* est parfaitement dans son rôle en dénonçant l'usage, « les yeux grands fermés », d'informations obtenues par des moyens que la morale et nos lois réprouvent incontestablement. Cependant, nous sommes là encore confrontés à des logiques différentes entre le renseignement, dont la raison d'être est la sécurité, et la justice, dont les objectifs ne sont qu'en partie sécuritaires. Dans toute la mesure du possible, le juge d'instruction doit s'assurer lui-même de la qualité des auditions réalisées à l'étranger, quand celles-ci présentent *a priori* une importance pour le dossier et en particulier pour les personnes poursuivies dans celui-ci ou susceptibles de l'être. De façon systématique, nous demandons en conséquence aux autorités étrangères l'autorisation d'assister aux auditions que nous avons sollicitées. Dans 90 % des cas, cela nous est non seulement permis mais les autorités judiciaires ou policières locales, sous leur surveillance, nous autorisent à mener nous-mêmes, directement, les auditions. Cela nous permet de revenir en France, satisfaits d'avoir pu poser toutes les questions utiles, d'avoir eu en outre ce contact direct qui permet de se faire un avis plus pertinent sur la personne entendue, et notamment sur sa crédibilité, et enfin de connaître les circonstances dans lesquelles l'audition s'est réalisée. Certes, l'on pourrait toujours imaginer que dans certains cas la personne entendue ait été « conditionnée » avant notre venue, mais j'aurais plutôt tendance à dire le contraire : si elle se trouve dans un pays où la vie est dure, particulièrement en prison, et où les auditions sont musclées, le pays qui nous accueille souhaitera plutôt que l'intéressé soit en pleine forme à notre arrivée, pour faire bonne impression. Les 10 % de cas restants posent en revanche un vrai problème pour le juge d'instruction, mais aussi pour la juridiction de jugement. Il s'agit des cas où nous n'avons pas eu accès à la personne que nous souhaitions entendre. Une audition nous est bien transmise mais nous n'avons aucun moyen de savoir dans quelles conditions elle a été réalisée. Cela est d'autant plus inquiétant que ce phénomène concerne toujours les mêmes pays. Il faut alors être particulièrement circonspect sur la valeur que l'on donne à une telle audition. Le plus sage est de considérer qu'elle n'a valeur que de simple renseignement et qu'elle ne pourra pas constituer un élément à charge pour un éventuel renvoi devant le tribunal correctionnel, à moins que les principales informations figurant dans cette audition n'aient pu être confirmées par le reste de l'enquête. C'est incontestablement là que le juge peut avoir un rôle décisif. Il doit faire vérifier par tous les moyens possibles que le contenu de l'audition est exact. Cela revient purement et simplement à démontrer judiciairement la véracité d'éléments qu'il faut décemment considérer comme de simples renseignements. Je me souviens ainsi, dans une affaire dont le rapport d'*Human Rights Watch* fait d'ailleurs état, et dont Philippe Coirre et moi-même avons poursuivi l'instruction au départ de Jean-Louis Bruguière, du débat autour des déclarations faites en Algérie par Mohamed Benyamina. La DST relatait dans des procès-verbaux les déclarations qu'il aurait faites devant les services algériens. Or ces déclarations mettaient en cause plusieurs personnes résidant en France et nous n'avions de surcroît pas entre les mains les déclarations elles-mêmes mais uniquement ce que les services algériens avaient indiqué à la DST quant à leur contenu. Les PV de la DST constituaient donc des renseignements versés au dossier, mais rien de plus. Les autorités algériennes ne nous ont jamais autorisés à assister aux auditions de Mohamed Benyamina en Algérie, bien que nous l'ayons demandé de la façon la plus officielle qui soit dans une commission rogatoire internationale.

Finalement, à force d'insistance, nous reçûmes un seul et unique PV d'audition devant les autorités algériennes dans lequel Benyamina revenait en partie sur ses supposées déclarations antérieures et quasi totalement sur ses accusations concernant deux des personnes poursuivies en France. Il y avait un fossé entre ce que les services algériens avaient rapporté des prétendues déclarations de Benyamina sur ces deux hommes et ce qu'il avait déclaré selon le seul procès-verbal auquel nous eûmes accès. Jean-Louis Bruguière remit en liberté les personnes concernées mais le problème restait entier pour le reste des déclarations de Mohamed Benyamina, ainsi que pour toutes les dépositions, auxquelles nous n'avions pas davantage pu assister, de deux autres personnes arrêtées en Algérie dans le même dossier, en particulier celles relatives aux activités d'une personne détenue en France. Il s'agissait de déterminer si celle-ci s'était effectivement rendue dans un camp d'entraînement à Tripoli, au Liban, dirigé par Abou Hafs. Les éléments transmis par les autorités algériennes sur ce point avaient partiellement pu être confirmés car le résident français mis en cause avait été en contact téléphonique avec une ligne utilisée par Abou Hafs. L'audition de ce dernier devenait donc indispensable, à condition qu'elle puisse être faite dans de bonnes conditions. J'eus la chance de bénéficier au Liban du travail relationnel exceptionnel du policier de la DST en poste sur la zone, de la qualité des enquêteurs de la DST chargés du dossier, mais aussi de la compétence du juge d'instruction libanais. Comme Abou Hafs n'avait jamais été entendu sur le point qui intéressait la justice française, c'est-à-dire la présence d'un Français dans la maison d'entraînement au Jihad qu'il dirigeait à Tripoli, cette audition était déterminante. Mon collègue libanais le comprit parfaitement et il fit en sorte qu'elle se déroule dans des conditions irréprochables. Concrètement, cette audition se fit dans le bureau de mon collègue juge d'instruction. Abou Hafs confirma la venue d'un résident français, donna des détails et des dates qui étaient tout à fait conformes aux éléments du dossier déjà recueillis. Il le fit sans difficultés car il avait accueilli tellement de moudjahidin saoudiens, jordaniens ou autres qu'il ne voyait pas en quoi ce Français avait une importance quelconque. Même si je n'avais plus beaucoup de doutes, notamment parce qu'Abou Hafs avait donné un alias utilisé par la personne poursuivie en France et avait confirmé leurs contacts téléphoniques, la reconnaissance photographique restait essentielle pour être certain de ne pas faire fausse route. Abou Hafs feuilleta l'album, en prenant son temps, puis son attention s'arrêta sur la photo de notre suspect. Il nous indiqua qu'il lui semblait que c'était l'individu en question mais qu'à l'époque où celui-ci était venu s'entraîner, en 2005, il portait un petit bouc, des lunettes de vue et un survêtement vert. Or, sur l'album que nous avions emporté, il ne portait ni bouc ni lunettes et il était impossible de voir sa tenue vestimentaire puisqu'il s'agissait d'une photographie de son seul visage. Je ne savais pas trop quoi penser de cette reconnaissance d'Abou Hafs. Ce sont surtout les lunettes qui me posaient problème car on peut se laisser pousser la barbe et la couper une semaine plus tard mais les lunettes de vue, c'est autre chose. De retour en France, je n'étais plus inquiet. Sur la photographie de plain-pied prise par l'identité judiciaire lors de son arrestation, notre individu portait un survêtement vert, mais surtout les photographies prises lors des surveillances physiques de celui-ci, dans les premiers temps de l'enquête, le montraient avec un petit bouc et des lunettes. Ces photos se trouvaient dans le dossier judiciaire depuis longtemps mais n'avaient pas été intégrées à l'album présenté à Abou Hafs. Du coup, la reconnaissance qu'il avait effectuée prenait même une valeur plus importante que si les photographies avec lunettes et bouc lui avaient été présentées.

En définitive, si certains des éléments communiqués par les services algériens s'étaient avérés incorrects, d'autres étaient au contraire parfaitement exacts. Pour autant, ce travail de vérifications, il faut bien le reconnaître, ne règle pas la question de principe posée par *Human Rights Watch* : peut-on se servir d'éléments dont on n'est pas certain qu'ils aient été obtenus sans recours à la torture, même si ces éléments sont exacts ? *Human Rights Watch* estime que, pour ne pas encourager la torture, ces éléments doivent être tout bonnement écartés. Ils ne doivent pas être utilisés par les services de renseignements et encore moins par la justice. Cette position de principe, parfaitement compréhensible en soi, pose des problèmes extraordinairement compliqués. En premier lieu, qui établira et comment établira-t-on la liste des pays à risque dont on ne pourra pas utiliser les informations recueillies au cours d'auditions ? Qui sera sur la liste noire des pays pratiquant les ordalies ou la « question » ? Une fois cette liste établie, comment pourra-t-on renverser la présomption de torture pesant sur les pays figurant sur cette liste ? *Human Rights Watch* propose en effet d'écarter les éléments recueillis dans ce pays à moins de prouver qu'ils n'aient pas été obtenus sous la torture. Noble intention, mais comment faire ? Notre pratique qui consiste à demander à assister aux auditions répond aux exigences d'*Human Right Watch*, sauf que nous n'écartons pas les informations recueillies au cours de celles où nous ne sommes pas présents. C'est actuellement ce qui différencie notre pratique et les souhaits de l'organisation humanitaire. Comme le droit pénal français est fondé sur le principe de « la liberté de la preuve », corollaire de celui de « l'intime conviction », les éléments de preuve, quels qu'ils soient, sont librement débattus à l'audience. Aucun n'a de valeur juridique supérieure à un autre. Il revient au tribunal ou à la cour d'apprécier la valeur probante des éléments qui lui sont présentés. Il appartient donc aux juges de déterminer si, à leur sens, les éléments tirés d'auditions faites dans tel ou tel pays ont une valeur. C'est avec leur intime conviction que les juges prendront leur décision. Ils auront entendu les avocats leur demander de rejeter tel ou tel élément en s'appuyant sur des suspicions de torture et ils décideront en âme et conscience. *Human Rights Watch* combat ce système et souhaiterait que la pièce douteuse ne puisse pas être présentée à la justice et surtout pas débattue à l'audience : rien n'empêcherait en effet que cet élément soit pris en compte par les juges pour forger leur intime conviction ! Certes, les informations douteuses seront généralement insuffisantes pour entrer en voie de condamnation si elles n'ont pas été corroborées par d'autres éléments de l'enquête, si bien qu'en France c'est encore et toujours au moment de l'instruction que tout se joue. Pour rependre l'exemple des deux personnes mises en cause, selon les services algériens, par Mohamed Benyamina, il est facile de souligner qu'elles ont finalement été reconnues coupables. Elles ne l'ont pas été directement sur le fondement des pseudo-déclarations de Benyamina puisque, au contraire, le seul véritable procès-verbal d'audition recueilli les dédouanait, mais elles l'ont été en grande partie parce qu'à la suite des renseignements donnés par les services algériens, les enquêteurs sont allés interpeller ces deux personnes, perquisitionner leur domicile et ont trouvé des éléments à charge. En ce sens, *Human Rights Watch* a raison de souligner que la justice française a utilisé les déclarations de Benyamina pour interpeller les deux personnes en question. Une fois cette vérité affirmée, le serpent continue à se mordre la queue car comment ignorer, quand on est magistrat ou policier antiterroriste, une information mettant en cause la participation d'individus à un éventuel attentat ? Peut-on simplement dire que l'on ne va rien faire car l'information vient d'un pays « à risque » sur le terrain des droits de l'homme ? En renversant la problématique, et même s'il ne s'agit là que d'un risque très potentiel, que diront les victimes dans l'hypothèse où un attentat est effectivement commis et qu'elles apprennent que les services français avaient été mis en garde mais n'ont rien fait ? Nous sommes face à un choix cornélien. *Human Rights Watch* soulève un problème pertinent et ceux qui utilisent des informations pour assurer la sécurité des Français ont également raison. À chacun de se faire son opinion.

Le débat sur la validité de l'utilisation en justice des auditions, par les services de renseignements français, des six détenus français de Guantanamo a posé encore et toujours ce même problème des rapports entre le monde du renseignement et la justice. La justice française voulait entendre le plus légalement du monde les détenus français de Guantanamo. J'avais rédigé avec Michel Debacq, alors que nous étions tous deux au parquet antiterroriste, une demande d'entraide pénale adressée aux États-Unis. Le département d'État américain de la Justice avait refusé pour de mauvaises raisons. Il arguait du fait que la justice américaine n'était pas saisie du dossier et ne pouvait pas aider la justice française sous prétexte que les personnes se trouvant à Guantanamo étaient détenues par l'armée américaine sous le statut controversé de combattants illégaux. Or les demandes d'entraide sont des demandes adressées par un pays à un autre et il importe peu de savoir quelle autorité du pays requis détient physiquement les personnes dont les auditions sont sollicitées. Le département de la justice soulignait également que les prisonniers de Guantanamo n'étaient pas détenus sur le territoire américain. Effectivement, et c'était même fait exprès car l'administration Bush voulait ainsi les mettre hors de portée de la justice américaine. À ce second argument, nous avions répondu que les États-Unis eux-mêmes avaient pris la décision de les détenir hors du territoire américain et pouvaient les y faire venir. Pour autant, l'attitude du département américain de la Justice n'était pas arrogante même si la réponse n'était pas de notre goût. La justice américaine se voyait refuser l'accès aux détenus de Guantanamo et la justice française demandait donc plus que ce que la justice américaine pouvait obtenir pour elle-même. En revanche, la DST, avec sa casquette de service de renseignements, et bien entendu la DGSE, étaient autorisées à venir « débriefer » les détenus français. En termes de sécurité, c'était même indispensable et les Américains le savaient fort bien. Un capitaine de l'armée américaine ou même un agent de la CIA ne sont pas les mieux placés pour poser des questions pertinentes sur ce qui se passe à Aulnay-sous-Bois ou dans tel ou tel autre endroit où évoluaient nos petits Français. Seuls des policiers de la DST étaient capables de déterminer par exemple l'identité de personnes se trouvant sur le territoire français susceptibles d'être impliquées dans un réseau d'acheminement de jihadistes vers l'Afghanistan. Le problème juridique posé ensuite fut celui de l'utilisation en justice des éléments ainsi obtenus au cours des débriefings, notamment lors des gardes à vue de ces mêmes individus, interpellés dès leur extradition en France. Lors du premier jugement, la demande d'annulation fut rejetée. La cour d'appel alla au contraire dans le sens souhaité par les avocats de la défense, mais la cour de cassation a récemment renvoyé l'affaire devant une autre cour d'appel. La question n'est donc toujours pas tranchée.

Si l'on considère les relations entre le renseignement et le judiciaire à travers les quelques points abordés, on peut tirer la conclusion ou la morale suivante : le renseignement est bien la clé de la lutte antiterroriste, mais la Justice en est la serrure.

L'éventuelle opposition entre la justice antiterroriste, conçue comme essentiellement préventive et le renseignement, conçu comme exclusivement préventif, est grandement atténuée par un but finalement assez similaire. La justice, cependant, est au service des citoyens et d'une idée qui transcende les considérations purement sécuritaires. C'est pourquoi, de temps en temps, il est inévitable que des frictions surviennent. L'enjeu n'est pas uniquement de savoir qui doit l'emporter de la considération sécuritaire ou de l'aspiration consistant à vouloir faire éclater la vérité. Il convient aussi de déterminer qui doit décider, qui doit faire la balance entre deux intérêts soudain en position de conflit. Comme je ne suis pas un ayatollah de la Justice, je ne peux d'un trait de plume décréter que celle-ci surpasse tout autre intérêt général. Je suis en effet magistrat antiterroriste, c'est-à-dire magistrat voué à la protection de nos concitoyens face à la menace terroriste. Dans ces conditions, l'autisme judiciaire n'est pas de mise. Néanmoins, j'écoute… tout au moins les gens raisonnables qui n'ont pas d'arrière-pensées ou pas uniquement des arrière-pensées. Pour concrétiser mon propos, et toujours lié par ce secret de l'instruction, il est évident que la DCRI est confrontée à des problèmes qui ne sont pas ceux de la Justice mais qui rejaillissent sur elle par contrecoup. Un service comme la DCRI a pour mission d'assurer la sécurité des Français et elle y arrive avec beaucoup d'efficacité. Parfois, cependant, dans cette recherche d'efficacité sécuritaire, nos chemins se séparent. Munie de sa double casquette, la DCRI doit tenir compte de facteurs complexes qui sont bien éloignés des préoccupations d'un petit juge d'instruction. Par exemple, les relations entre la DCRI et les services algériens ne sont pas d'une grande simplicité mais une rupture totale pourrait avoir des conséquences sur la prévention des risques d'attentats en France. La DCRI a besoin des informations en provenance des services algériens, comme en provenance des services tunisiens ou marocains. La DCRI doit donc ménager la chèvre et le chou. Cet équilibre instable peut parfois être mis à mal par une information judiciaire qui pointe du doigt une vérité pouvant déplaire à un service étranger. De même, certains collègues juges d'instruction, y compris en dehors de l'antiterrorisme, peuvent avoir été dans l'obligation de délivrer un mandat d'arrêt international contre tel ou tel ressortissant étranger proche d'un pouvoir, qu'il soit marocain, algérien, libyen, ou que sais-je encore, avec lequel la diplomatie française voudrait pourtant garder de bonnes relations. Tout cela, bien sûr, crée des frictions, des conflits, des réactions, des sur-réactions, de l'énervement compréhensible mais ne doit jamais faire oublier l'essentiel : chacun est dans son rôle, chacun doit respecter sa mission. Un juge d'instruction n'est pas un diplomate ! La seule façon de voir les choses est de respecter le travail de l'autre, la définition de sa fonction telle que les lois républicaines l'ont déterminée. Il est aussi absurde de pointer du doigt un juge parce qu'il a fait son travail de juge, même si cela complique la tâche de la diplomatie française, que de dénoncer celle-ci quand, pour des raisons qui la regardent, elle se rapproche d'un État ou d'un individu judiciairement mise en cause. Par une approche respectant, au-delà de la spécificité des missions, la séparation des pouvoirs, un certain équilibre indispensable dans une démocratie pourra subsister. L'essentiel est que chacun ait cette conscience de l'importance du rôle de l'autre et que les partenaires se respectent. Une fois de temps en temps, l'intérêt de la Justice ne sera pas en concordance avec les impératifs de sécurité tels que définis par l'État, mais le reste du temps l'harmonie régnera. Il va de soi que si l'on peut admettre qu'un intérêt général supérieur prévale sur la Justice, en aucun cas cette dernière ne doit être sacrifiée sur l'autel d'un intérêt particulier. Si certaines vérités ne sont pas bonnes à dire, d'autres sont mauvaises à cacher !

Du fait même de la perte de confiance des citoyens dans la politique, le peuple français attend beaucoup de la Justice. Parce que le citoyen français a l'impression qu'on lui cache tout, il veut tout savoir et, au cas par cas, affaire par affaire, il demande au juge de lui dévoiler la vérité. Il est évident que là réside la problématique des affaires des frégates de Taïwan, Bettencourt, de l'attentat de Karachi ou de celle des moines de Tibéhirine. Ces affaires sont la démonstration du climat de doute qui pollue les affaires d'État. Il ne s'agit pas uniquement du doute des victimes mais de celui des Français en général. Quelle que soit la vérité dans ces dossiers, le doute, nourri par un système particulièrement opaque, par les dissimulations, génère une paranoïa et un climat délétère qui rendent le travail du juge d'instruction insupportable. La question de la raison d'État ne peut pas, dans notre système, être posée clairement. L'on ne dispose pas d'une autorité irréprochable, dotée de moyens d'investigation autonomes, à qui l'on pourrait confier le soin de déterminer si, dans certains cas, des vérités doivent impérativement rester cachées. Le pouvoir exécutif, en France, s'est approprié la raison d'État. Les lois sur le secret défense sont là pour nous le rappeler. Le parlement abdique en la matière sa souveraineté. En France, les autorités administratives peuvent décider de classer un document, c'est-à-dire de protéger un document qui présente un « caractère de secret de la Défense nationale ». Selon le caractère plus ou moins sensible du document, il existe trois degrés de classification. Le document sera confidentiel défense (la bibliothèque rose en quelque sorte), secret défense (la bibliothèque verte) et très secret défense (strictement réservée aux adultes). Des infractions pénales sanctionnent les personnes qui diffusent de tels documents auprès de personnes non habilitées ainsi que ces dernières qui détiennent les documents fournis illégalement. Qui, en France, peut décider de déclassifier un document classifié très secret défense, secret défense ou confidentiel défense ? La réponse est consternante en termes de démocratie : seule l'autorité administrative qui a classifié un document peut le déclassifier, et ce, sans aucun recours possible. Si le ministère de la Défense a classifié des rapports de la DGSE, il pourra seul décider de leur déclassification. Il est donc juge et partie. Que la commission consultative du secret de la Défense nationale, d'ailleurs dépourvue de tout moyen d'enquête, donne un avis consultatif sur la déclassification des documents demandés par le juge n'y change rien. C'est le ministre qui tranche, et de toute façon la commission ne donne un avis que sur les documents que l'on veut bien lui soumettre. De la même façon, et depuis la loi de juillet 2009, si un juge d'instruction veut perquisitionner dans un lieu classifié, il lui faut l'autorisation du pouvoir exécutif qui a procédé à la classification de ce lieu. Non seulement le juge d'instruction doit indiquer qu'il veut perquisitionner à tel endroit, en expliquant pourquoi de façon motivée, mais en plus le pouvoir exécutif peut lui refuser l'autorisation de perquisitionner. Autrement dit, le juge est soumis à la bonne volonté du pouvoir exécutif pour l'accomplissement de sa mission. On pourrait admettre qu'un juge ne puisse pas « débarquer » n'importe où et n'importe comment car il faut aussi se méfier des comportements parfois excessifs de la justice, mais encore faudrait-il que l'organe capable de l'entraver ne soit pas le pouvoir exécutif lui-même ! La séparation des pouvoirs, ce n'est pas fait pour les chiens ! Depuis l'affaire des frégates de Taïwan, chacun peut avoir conscience de l'anormalité de la situation : qui, aujourd'hui, en France, est en mesure de vérifier qu'une classification puis un refus de déclassification n'ont pas eu pour cause une volonté de protéger des agissements tout simplement illicites de telle ou telle personne ? Dans plusieurs pays, une juridiction tranche les conflits en la matière. Qu'il n'y ait aucune ambiguïté dans mes propos, je suis tout à fait opposé à ce qu'un juge d'instruction, après avoir pris connaissance des documents classifiés, puisse décider lui-même si ces documents doivent être déclassifiés et versés dans sa procédure. Il n'est en effet pas le mieux placé puisqu'il s'agit de faire la balance entre des intérêts opposés, à savoir la recherche de la vérité inconciliable avec le secret d'un côté, la raison d'État de l'autre. Or le travail du juge d'instruction, c'est la recherche de la vérité et il serait donc partial dans la définition, au cas par cas, de l'intérêt prioritaire à sauvegarder. De la même façon et pour la même raison, le pouvoir exécutif ne doit pas être maître de la déclassification. S'il a estimé que le secret défense s'imposait, que la raison d'État justifiait de laisser dans l'ombre du secret une vérité qui doit rester cachée, il ne peut pas être juge de l'opportunité de la décision qu'il a lui-même prise. Il nous faut créer un système apte à gérer les conflits.

Ceux qui soutiennent le système actuel répondent que le pouvoir exécutif a une légitimité démocratique tirée de l'élection. Outre que, en premier lieu, les autorités qui classifient, c'est-à-dire les ministres et les services sous leur autorité ne sont pas élus et tiennent leur pouvoir du Parlement, celui-ci n'exerce pas de contrôle sur l'activité de classification et de déclassification.

Que dans 90 % des cas, la classification secret défense soit parfaitement justifiée pour des raisons touchant à la sécurité nationale ne règle pas le problème des 10 % restants. Le citoyen doit pouvoir être certain que dans telle ou telle occasion la déclassification n'a pas servi à protéger des intérêts particuliers. La Justice a nécessairement la même exigence.

Il faut un véritable contrôle permettant de s'assurer que ce sont bien les intérêts fondamentaux de la nation qui ont été protégés par un coup de tampon à l'encre rouge « secret défense », par un système garantissant une appréciation objective des intérêts en présence. La France ne manque pas de personnes qualifiées, que ce soit au Conseil d'État, à la Cour de cassation, au Conseil constitutionnel ou dans la société civile qui pourraient en conscience trancher les litiges. En matière de terrorisme, plus qu'en toute autre matière, il est indispensable de créer une juridiction du secret défense qui rendra des décisions à l'abri du soupçon. La perte de confiance dans ceux qui nous gouvernent gagne peu à peu l'institution judiciaire et bientôt, les Français n'auront plus confiance en grand-chose. La justice antiterroriste, en raison même de sa proximité avec le monde du renseignement et sa relation adultère avec la raison d'État a été la première touchée par la méfiance de nos concitoyens, ainsi que par la méfiance d'une partie du corps judiciaire. Plusieurs avocats soulignent ses particularités et son penchant trop sécuritaire. Elle est la justice qui risque le plus d'être instrumentalisée. Mais qu'on y songe, elle représente ce qui reste aux victimes. Les victimes, face au terrorisme, face au secret défense, face à ce monde opaque du renseignement, face aux raisons ou aux déraisons d'État, n'ont pas beaucoup d'épaules institutionnelles sur lesquelles s'appuyer. De plus, dans les affaires nationales, les victimes se posent immanquablement une question : le juge cherche, certes, mais la vérité qu'il cherche n'est-elle pas déjà connue par l'État français, n'est-elle pas connue et cachée ? Si cette vérité est cachée, pour quelle raison l'est-elle ? Je me pose la même question.

Mais je suis heureux de me la poser. Cela signifie que je suis resté à ma place. L'un des dangers qui menacent le juge d'instruction antiterroriste réside précisément dans cette proximité avec le monde du renseignement et, parfois même, avec le pouvoir politique. Or il est important que le juge n'en sache pas plus que ce qui se trouve dans le dossier, à la disposition des parties. Je suis, en ce qui me concerne, heureux de ne pas en savoir plus que les parties civiles dans des dossiers comme… (au hasard)… l'attentat de Karachi ou l'affaire des moines de Tibéhirine. Mais j'aimerais qu'elles et moi en sachions plus. Tout ce que j'ai été et que je serai amené à apprendre dans ces dossiers et dans les autres sera porté à la connaissance des parties civiles, ce qui nous met sur un plan d'égalité et permet des relations de confiance. En revanche, nous sommes dans une situation d'infériorité par rapport à ceux qui savent. Dans l'affaire de Karachi par exemple, de nombreux documents sont classés. Je les réclame depuis longtemps. La seule voie légitime, naturelle et déprimante, pour avoir accès de façon contradictoire et judiciairement efficace à des secrets de la Défense nationale réside donc dans ces demandes de levée de secret défense que les juges adressent aux ministres concernés. Parfois, le juge connaît les références exactes du ou des documents qu'il recherche et la demande pourra donc être précise. Mais souvent il n'a pas d'informations particulières et rédige une demande ouverte en prenant soin de bien préciser le champ de ses investigations et le genre de documents qu'il recherche. Dans cette seconde hypothèse, ni lui ni la commission consultative du secret de la Défense nationale ne sont en mesure de déterminer si l'autorité administrative a « joué le jeu » et si tous les documents pertinents ont effectivement été soumis à l'avis consultatif de la commission. La suite de l'enquête peut parfois prouver que cela n'a pas été le cas car, à l'occasion d'une audition ou d'une perquisition, le juge va découvrir la trace de l'existence d'un document jusqu'alors inconnu.

De mauvaises langues prétendent que l'on donne toujours aux juges la bibliothèque rose et que la bibliothèque verte, sans parler évidemment de la bibliothèque strictement réservée aux adultes, ne leur sont jamais communiquées. En ce qui me concerne, j'ai lu tout *Oui-Oui* et tout *Le Club des cinq*. J'aimerais passer un peu à la bibliothèque verte, Jules Verne par exemple. Je suis particulièrement intéressé par la version intégrale de *Vingt Mille Lieues sous les mers*. J'ai déjà lu le passage où la pieuvre Al-Qaida attaque le sous-marin *Nautilus*. J'ai hâte de connaître la suite.

DES HOMMES ET DES DIEUX

Je suis allé voir le film de Xavier Beauvois, *Des hommes et des dieux*. Je sais bien que je ne suis pas le seul mais, puisque j'instruis le dossier des moines de Tibéhirine, j'ai un regard forcément différent de celui des autres spectateurs. Faute de temps, j'ai vu le film longtemps après sa sortie. Dans une petite salle bondée en banlieue parisienne. Avant que la salle ne s'éteigne, j'étais intrigué, angoissé, ému. J'avais lu les critiques dithyrambiques, on m'en avait dit le plus grand bien, mais quelle sensation étrange. J'avais peur de détester, ou de ne pas entrer dans le film, trop attaché à vérifier des détails. J'appréhendais l'image que cette fiction pouvait bien donner des victimes, je craignais le sensationnalisme, la complaisance, ou que ce soit trop aride. Trop de ceci, pas assez de cela. Je n'étais vraiment pas un spectateur comme les autres ce soir-là. Je travaille régulièrement sur le dossier. Depuis des années, je le consulte, je vis un peu avec ces religieux assassinés en 1996, je pense souvent à eux, forcément. Je me les représente, j'imagine certains épisodes de leur vie, ce qu'ils ont ressenti peu avant leur mort. Je n'irai pas jusqu'à dire que le sujet est sacré mais j'ai pour ces hommes un profond respect. Je ne les ai jamais vus en action, en train de marcher, discuter, prier... J'ai imaginé ces scènes, j'allais en voir une représentation. Tout allait m'échapper. Oui, j'étais ému et intrigué. Quand la salle s'est rallumée, je ne suis pas sorti tout de suite. J'étais dans mes pensées. Je venais de voir le beau film d'un grand artiste mais j'avais la tête ailleurs. Pas si loin du film... dans mon dossier. J'ai repensé à plusieurs scènes des heures après. Ce film m'a énormément plu mais je me serais laissé davantage porté sans cet amoncellement de données qui est ancré dans ma tête et qui m'empêche d'isoler l'histoire des moines du drame algérien dans son ensemble, et encore moins le film lui-même de mon dossier. Je n'ai pas réussi à complètement décrocher. De tous les spectateurs présents, j'étais forcément le moins objectif, le plus accaparé. Mais ce film, je l'ai aimé. À ma façon. Mais je l'ai aimé. Beaucoup.

Personne n'est capable de dire combien de civils algériens ont été tués depuis 1991, des dizaines de milliers sans aucun doute. Personne n'est véritablement capable d'expliquer pourquoi, par quel enchaînement de circonstances, nous sommes arrivés à un tel bain de sang. Nous sommes au contraire capables d'avancer les chiffres des étrangers tués en Algérie. Entre 1993 et 1996, il y en a eu à peu près cent vingt. Tous n'étaient pas chrétiens, loin de là. Il y avait même parmi eux des musulmans, tunisiens notamment. La volonté de faire fuir les étrangers d'Algérie a été patente. Était-ce uniquement celle des islamistes des divers groupes armés ou était-ce aussi celle des autorités algériennes ? Chacun peut avoir son analyse sur la question.

Plus que n'importe qui, les religieux étaient indésirables en Algérie. Le point commun entre tous ces derniers, sans exception, était leur proximité avec la population. Ils représentaient, par leur dévouement, par l'aide concrète qu'ils apportaient et par leur discours pacifique, un antidote à la folie ambiante. Indispensable et dérisoire.

Pour mémoire, et parce que celle des moines de Tibéhirine est aujourd'hui rendue vive grâce à Xavier Beauvois, voici quelques noms oubliés :

Le 8 mai 1994, sœur Paule-Hélène Saint-Raymond et frère Henri Vergés ont été assassinés dans la bibliothèque qu'ils tenaient dans un quartier populaire d'Alger.

Le 23 octobre 1994, sœur Esther Paniagua et sœur Caridad Maria Alvarez étaient abattues devant la chapelle de Bab-el-Oued.

Le 27 décembre 1994, quatre pères blancs étaient assassinés à leur domicile de Tizi-Ouzou, à savoir les pères Alain Dieulangard, Charles Deckers, Jean Chevillard et Christian Chessel.

Le 3 septembre 1995, sœur Denise Leclercq et sœur Jeanne Littlejohn étaient assassinées à Belcourt de deux balles dans la tête.

Puis, le 10 novembre 1995, sœur Odette Prévost était tuée tandis que sœur Chantal Galicher était blessée dans le quartier de Kouba.

Les moines de Tibéhirine étaient évidemment informés de tous ces meurtres et le film, sans les évoquer, fait bien ressentir la tension, la peur et la violence qui entourent le monastère, passent sous les portes, s'insinuent dans les esprits et dans les cœurs. L'intrusion, le 24 décembre 1993, de l'émir Sayyat Attiya et de ses hommes est une scène essentielle car elle montre le choc ressenti par les religieux. L'effroi est palpable. Que faut-il faire ? Que faut-il dire ? Quelques jours avant, le 14 décembre 1993, douze ouvriers croates étaient égorgés à Tamezguida, c'est-à-dire à huit kilomètres de Médea et à une vingtaine de kilomètres seulement du monastère. Les moines les connaissaient. De plus, il s'agissait de chrétiens et leur assassinat sauvage était survenu juste après l'expiration de l'ultimatum donné par le GIA à tous les étrangers. Selon les termes de cet ultimatum, tous ceux qui seraient encore en Algérie le 1er décembre 1993 le paieraient de leur vie. La peur des moines et leur indécision sur l'attitude à adopter, magnifiquement exprimées par le film, reposaient donc sur des éléments concrets, des assassinats épouvantables, une ambiance irrespirable et un ultimatum terrifiant.

Mais ni ces données, ni les articles de journaux, ni les reportages télévisés ne parviendront jamais à égaler la force d'un film comme celui de Xavier Beauvois quand il s'agit de traduire la peur et de faire ressentir ce qu'est vraiment le terrorisme. Mille définitions du terrorisme, plus savantes les unes que les autres, n'égaleront jamais la puissance de cette œuvre. Le terrorisme est, par définition, ce qui terrorise. Et cette peur, indicible et tellement présente, restituée avec pudeur, dignité, est glaçante. D'autant qu'elle est suggérée. On la ressent justement parce que le film utilise peu d'effets.

Xavier Beauvois ne montre que quatre scènes de violence : l'assassinat des ouvriers croates, un barrage militaire, la vision fugace d'un corps ensanglanté sur la route et deux intrusions d'hommes armés dans le monastère. Une ou deux autres scènes ont illustré la menace latente qui plane et reste assez indéfinie. L'épisode de l'hélicoptère qui survole le monastère avec un angle de prise de vue mettant au premier plan une mitrailleuse ne m'a évidemment pas échappé. Cette scène, d'une grande intensité, est l'une de celles qui m'ont le plus marqué. Entre ces scènes qui évoquent la violence, la peur est nue, sans artifice. Elle est montrée dans tout ce qu'elle a de digne, de profondément humain. Je ne pense pas que les moines avaient peur de la mort en tant que telle. Ils avaient surtout peur de la violence. Et cette épreuve a été si longue. La terreur au quotidien n'est pas aisée à traduire car elle implique que le spectateur se mette à la place de la personne qui a peur. Or, deux heures de film ne pourront jamais remplacer trois années d'angoisse, une frayeur au quotidien qui vous mine, si votre résolution n'est pas constamment raffermie. Il faut imaginer en effet ce qu'implique le fait d'être terrorisé à toute heure du jour et de la nuit. Une terreur incessante car à tout moment un groupe armé peut franchir les portes du monastère et frapper. Cette terreur qui use durablement, le peuple algérien la connaît depuis des années, et les moines de Tibéhirine l'ont partagée à son côté durant trois ans. Je l'ai imaginée pendant deux heures dans une salle obscure et mon cœur a appris une autre réalité du terrorisme. J'ai ressenti physiquement ce que pouvait être cette peur. Et ce que l'on doit éprouver quand la mort, omniprésente, paraît inexorable. Cette affirmation peut paraître étonnante venant d'un juge antiterroriste. J'ai vu bien des cadavres. J'ai rencontré tant de victimes du terrorisme. Mais la mort proprement dite, je ne la vois pas. La terreur, je ne la vois pas. J'interviens après, dans un fracas de colère, d'incompréhension et de douleur. Que sont des morts sur du papier jauni ? Ce ne sont que des morts procéduraux, des noms et des photographies d'autopsie. Pour moi, le film de Xavier Beauvois a été la première occasion de faire connaissance avec les morts de mon dossier… de leur vivant. À travers ces acteurs, je les ai vu vivre. Ces moines, je connaissais bien sûr leur histoire, des éléments de leur personnalité. Les auditions de membres de leur famille m'avaient appris leur parcours, mais voilà qu'un film m'a fait découvrir des êtres de chair et de sang. Les images fixes sur les visages des moines sont particulièrement remarquables d'humanité et de beauté. Par moments, ces religieux sont devenus tellement réels pour moi que, lorsque le film s'est terminé, je l'ai vécu violemment. La vie disparaissait. Après la projection, je me suis demandé s'il était important pour eux que l'on découvre la vérité, que l'on sache qui les avait enlevés et qui les avait tués. Est-ce que cela compterait pour eux ?

C'est une question que je ne m'étais jamais vu leur poser avant. Ils avaient pris corps de façon si magique que j'avais très envie d'avoir leur point de vue. Est-ce que cette vérité leur serait chère ? Xavier Beauvois ne m'a donné qu'un seul indice sur ce point essentiel à mes yeux. Dans son testament, écrit à la fin de l'année 1993, sans doute après le choc de la mort des douze ouvriers croates et celui de l'intrusion du groupe d'Attiya dans le monastère, Christian de Chergé exprime son souhait que ce peuple qu'il aime tant, le peuple algérien, ne soit pas indistinctement accusé de son meurtre. Circonscrire la responsabilité d'un crime aux seuls criminels est la seule façon d'innocenter le peuple algérien dans son ensemble. Que le doute plane, que les criminels ne soient pas identifiés est la pire chose qu'une société ait à supporter. Le peuple algérien n'est pas responsable de la peur des moines. Cette évidence apparente sera énoncée pour l'éternité lorsque les noms des assassins seront connus. Lorsque les moines ne seront plus seulement les victimes de la situation en Algérie. Xavier Beauvois a peut-être senti que son film, même s'il se termine à l'orée du crime, appelait un souhait de vérité, rappelé à la fin. Je ne peux pas dire ses intentions, mais simplement ce que j'ai éprouvé. À la fin donc, deux lignes sur l'écran. Deux lignes qui disent que le mystère demeure, que les auteurs de l'enlèvement et de la mort des sept moines de Tibéhirine n'ont pas encore été identifiés. Si pour les spectateurs, ce n'est qu'un constat, il en va différemment pour moi. Le film s'arrête là et c'est à la justice d'écrire la suite. En sortant de la salle, les spectateurs étaient visiblement touchés. Ils étaient muets, signe d'émotion. On ne parle pas tout de suite. On ne partage pas ses émotions immédiatement. Moi, j'étais une pile électrique, j'étais surmotivé. Je ne sais pas si le redémarrage de l'enquête a donné l'idée à Xavier Beauvois de s'intéresser à ces moines, mais moi, ce film me donne envie de continuer à aller de l'avant, le mystère dût-il en pâtir !

La plus belle scène du film est pour moi celle où Christian de Chergé prie devant le corps de Sayyat Attiya. Cette scène n'a rien à voir avec mes préoccupations de juge mais elle me touche. L'incompréhension, et même l'exaspération, du militaire algérien devant le spectacle du frère Christian qui prie pour le salut de l'âme d'un terroriste est significative d'une approche fondamentalement différente du péché. Christian est attaché au pardon puisqu'il s'agit du don du Christ : « Pardonnez-leur car ils ne savent pas ce qu'ils font. » Le pardon est admirable. Il implique la confession, c'est-à-dire le fait de divulguer la vérité de ses péchés. Plus tard, j'ai vu et entendu dans un reportage télévisé le père Veilleux, qui a bien connu les moines de Tibéhirine et qui est l'un des derniers à leur avoir rendu visite. Il a beaucoup œuvré pour que la vérité sur l'enlèvement et la mort des religieux éclate. Dans ce reportage télé, il disait vouloir pardonner, mais que pour pardonner, il faut savoir à qui pardonner.

À qui pardonner ?

« SOUS-MARINIER »

En mai 2007, j'ai donc « hérité » de Jean-Louis Bruguière. Je ne vous présente plus l'Amiral, vous savez ce qu'il a incarné. Le mot « héritage » est impropre car d'une part Jean-Louis Bruguière n'était pas propriétaire de ses dossiers et d'autre part la dynastie ne s'est pas perpétuée. Elle ne le pouvait d'ailleurs pas. Il n'y avait que Jean-Louis Bruguière pour faire du Jean-Louis Bruguière. Les temps changent avec les hommes et, d'une manière ou d'une autre, une époque était révolue avec son départ. J'avais déjà récupéré, quelques mois plus tôt, les dossiers dont Jean-François Ricard, son bras droit, avait la charge en qualité de magistrat premier désigné. Des dossiers, il y en avait partout. Les armoires craquaient. La situation était devenue, au fil des années, difficilement gérable. L'époque du « tout instruction » avait été très efficace dans la lutte au jour le jour contre le terrorisme, mais trop longtemps la section était restée à un effectif dérisoire. Avec seulement quatre juges d'instruction jusqu'au milieu de l'année 2003, il était inévitable que les dossiers en pâtissent. Et pourtant, ça travaillait dur à la galerie Saint-Éloi. Le principal reproche que l'on peut faire à l'Amiral est de ne pas avoir exigé un renforcement de la section plus tôt. Certes, il a obtenu des locaux adaptés (et climatisés), des fonctionnaires en nombre suffisant, mais il avait sous-estimé le besoin en juges d'instruction. Aujourd'hui, la situation est inverse : il y a assez de juges puisque nous sommes huit, mais pas assez de greffiers et fonctionnaires. À plusieurs reprises, un juge d'instruction s'est retrouvé sans greffier attitré. Des greffiers intermittents du spectacle antiterroriste sont bien venus apporter pour un temps leur concours mais la galerie Saint-Éloi s'est mise à souffrir du mal récurrent de la Justice qui touche nos collègues de la « pénale générale » de plein fouet, l'absence de moyens décents. La greffière en chef a géré comme elle pouvait la misère. Des années de sous-effectifs ont mis en souffrance plusieurs dossiers de terrorisme international qu'il était quasi impossible au couple Bruguière/Ricard d'instruire en gérant les urgences. Par ailleurs, la situation des services enquêteurs n'était pas non plus florissante. L'unité judiciaire de la DST, par exemple, a débuté sa brillante histoire avec un effectif de dix enquêteurs ! Or, encore plus que les juges, les services de police sont soumis à la contrainte de l'urgence. Un service spécialisé est toujours tributaire de l'actualité, qu'il s'agisse d'une véritable menace d'attentat ou d'un « tout-venant » bien peu reluisant mais chronophage comme ces multitudes de menaces par courrier, Internet ou téléphone et de fausses alertes en tout genre qu'on leur impose de traiter. Les dossiers un plus moins brûlants passent donc sous la pile. Quant aux dossiers complètement froids, c'est-à-dire les plus anciens, les plus oubliés, ou les deux, c'est à peine si l'on peut retrouver la commission rogatoire du juge ! Si un dossier est totalement froid, seul le juge d'instruction peut pousser au dégel. Ce n'est pas que les enquêteurs chargés de ces

« dossiers Findus » n'y portent pas d'intérêt, au contraire, mais ils sont débordés, notamment avec la multiplication des menaces plus ou moins loufoques que l'on surnomme les « dossiers parasites ». Par exemple, cette cinquième menace de la semaine contre le président de la République qu'il faut traiter sans plus attendre ou ce cent-millième texte diffusé sur Internet qui nous promet une pluie de fer et de feu pour la semaine prochaine ! « Tiens, au fait, pendant que vous y êtes, le ministre de ceci ou de cela a encore reçu une balle dans une enveloppe : il me faudrait un rapport sur la situation de l'enquête avant la fin de la matinée ! » Difficile d'être un enquêteur antiterroriste quand on vous demande de plus en plus de faire de tout… sauf de l'antiterrorisme.

Le ministère public, de même, ne peut pas non plus suivre les dossiers dans la durée. Les collègues du parquet sont pris entre les audiences, la permanence et la multitude de rapports tout aussi « urgents » les uns que les autres. Ah, les affaires signalées ! Ces rapports que les substituts antiterroristes sont obligés d'adresser, au nom du procureur de la République, au parquet général, pour presque chaque dossier, car toute affaire terroriste est une affaire signalée. Le parquet général procédera ensuite à un savant copier-coller, après avoir au besoin retiré ou modifié telle ou telle phrase trop peu académique, pour adresser son propre rapport au ministère de la Justice. Quand j'étais au parquet antiterroriste, j'ai tant rédigé de ces rapports qui se finissaient, au choix, par la formule « je ne manquerai pas de vous tenir strictement informé des suites de cette affaire » ou « sauf meilleur avis de votre part, j'envisage de… » que je suis toujours compatissant lorsqu'un collègue du parquet vient aujourd'hui, pour les besoins de son rapport, me demander quelles sont les évolutions d'un dossier. La formule « sauf meilleur avis de votre part » ne signifie d'ailleurs pas qu'il y aura nécessairement un avis quelconque donné par la hiérarchie. La plupart du temps, il n'y a pas d'avis du tout et l'affaire, bien que signalée, n'intéresse en fait personne. Nos collègues parquetiers sont donc soumis à des contraintes qui ne favorisent pas toujours un travail de fond et encore moins de longue haleine. Que derrière un dossier se trouvent des victimes n'y changera rien. Que des familles souhaitent savoir un jour la vérité n'est pas un argument pertinent pour une institution. Le parquet est « rationnel ». Le ministère public gère un contentieux pénal volumineux et ne peut pas se permettre de dégager des moyens humains et financiers pour s'attaquer à ce qui ressemble à vrai dire souvent à des moulins à vent. Poursuivre une vieille enquête pour la beauté du geste, pour son intérêt historico-intellectuel ou tout simplement pour découvrir la vérité, n'entre pas dans les priorités « d'action pénale » du ministère public. La période de vaches maigres qui nous attend ne risque pas d'améliorer la situation. Demain, le ministère public, même dans les affaires de terrorisme, utilisera son droit de classer sans suite en opportunité pour des raisons économiques. Aux Pays-Bas, déjà, les enquêtes complexes donnent lieu à l'établissement d'un devis. Il s'agit de savoir combien va coûter la recherche de la vérité. Aux États-Unis, de tout temps, les procureurs mettent en balance les « chances de succès » du dossier et son coût prévisible. Et puis, la longévité d'un substitut antiterroriste est trop courte pour assurer un suivi à long terme des vieux dossiers. Le « *turn-over* » est beaucoup plus important au parquet qu'à l'instruction.

Heureusement, il y a les juges d'instruction qui ont, même si l'urgence rythme également leur emploi du temps, plus de latitude pour organiser la gestion de leur cabinet.

En matière antiterroriste, je suis persuadé que les vieux dossiers auraient été depuis longtemps mis au rebut dans un système sans juge d'instruction, ne serait-ce que pour des raisons statistiques.

Pour un juge d'instruction, chaque dossier est un dossier à part. En ce sens, l'instruction rend une « justice individuelle », dossier par dossier, cas par cas, individu par individu. Le ministère public, et l'État au-dessus de lui, gèrent des masses, des contentieux, fixent des priorités, définissent des politiques pénales, classent, poursuivent, rédigent des rapports, changent d'optique au gré du vent politique. Voilà pourquoi un juge d'instruction est indispensable : il peut s'attacher à rechercher la vérité dans un vieux dossier qui n'intéresse plus que les victimes ou l'histoire mais auquel il s'est attaché, par intérêt intellectuel et professionnel, par sentimentalisme, par entêtement, par orgueil, par goût du travail bien fait, et surtout, surtout parce que c'est la raison d'être du juge d'instruction !

Un journaliste m'a qualifié un jour d'archiviste judiciaire avec une pointe d'ironie à cause de mon goût pour le papier jauni. Il a raison, mais quel papier ! Si j'excepte les vieux dossiers d'assassinat en Corse, sur fond de règlements de comptes entre factions nationalistes, les autres dossiers représentent l'histoire moderne de l'antiterrorisme et à ce titre sont souvent bien plus actuels qu'il n'y paraît.

Les dossiers de terrorisme palestiniens sont les plus anciens : qui ne rêverait pas d'instruire l'affaire de la rue Copernic ou celle de la rue des Rosiers ? Certes, cela demande de petits efforts car il faut tout d'abord apprendre. Si Georges Ibrahim Abdallah, Abou Nidal, Georges Habbache ou Wadi Haddad ne sont que des fantômes oubliés dont les noms vous disent très vaguement quelque chose, vous décrocherez dès le premier tome. Et pourtant, rien n'a changé. Dans le passé, vous lirez l'avenir. La situation est la même. La connaissance du passé n'est jamais une perte de temps et elle est au contraire essentielle pour comprendre le présent et anticiper le futur. Les mêmes États tirent les ficelles pour à peu près les mêmes raisons. Les mêmes gens souffrent. Les mêmes crimes sont commis. En trente ans, les gouvernants de la planète n'ont toujours pas trouvé de solution au problème palestinien. S'il a quelque peu changé de nature, c'est parce que ces choses-là ne peuvent qu'empirer. Maintenant, l'extrémisme religieux menace de pourrir définitivement la cause palestinienne.

Le même constat peut être fait pour le Liban. En me plongeant dans nos dossiers libanais d'assassinats et d'enlèvements de ressortissants français dans les années 1980, j'ai vu défiler une « histoire sans fin ». Quand on lit aujourd'hui des journaux libanais, on trouve les mêmes noms d'organisations, les mêmes problèmes, les mêmes influences et les mêmes drames qu'il y a vingt-cinq ans. Nos politiques le savent bien. Ils savent l'usage que certains pays ont fait du terrorisme, par exemple par Hezbollah interposé, et ils savent que cela peut revenir. Certains aspects des dossiers d'enlèvements de Français au Liban, et en particulier le dossier Seurat, ont été très instructifs. Les enlèvements de compatriotes dans des zones à risque ont toujours créé des phénomènes délétères au sommet de l'État. Leur grande médiatisation a généralement eu pour conséquence une surenchère politicienne prenant la forme d'une concurrence malsaine entre clans, partis et services. Chacun y va de son émissaire, de ses contacts, de ses promesses. On se retrouve parfois en plein « marché public » ou le « mieux-disant » gagnera la partie et aura le grand avantage de récolter les fruits médiatiques de son action et de sa victoire en accueillant sur le tarmac de Villacoublay ou d'ailleurs les otages fatigués. Parfois, il semblerait que ces petits jeux aient tourné à la catastrophe. À chacun d'imaginer dans quel cas notre cinéma franco-français a déplu aux ravisseurs ! Il est toujours extrêmement compliqué de comprendre qui a fait quoi et qui a négocié avec qui dans les dossiers d'enlèvement, d'autant que selon la version officielle, il n'y a jamais de négociations. Comme au contraire il y en a toujours eu sous une forme ou une autre, il est *a posteriori* très utile d'en connaître les contours, car cela peut expliquer en partie la fin de l'histoire. Il ne s'agit pas pour le juge d'instruction de pointer du doigt des négociations qui auraient achoppé et qui auraient eu pour conséquence une séquestration plus longue ou même, parfois, l'exécution des otages, mais tout simplement de comprendre les dysfonctionnements, aux conséquences parfois dramatiques, dont les otages et leur famille ont été les victimes. Malheureusement, on en sort rarement rassuré sur les mœurs de notre classe politique. Ma collègue Marie-Antoinette Houyvet, qui a instruit un dossier en marge de l'enlèvement des journalistes Christian Chesnot et Georges Malbrunot en Irak, le 20 août 2004, en sait quelque chose. Elle avait d'ailleurs demandé ma codésignation dans ce dossier afin que nous puissions partager nos points de vue et déterminer s'il n'y avait que des crabes dans le panier. Les circonstances qui avaient entouré leur libération avaient donné lieu à l'ouverture d'une information judiciaire du chef « d'intelligence avec une puissance, une entreprise ou une organisation étrangère ou avec ses agents de nature à porter atteinte aux intérêts fondamentaux de la nation ». Derrière ce verbiage juridique se cachaient, comme souvent, des règlements de comptes. Certains reprochaient à d'autres d'avoir voulu faire libérer les otages alors que le fromage (la gloire) ne leur était pas destiné ! C'était donc un crime de lèse-majesté. Les « intérêts fondamentaux de la nation » avaient bon dos ! En matière d'enlèvement, l'expérience du juge est indispensable, en tout cas si l'on veut éviter que la justice ne soit manipulée, instrumentalisée et parfois même ridiculisée. J'ai appris que dans ce domaine très particulier du fromage à récupérer avec les otages, tout était possible. Il n'y a pas de limite à l'imagination de certains élus de la République. Quand je me penche sur cet aspect dans d'autres dossiers que les dossiers libanais, je me pose un tas de questions du genre : qui a réellement enlevé les otages ? À la demande de qui ? Pour quelle raison ? Quelles étaient les véritables exigences des ravisseurs ? Qui a négocié avec eux ? Pour quelle raison les otages ont-ils été finalement libérés ou pour quelle raison, au contraire, ne l'ont-ils pas été ? Un juge d'instruction est par essence un emmerdeur. Les questions qu'il doit se poser sont autant d'intrusions dans le fonctionnement le plus secret de l'État.

S'agissant du Liban, tous les dossiers sont naturellement sensibles. Les assassinats du milieu des années 1980 toujours à l'instruction sont des labyrinthes qui ne peuvent mener qu'à des personnes, des groupes ou des États puissants qui font toujours partie du paysage. C'est bien pour cela d'ailleurs que ces dossiers sont bloqués, malgré de petites avancées dans les courtes périodes d'embellie.

Si les dossiers palestiniens et libanais posent des problèmes politiques, que dire des dossiers iraniens ? La France comme les États-Unis naviguent entre deux eaux depuis des années. La politique étrangère de la France sur l'Iran se doit de ménager la chèvre et le chou. Nous avons accueilli de très nombreux opposants au régime iranien, comme nous avions d'ailleurs accueilli, jusqu'à la révolution iranienne de 1979, l'ayatollah Khomeini. Nous avons donné des cartes de réfugiés politiques à ces opposants et parfois même nous avons assuré leur sécurité. Nous avons obtenu d'eux une quantité d'informations sur ce qui se passait chez eux. D'un autre côté, l'Iran est un grand pays, une grande puissance régionale, qui a son mot à dire dans le Golfe, particulièrement influent au Liban et en Irak, et surtout qui vend et qui achète. Une démocratie commerçante comme la France ne peut pas se passer de contrats juteux, même s'il s'agit de les signer avec un long stylo. Sur le plan de la lutte antiterroriste, nos gouvernants savent aussi que l'Iran a une capacité d'action importante, par exemple au Liban. Notre sécurité passe donc par des relations relativement cordiales avec ce pays. L'Iran, pour sa part, est conscient de sa force et, depuis des années, cherche à pousser son avantage le plus loin possible. Le débat sur le nucléaire civil en est un bon exemple.

Les dossiers algériens figurent également en bonne place dans l'héritage « bruguièrien ». À mon arrivée à la galerie Saint-Éloi, il y en avait encore de toutes les époques et il faut bien dire que ça n'a pas beaucoup évolué depuis. Les dossiers restent désespérément figés dans une attente incertaine. On a posé une chape de plomb sur les années noires et les dossiers d'assassinats de ressortissants français en Algérie commis entre 1993 et 1996 ne progressent guère. Toutefois, ces dossiers vivent encore et, *inch' Allah*, connaîtront peut-être un aboutissement favorable. L'histoire des GIA algériens reste à écrire. Des pans entiers de vérité sont aujourd'hui inaccessibles. Ce n'est pas la Justice, avec ses faibles moyens, qui est apte à démêler seule des écheveaux aussi serrés. Mais elle peut y participer utilement et elle le doit. Qui, par exemple, ne voudrait pas connaître la vérité sur l'enlèvement et la mort des moines de Tibéhirine ?

Il est facile de clore certains vieux dossiers par un non-lieu. C'est bon pour les statistiques du cabinet et ça fait plaisir au président du tribunal, mais ça ne présente aucun autre avantage. Le terrorisme international est une matière intimement liée aux fluctuations géopolitiques. Un dossier totalement verrouillé peut se débloquer dix ans plus tard si la situation politique dans tel ou tel pays a évolué, si un régime en a remplacé un autre ou encore si la France elle-même a modifié sa politique vis-à-vis de ce pays. Le dossier Carlos n'a évolué favorablement que lorsque les archives de la Stasi ont été mises à la disposition de Bruguière. Demain, les dossiers d'assassinats de Français au Liban nous seront peut-être ouverts. Demain, certains aspects du GIA algérien seront peut-être enfin connus. Demain les parties civiles de Karachi connaîtront peut-être la vérité. Des langues se délieront avec le temps, des documents se mettront à circuler, des vérités à apparaître. Mais que c'est long ! Long surtout pour les parties civiles car l'histoire évolue par à-coups. Entre ces à-coups, pour les victimes, le temps est figé, la vérité à nouveau inaccessible ! L'important, pour préserver des chances de découvrir un jour la vérité, est donc de maintenir ces dossiers en vie, de résister à la tentation de se faire croque-mort de la vérité en classant trop vite un dossier à des fins statistiques. D'une manière générale, il n'est pas bon de laisser un crime impuni. Que dire alors d'un crime terroriste qui représente non seulement un crime contre des individus, mais aussi contre un modèle de société et bien souvent contre la démocratie ? Il n'est pas inutile en outre de signifier aux terroristes d'aujourd'hui que la France ne lâche rien, qu'elle n'abandonne aucun dossier, qu'elle entend rechercher, arrêter et condamner les auteurs d'attentats, même trente ans plus tard ! Aucune impunité ne doit exister en matière terroriste et il faut se donner tous les moyens nécessaires pour identifier les criminels.

Mais les moyens sont limités, qu'il s'agisse de ceux de la police ou de ceux de la Justice, et ils deviennent quasiment inexistants avec le temps. Il faut donc faire des choix, en tout cas établir des priorités. L'urgence passe en premier, ce qui implique tous les dossiers dans lesquels une personne est détenue provisoirement. Pour le reste, chaque juge fixe comme il le peut et selon ses critères les dossiers qu'il veut mettre en avant. Pour ma part, j'ai décidé, après le départ de Jean-Louis Bruguière, de dégager coûte que coûte du temps pour les anciens dossiers. J'ai retenu plusieurs critères de choix dont le premier réside évidemment dans les perspectives d'enquête. Un juge étudie son dossier, organise une réunion avec les enquêteurs et peut ainsi apprécier s'il existe encore des perspectives d'enquête, des pistes inexplorées. Pour ce faire, il n'y a pas de recette miracle. Il faut travailler, prendre chaque dossier et lister consciencieusement ce qui a déjà été fait, ce qu'il reste théoriquement à faire, ce qu'il est urgent de faire, ce qui pourra être fait rapidement, ce qui pourra peut-être un jour être fait. Il faut être logique et imaginatif. Il faut tout d'abord être logique. Il n'est ainsi pas possible de prendre pour argent comptant les aveux recueillis au Pakistan dans l'affaire de Karachi, alors que les soi-disant coupables, des islamistes pakistanais condamnés à mort puis finalement acquittés, avaient fourni des indications totalement démenties par l'enquête, notamment sur les explosifs utilisés. Dans l'affaire des moines de Tibéhirine, il est impossible de ne pas se poser la question essentielle : pour quelle raison seules les têtes nous ont été rendues ? La décapitation est employée fréquemment par les islamistes puisqu'on trouve trace de cette méthode d'exécution dans la Sunnah. Pour autant, je n'avais jamais entendu parler d'une affaire où les terroristes auraient pris soin, après la décapitation, de cacher les corps. La logique, malheureusement, ne suffit pas toujours à trouver les réponses. Il faut aussi de l'imagination. La lecture et l'analyse de certains dossiers m'ont laissé froid, sec et démuni. Je n'ai eu aucune idée. Je n'ai imaginé aucun moyen de progresser. Et personne autour de moi n'a eu davantage un éclair de génie, qu'il s'agisse des enquêteurs ou des avocats. Le malade restera donc dans le coma. Dans certains dossiers, nous avons essayé quelque chose sans que cela fonctionne. Dans d'autres, au contraire, la greffe a pris. J'ai des espoirs sérieux pour des procédures qui commencent à frémir. La seule conclusion que je retire de mon expérience de réanimateur peut se résumer ainsi : il faut toujours essayer. Parfois, je me mets à rêver, rêver que l'on trouvera les assassins de Karachi, ceux des moines de Tibéhirine, ceux de la caserne Ain Allah et de tant d'autres affaires. Je rêve que l'on jugera les auteurs de l'attentat de la rue Copernic, de la rue des Rosiers ou de Port-Royal. « Trévidic, descendez de votre dolmen ! » C'est généralement à ce moment-là que je me souviens de cette réflexion récurrente que me faisait mon professeur de français du lycée Hoche à Versailles, agacé quand mon esprit vagabondait encore sur l'océan de mes vacances bretonnes.

Du haut de mon dolmen, j'ai pris connaissance des vieux dossiers par ordre d'ancienneté : les plus lointains ont en premier « bénéficié » de ma modeste analyse. Puis, parmi la masse de dossiers qui offrent des perspectives et qui sont beaucoup plus nombreux que je ne l'imaginais, un ordre de priorité s'est naturellement imposé : celui du nombre de victimes. Il serait toutefois malhonnête de ma part de ne pas souligner de nouveau à quel point les avocats des parties civiles ont une influence déterminante sur les priorités fixées par le juge. Un avocat qui vient défendre son dossier, qui « harcèle » le juge afin que celui-ci fasse quelque chose, a plus de chances de voir son affaire évoluer. Rapidement, je me suis retrouvé avec un véritable défilé d'avocats qui souhaitaient tous l'exhumation de leurs dossiers. C'est alors qu'il faut faire des choix et, pour prendre des exemples comme l'attentat de la rue Copernic, les moines de Tibéhirine ou Karachi, le nombre des victimes françaises et le nombre de parties civiles ont été deux critères essentiels. La motivation des enquêteurs et leur qualité sont aussi un critère pour le juge. Le travail considérable qu'il a fallu fournir pour faire avancer le dossier de la rue Copernic (attentat commis le 3 octobre 1980) n'a pu l'être qu'en raison d'une motivation commune du juge et des enquêteurs, et de leur synergie. Les enquêtes réussies sont celles qui suscitent une saine émulation entre le juge d'instruction et les enquêteurs. On en vient presque à oublier le côté « mission impossible » du dossier. Tout est d'ailleurs possible. Je ne remercierai jamais assez les grands policiers de la DST puis de la DCRI et ceux la brigade criminelle qui ont travaillé et travaillent encore sur l'affaire Copernic.

L'effet « moulin à vent » est en revanche insupportable quand le juge d'instruction se sent esseulé, quand il fait des pieds et des mains pour motiver les troupes et que l'émulation ne se produit pas. Les causes sont diverses. Le juge n'a peut-être pas eu le poignet assez solide quand il tentait de faire monter la mayonnaise ? Ou peut-être est-ce le service enquêteur qui ne croit pas à la nécessité de mettre du temps et des moyens sur le dossier en question. L'affaire peut aussi présenter des inconvénients stratégiques majeurs pour le service. Cela est notamment vrai pour la DCRI qui, ainsi que je l'ai déjà souligné, doit sauvegarder les relations nouées avec d'autres services de renseignements. Ce peut être également cette fameuse raison d'État, véritable oraison funèbre d'un dossier. Des motifs moins avouables peuvent aussi exister. La solitude du juge d'instruction est assez insoutenable quand, confronté à une affaire très complexe et potentiellement très sensible, il se retrouve en positon de faiblesse. Il faut être lucide : un juge d'instruction antiterroriste n'est pas grand-chose sans les services enquêteurs. Les investigations sont trop complexes, impliquent trop de paramètres et d'intervenants pour que le juge d'instruction puisse pallier un manque éventuel de motivation de la police. Le juge d'instruction peut alors tomber dans les travers de son métier. Comme son travail consiste à rechercher la vérité, il lui faut créer coûte que coûte la dynamique nécessaire. Il s'appuiera alors sur les parties civiles, s'il en existe dans le dossier et si ces dernières sont motivées, qui pourront, dans une société de communication, jouer la carte des médias. Mais la médiatisation d'une affaire est aussi un boomerang redoutable. Elle met une pression considérable sur le juge qui perd son recul et sa quiétude. Elle est un mal nécessaire quand il faut faire bouger des montagnes. Mais à bousculer les montagnes, on provoque parfois des avalanches. Elles peuvent emporter le dossier et le juge avec elles. Hélas, le temps de la médiatisation n'est pas celui de la justice. Dès que les médias s'emparent d'une affaire, ils veulent du nouveau chaque jour. Si l'enquête temporise un instant, si le juge reprend son souffle, les victimes pensent qu'il les oublie. Il faut que ça avance, il faut que ses dossiers avancent, mais quand plusieurs dossiers se retrouvent au même moment sous le feu de l'actualité, cela devient presque intenable.

« Sous-marinier »

Les dossiers de Jean-Louis Bruguière que j'ai récupérés sont trop beaux. « Embrasse-les tous », chantait Brassens ! Un amoureux de l'instruction comme moi voulait tous les embrasser. J'ai fait une boulimie d'instruction et je suis un peu écœuré. Je songe à tout ce qu'il faudrait faire encore dans chacun de ces dossiers et cela me désespère. La nuit, je suis au Rwanda, puis en Algérie. Je survole ensuite Karachi, l'Iran, l'Afghanistan, le Liban. Je pense, je cogite, je m'énerve, je rumine, j'espère, j'en ai assez, je reprends confiance, je respire, j'étouffe, j'en ai marre, je voudrais sortir de là, je veux rester, pourrais-je abandonner mes dossiers ? Qui les traiterait après moi ? Mais je ne suis pas indispensable ! Mais si, je le suis ! Mais non, personne n'est irremplaçable ! Et d'où me vient cet orgueil ? Ai-je la grosse tête ? Mais n'est-ce pas ce qu'on disait déjà de mes collègues qui ont jeté l'éponge ? Vais-je jeter l'éponge à mon tour ? La nuit, je suis au Rwanda, puis en Algérie. Je survole ensuite Karachi, l'Iran, l'Afghanistan, le Liban. Je pense, je cogite…

Mon seul héritage, c'est l'amour du travail bien fait ! Bien des aspects me dépassent. Tous ces dossiers sont si politiques. J'aurais dû me souvenir, durant mes années au parquet, à quel point la politique de la France sur le nationalisme corse était une girouette que le mistral rendait fou. Parfois, c'était le branle-bas de combat. Les policiers et les gendarmes étaient tout feu tout flamme, quand certains ne mettaient pas eux-mêmes le feu aux paillotes. Il leur fallait manifestement des résultats. Parfois, au contraire, la France négociait et les terroristes d'hier devenaient de nouveau respectables, et ainsi de suite. La politique est imprévisible. La Justice est plus « linéaire ». Quand un dossier d'instruction est ouvert, il continue, à un rythme souvent très lent, certes, mais il continue. C'est pour cela que le ministère public ouvre le moins possible d'instructions dans les « secteurs sensibles ». Si nos gouvernants ont eu bien du mal à avoir une vision à long terme cohérente de ce qu'il fallait faire en Corse, il n'est pas difficile d'imaginer ce que la politique peut donner dans le domaine du terrorisme international. La France ne joue pas alors toute seule. Elle se trouve en face de pays et d'organisations puissantes. Elle noue des alliances, les dénoue, fait de son ennemi son ami et inversement. L'antiterrorisme est aussi un moyen de pression ou d'action non négligeable. Jean-Louis Bruguière a toujours intégré la dimension politique d'un dossier dans sa stratégie d'enquête.

Je comprends cette position mais je suis incapable de l'assumer. Je n'ai pas cette double facette ou cette double compétence. Je n'ai pas de sixième sens politique. Je n'ai pas de lecture politique de mes dossiers. Je n'en ai ni le talent ni l'envie. Je ne peux que coller à la définition légale de mes fonctions : instruire, c'est-à-dire identifier les auteurs des infractions pénales dont je suis saisi et faire en sorte qu'ils soient traduits, dans un délai raisonnable, devant un tribunal ou une cour d'assises. Le reste me dépasse. Si Jean-Louis Bruguière est un Amiral de l'antiterrorisme, je ne suis qu'un sous-marinier. Je ne dis pas cela seulement à cause de l'affaire de Karachi. J'explore les profondeurs avec constance. Je n'ai pas peur des eaux troubles et des bas-fonds. C'est dans les eaux profondes que l'on trouve les plus beaux poissons, les plus inattendus. Je ne peux pas prendre de la hauteur puisque je suis sous-marinier.

Avant, il y a longtemps, j'étais comme un poisson dans l'eau, un petit Némo, prêt à affronter l'aventure, et tant pis pour les requins ! Je n'étais en fait qu'un petit poisson rouge dans un bocal. Je n'ai compris mon erreur que lorsque je me suis trop agité. Me voilà poisson-clown, un peu triste, bloqué contre la barrière de corail, incapable de passer dans le lagon, et à cause du rouleau et du courant, de rejoindre les profondeurs, indécis et impuissant. J'ai bougé dans tous les sens, j'ai sauté de-ci, de-là et je suis tombé en dehors du bocal. Je respire de plus en plus mal. J'aimerais rejoindre l'océan, le vrai.

POSTE DE COMBAT

Catherine Giudicelli est morte le 7 août 2009, renversée par un camion. Elle était la présidente de l'AFMI, l'Association française des magistrats instructeurs, dont j'étais membre du bureau. Le 7 septembre 2009, les membres du bureau se sont réunis pour désigner un nouveau président jusqu'à l'assemblée générale et les élections prévues en mars 2010. Il fallait bien se résigner à remplacer Catherine sans plus tarder car les voyants étaient au rouge. À la suite de l'annonce par le président de la République, le 7 janvier 2009, de son désir de supprimer les juges d'instruction, la chancellerie s'était mise au travail à vitesse accélérée. Il fallait sortir un texte avant que nous ayons eu le temps de nous organiser. En ce début septembre, j'étais dans une situation assez apocalyptique. Des dossiers très sensibles politiquement étaient au cœur de l'actualité, en particulier celui de l'attentat contre l'avion du président du Rwanda en avril 1994, celui des sept moines de Tibéhirine, et bien sûr, au premier chef, le dossier de l'attentat de Karachi car je venais de rencontrer les parties civiles à Cherbourg, le 18 juin 2009. Ces dossiers m'ont fait comprendre à quel point il est essentiel que les enquêtes les plus importantes ou les plus sensibles soient dirigées par des juges dont l'indépendance était garantie par la Constitution et non par un parquet dépendant hiérarchiquement du pouvoir exécutif. Je vivais cette réalité au quotidien depuis quelques mois. On ne peut pas confier des enquêtes intéressant au plus haut point le pouvoir exécutif, pour des raisons diplomatiques ou personnelles, à un organe aux ordres de ce pouvoir. J'avais discuté de ma situation avec mes collègues de l'AFMI : les pressions, l'absence de soutien, le manque de moyens. L'un des membres du bureau a proposé mon élection comme président de l'AFMI. J'étais dubitatif.

— Vous ne croyez pas que ça va faire un peu mélange des genres, que l'on va m'accuser de me servir de mes dossiers pour combattre la suppression du juge d'instruction ?

— Et alors ? Au moins, tu sais de quoi tu parles.

C'est ainsi que j'ai été élu président de l'AFMI et j'en suis très fier, quoi qu'il m'en coûte. Que ce soit dans les médias, dans les débats et dans les conférences multiples auxquelles j'ai participé, je ne fais qu'exprimer une réalité que tous les avocats et les magistrats connaissent, celle de la pollution du cours de la Justice par les interventions du pouvoir politique sur fond de discours d'une hypocrisie sans bornes : « La Chancellerie n'a donné aucune consigne dans ce dossier », la belle affaire ! Comme s'il était nécessaire de mettre les points sur les « i » à un procureur de Paris ou de Nanterre ! Disons les choses telles qu'elles sont. Il suffit que la Chancellerie exprime ses doutes ou ses craintes, lors de réunions ou de discussions formelles ou informelles, sur le devenir d'une procédure, sur les débordements éventuels qu'elle pourrait entraîner, sur la manipulation politique qu'elle ne manquerait pas de susciter pour que le parquet de la République sache ce qu'il a à faire, et surtout ce qu'il ne doit pas faire. Ne pas soutenir certaines enquêtes gênantes pour le pouvoir exécutif et ses amis. Ne pas en ouvrir qui pourraient gêner les mêmes. Les procureurs généraux et les procureurs de la République des grandes juridictions sont rompus à ces affaires. Ce sont des animaux politiques. Ils sont remarquablement intelligents et ils ont tous, sans exception, travaillé à la Chancellerie à un moment ou à un autre. Dans les postes les plus importants, ce sont des politiciens autant que des magistrats. Ils sentent, anticipent. Il n'est guère besoin de leur donner le mode d'emploi. Comme ils ont cet outil redoutable de l'opportunité des poursuites, cette capacité de pouvoir classer sans suite une affaire, ils sont naturellement tentés d'aller dans le sens du poil, même si quelques-uns résistent. C'est ainsi qu'en certains lieux et en particulier à Paris, le principe de l'opportunité des poursuites du parquet s'est transformé en « opportunité de la non-poursuite ». Cette docilité n'est pas nouvelle et elle a même toujours existé. Mais elle n'avait pas atteint un tel degré, en tout cas pas depuis bien longtemps.

La matière terroriste, encore plus que celle économique et financière, est sous la coupe du pouvoir politique. Ce n'est guère surprenant car le terrorisme est avant tout un problème politique abordé et combattu de différentes façons, mais quand la voie judiciaire a été utilisée, il faut laisser faire la Justice. La tendance à son instrumentalisation dans les affaires de terrorisme est malheureusement flagrante. Quel est alors le risque exact de la mainmise du politique ? Le plus important est que le pouvoir politique impose ses désirs pour en faire des réalités judiciaires, que tel État, tel groupe ou tel comportement soit considéré comme terroriste ou, au contraire, ne soit plus considéré comme terroriste pour des raisons d'opportunité politique. Face à une menace terroriste qui va en s'accroissant, la réponse du pouvoir exécutif est assez logiquement celle d'une répression accrue. Quand, de nouveau, le plus tard possible, une bombe explosera en France et sans doute à Paris, il nous faudra des garde-fous efficaces pour éviter que l'on n'emprisonne n'importe qui, histoire de dire que l'on a été efficace et que l'on a arrêté de dangereux terroristes. Ce phénomène existe déjà, même sans attentat.

C'est pourquoi j'espère que nos grands équilibres seront respectés et même renforcés. Pour cela, il faut que chacun puisse tenir son rôle et remplir son office. Il ne faut, en particulier, pas avoir peur des avocats. Leur place est auprès de la Justice. Sans eux, nous serions des « tueurs ». Cela est encore plus vrai en matière de terrorisme qu'en droit commun car plus les pouvoirs sont importants, plus l'appareil répressif a la possibilité de porter atteinte aux libertés individuelles et plus l'avocat est indispensable.

Il faut également se garder de caricaturer les services de police spécialisés : ils sont tout sauf des tortionnaires. Ce sont des hommes et des femmes qui recherchent la vérité, même s'ils sont soumis à des pressions importantes. Quant à la Justice, elle doit trouver son équilibre entre le parquet et l'instruction, tirer le maximum de garanties de cette saine dualité, seule susceptible, dans une matière particulièrement complexe, délicate et politique, d'assurer un véritable contrôle interne.

Avec le recul de plus d'une année, je peux affirmer aujourd'hui que mes fonctions de juge d'instruction antiterroriste et de président de l'AFMI se sont complétées à merveille.

À tort ou à raison, j'ai toutefois l'impression d'en payer le prix. J'ai le sentiment de ne plus avoir la confiance de ma hiérarchie, même si je lui préfère l'estime de mes collègues. J'ai commis le péché capital dans la magistrature, le péché de la médiatisation, considéré comme un péché d'orgueil bien plus grave que l'incompétence, le mensonge ou la paresse. C'est étrange comme je suis tête à claque depuis que je ne suis plus premier de la classe. Le bon élève se tait ou marmonne dans son bureau. Il faudrait que les juges d'instruction acceptent de mourir en silence, que la galerie Saint-Éloi soit dépecée jusqu'à son agonie finale. Faudrait-il que je m'assoie sur certains de mes dossiers sensibles, quitte à toucher le plafond de mon bureau ?

Après le discours du président de la République, le 7 janvier 2009, lors de la rentrée solennelle de la Cour de cassation, dans lequel il annonça la suppression du juge d'instruction, la plupart des collègues pensaient que les jeux étaient faits puisque Nicolas Sarkozy avait tranché. On vit bon nombre de chefs de juridiction lui emboîter le pas dans leur discours de rentrée judiciaire. Ces discours, parfois réécrits à la hâte pour se mettre au goût du jour et surtout du souverain, mais le plus souvent soigneusement préparés par des chefs de cour bien au fait de la volonté présidentielle, devinrent comme autant d'échos à celle-ci. Peu de juridictions échappèrent à cette nouvelle mode du haro sur le juge d'instruction, décrit dans les discours des chefs de juridiction comme un électron libre aux comportements parfois scandaleux. Pour les juges, présents à ces audiences et qui espéraient quelques encouragements, comme on pourrait l'attendre de la part de présidents désireux de motiver leurs troupes, ces discours reflétèrent le fossé de plus en plus grand entre la magistrature de terrain et celle de salon. Une partie du malaise de la Justice tient à une carence totale de management, une absence totale d'efforts pour motiver les fonctionnaires, greffiers et magistrats. Un juge est rarement félicité pour la transparence de son travail, mais l'est pour la transparence de sa personne.

Rares sont ceux qui, toute leur carrière, parviennent à ne jamais tomber, ne serait-ce que par inadvertance, sur un dossier potentiellement dérangeant. Dans ces cas-là, le réflexe des chefs de juridiction est l'attentisme. Il ne faut pas prendre parti, laisser le juge d'instruction gérer seul des difficultés parfois insurmontables, et, quand les choses tournent au vinaigre, le stigmatiser pour faire bonne figure. Je m'excuse pour les chefs de juridiction qui fonctionnent autrement et soutiennent leurs collègues, il y en a, mais la tendance est au formatage des magistrats. Ceci est particulièrement vrai pour les postes considérés comme les plus importants par le pouvoir exécutif. Ce n'est même plus du formatage, c'est du calibrage de petits pois ! Malheur à ceux qui sont plus intéressés par rendre une bonne Justice que par gérer leur carrière et malheur aux juges d'instruction qui embêtent tout le monde avec leur manie insupportable de chercher des réponses. La vérité ne se trouve que si on la cherche. Évidemment, seul le juge qui cherche peut prendre des coups. Des collègues comme Renaud Van Ruymbecke ou Isabelle Prévost-Desprez en savent quelque chose. C'est également mon cas. La règle d'or pour un juge est de ne pas faire parler de soi. Et de ne pas faire de vagues. Or, la collecte des emmerdements est consubstantielle au travail du juge d'instruction. Le juge d'instruction est un emmerdeur ou il n'est pas.

« ON AVANCE, ON AVANCE, ON AVANCE… »

« On avance, on avance, on avance… On n'a pas assez d'essence pour faire la route dans l'autre sens, alors on avance », chantait Souchon. C'est l'air qui me vient en tête quand je pense à la lutte antiterroriste aujourd'hui. C'est une évidence : on avance. Mais pour aller où ?

Même si je vis dans un milieu hostile, je refuse de subir une mutation génétique soi-disant indispensable pour m'y adapter. Je n'ai pas envie de devenir un fennec ou une vipère à cornes. J'aimerais que la justice antiterroriste soit la plus humaine possible car ma sympathie, toute ma sympathie, va à ceux qui ont souffert, qui souffrent, pas à ceux qui font souffrir. Elle va aux victimes, palestiniennes, israéliennes, iraniennes, musulmanes, américaines, afghanes, chrétiennes, et bien sûr à tous mes compatriotes de Karachi, du Rwanda, d'Algérie, du Liban. Elle va tout spécialement aux moines qui faisaient le bien autour d'eux et à la ténacité des familles de Cherbourg dans le dossier Karachi. Elle va aussi à ces jeunes jihadistes manipulés qui ont gâché leur vie. Je découvre que je n'étais peut-être pas fait pour faire de l'antiterrorisme. C'est dur, après un tel investissement ! Il m'aura fallu ce livre pour faire le point dans ma tête. Avant d'entrer dans le labyrinthe de l'antiterrorisme, personne ne m'a donné une pelote magique. Je suis entré et à plusieurs reprises j'ai aperçu le Minotaure antiterroriste, ce monstre issu de l'accouplement entre la politique et la Justice. Je ne sais pas ce qui l'emporte chez le Minotaure, ce qui dicte le plus son comportement, de sa tête de taureau politique ou de son corps de Justice. Ça doit dépendre des moments ou de l'interlocuteur. Quant à vouloir chevaucher la bête, bon courage… Il faudra tout de même un jour que je pense à retrouver mon chemin. Et puis faudrait-il encore que je veuille vraiment sortir du labyrinthe !

Et demain ? La première interrogation concerne ce que les journalistes appellent « l'état de la menace ». Une question récurrente dans les interviews, après chaque attentat ou chaque tentative d'attentat quelque part dans le monde. Il s'agit d'une question légitime à condition de ne pas chercher à faire peur mais simplement à informer. Cette question donne en effet lieu à deux excès aussi dangereux l'un que l'autre. Le premier excès consiste à vouloir cacher l'état de la menace aux Français. Il n'a plus vraiment cours chez nos gouvernants car ils ont bien compris qu'à l'heure d'Internet et de la mondialisation de l'information il n'était plus possible de prendre les Français pour des abrutis. Minimiser la menace a d'ailleurs un effet boomerang quand un attentat est commis que l'on ne peut cacher, par exemple en plein Paris.

Pour autant, il faut se garder de tomber dans l'excès contraire. Nous sommes à une époque de « grande peur préfabriquée ». Nous exigeons notre peur quotidienne. La vie serait trop triste sinon. Or, pour vraiment avoir peur, il faut un « Grand Méchant Loup ». Cependant, on n'a pas toujours la chance de tomber sur un Hitler ou un Staline !

Je ne dis pas que les sociétés modernes soient entièrement dépourvues de « peurs efficaces » puisque nous avons tout de même nos tueurs et violeurs en série. Mais en aucun cas ces menaces n'ont ce goût cataclysmique si particulier et si excitant. Il est impossible, même pour des scénaristes hollywoodiens, de concevoir un bon film catastrophe à gros budget avec un tel matériel. Après les superproductions nucléaires et les exploits de James Bond, nous eûmes droit et nous avons toujours droit aux bonnes vieilles catastrophes naturelles. La technologie moderne permet en effet de fabriquer des vagues de cent mètres de haut avec beaucoup de réalisme ou de balancer sur terre une comète de la taille d'Uranus. Cette même technologie moderne permet également d'écrire des scénarios offrant à la science l'occasion de sauver le monde. Le héros type est aujourd'hui le savant un peu tête en l'air qui va trouver la solution *in extremis*, faire dévier la comète ou les tonnes de flotte qui menaçaient de recouvrir la Californie, ce qui nous permettra d'être miraculeusement sauvés après une bonne peur et qui permettra surtout au héros d'emballer l'héroïne avant le générique de fin. Au bout de quelques films de ce genre, une certaine lassitude s'installe cependant et, à force d'être sauvés, nous n'avons plus vraiment peur.

Et puis Al-Qaida est arrivé : il était temps car nous commencions à ne plus avoir peur de rien ! Grâce à l'inventivité criminelle de nos « barbus encavés », nous avons eu droit au plus grand film catastrophe de tous les temps : le 11 septembre 2001. Rien ne pouvait nous effrayer davantage. Or, Al-Qaida nous rappelle de temps en temps de façon très spectaculaire que nous pouvons toujours avoir peur. Les images du World Trade Center ont eu pour effet de surdimensionner la menace. Quel est le risque statistique d'être tué ou blessé dans un attentat ? Il est évidemment infime.

L'attentat terroriste, néanmoins, présente tous les ingrédients nécessaires pour nous angoisser. L'analyse n'est exacte que pour l'attentat du style Al-Qaida. Les assassinats ciblés d'ETA, par exemple, n'effraient pas vraiment la population qui ne se sent ni collectivement ni individuellement menacée. Non, la particularité d'un attentat Al-Qaida, c'est de cibler la population dans son ensemble. Un attentat « à l'aveugle » peut atteindre tout le monde, vous ou moi. À moins de ne jamais prendre le train, le métro, le bus, d'avoir son jet privé, de ne pas faire les courses et de ne jamais se promener dans les rues, tout le monde peut être victime d'un attentat terroriste. Puisque tout le monde peut potentiellement être atteint, tout le monde tremble ! Nous touchons à la quintessence du terrorisme : un minimum de moyens génère un maximum de peur. Et puis nous ne savons pas exactement de quoi ces terroristes sont capables. Les attentats du 11 Septembre nous ont simplement appris qu'ils étaient capables de choses surprenantes. C'est bien assez pour imaginer le pire. Le pire, nous ne cessons depuis de l'imaginer. Nos peurs s'appellent l'attentat à la « bombe sale », l'attentat biologique ou chimique et même l'attentat épidémique. Dans notre jargon militaire, nous appelons cela la menace « NRBC » (nucléaire, radiologique, biologique, chimique). Comme les terroristes connaissent nos frayeurs, ils tentent de les accentuer en leur donnant raison, en fournissant de la matière à nos angoisses. Il faut bien que de temps en temps l'on voie la queue du loup, même si notre vision est fugace. C'est ainsi qu'après le 11 Septembre nous eûmes droit à l'anthrax. Les États-Unis furent les premiers atteints, dans la continuité du 11 Septembre, mais pas par Al-Qaida. En France, de petites enveloppes qui ne contenaient généralement que du talc ou du lait en poudre furent envoyées un peu partout, obligeant l'État à mettre en place des moyens importants de détection puis d'analyse des lettres et colis suspects en octobre et novembre 2001. Il y eut aussi des menaces d'attentat à la variole. Je ne sais pas d'où elles venaient et si elles correspondaient à une quelconque réalité mais la section antiterroriste dans son ensemble faillit être vaccinée. Lors d'une réunion tenue au parquet antiterroriste, un spécialiste nous exposa les dangers de la vaccination. Al-Qaida, paraît-il, s'apprêtait à diffuser la variole dans le monde occidental. Les prévisions tournaient autour de plusieurs millions de morts. Finalement, cette menace a disparu aussi rapidement qu'elle était née. Des scientifiques ont conclu que c'était techniquement trop compliqué pour Al-Qaida. Nous pouvions donc souffler un peu, laisser reposer notre parano. Pas trop longtemps tout de même car l'affaire de la Courneuve-Romainville, en novembre et décembre 2002, nous rappela à nos peurs latentes. Il s'agissait d'un projet d'attentat biologique avec des produits d'une efficacité criminelle assez douteuse. N'importe quel terroriste armé d'une kalachnikov ferait plus de dégâts, mais peu importe : un bon petit attentat biologique ou chimique qui fait deux ou trois morts fera davantage peur qu'une rafale de kalachnikov qui tue vingt personnes sans problèmes techniques majeurs... C'est ainsi que la peur fonctionne et Al-Qaida l'a compris. Londres eut également droit à son projet d'attentat à la ricine dont l'on peut là encore douter de l'efficacité comparée à l'efficience malheureusement mille fois mise à l'épreuve d'un engin explosif traditionnel déposé dans le métro à l'heure de pointe. Quoi qu'il en soit de la logique et des statistiques, il faut savoir innover pour faire peur. Il faut changer de temps en temps. Sinon, la population se lasse et la lassitude est l'ennemi de la terreur. L'idée d'un attentat à la « bombe sale », à l'instar des attentats chimiques ou biologiques, a fait son chemin. Des déchets radioactifs traînent un peu partout de nos jours. Et la Russie est une poubelle radioactive. Voler de tels produits puis assurer par une explosion ou autrement leur dissémination sur un endroit donné est donc théoriquement facile, mais quelle en serait l'efficacité ? En cas de réussite maximum de l'opération, l'endroit atteint serait peut-être inaccessible longtemps, le temps nécessaire en tout cas à une décontamination. Le premier attentat de ce type nous ferait évidemment très peur, mais nous constaterions assez vite l'effet très limité de telles méthodes quant au nombre de victimes. La prochaine Coupe du monde de football aurait de toute façon lieu.

Le cyberterrorisme, en revanche, me paraît être une menace beaucoup plus inquiétante. Certes, c'est une menace qui, à première vue, ne semble pas terrifiante. Et pourtant ! Nos sociétés modernes fonctionnent de plus en plus grâce à des systèmes informatiques ou télématiques très évolués… et très vulnérables. De leur côté, nos islamistes sont doués en informatique. Nos clients ont, pour la plupart, des talents certains en la matière. Ils ont généralement entre vingt et trente ans et l'informatique fait partie de leur univers. Un univers bien fragile. On peut lire de-ci, de-là qu'un étudiant est entré dans le système informatique du Pentagone, qu'une gamine a visionné des fichiers de la CIA, du FBI ou d'un quelconque autre service, que des Russes ont pillé des comptes bancaires en France, que mon ordinateur comme le vôtre peut recevoir un mail-espion, un cheval de Troyes et plein d'autres petits spams qui pilleront votre ordinateur pendant qu'un *hacker* vous piquera votre assurance-vie ou votre numéro de sécurité sociale. Que le cyberterrorisme émerge de cette cybercriminalité déjà existante constitue donc un risque réel, tellement plus réel que le bug de l'an 2000 qui promettait pourtant l'apocalypse. Vous pourriez objecter que mettre hors d'usage un serveur informatique ne peut pas être considéré comme étant un acte de terrorisme. Tout dépend en réalité des dégâts occasionnés par une attaque de cyberterroristes. Des spécialistes de la question, soulignant que les systèmes informatiques ont bien souvent des « portes vers l'extérieur », qu'ils soient en réseau ou connectés à Internet, ont été jusqu'à prédire un « Pearl Harbour électronique ». La capacité d'introduire des agents dormants virtuels dans les systèmes informatiques est avérée. Cela peut aller jusqu'à la création d'un système complet, un « Botnet », avec lequel il sera possible de coordonner des attaques. En somme, ces agents dormants virtuels ressemblent aux cellules dormantes d'Al-Qaida, composées d'individus de chair et de sang. Or il n'est pas exclu que ces agents virtuels se montrent encore plus efficaces que les agents physiques. Lors de l'invasion américaine en Irak de 2003, l'on a pu constater l'efficacité des cyberattaques américaines pour empêcher toute communication au sein de l'armée irakienne et pour paralyser « les infrastructures critiques ». L'utilisation massive de l'informatique, y compris dans la vie de tous les jours, rend redoutables de telles attaques. Chez Saddam Hussein lui-même, passionné de domotique, tout était contrôlé par un système central, si bien qu'il n'arrivait plus à tirer sa chasse d'eau.

Appliqué à des intentions terroristes, les cyberattaques pourraient par exemple viser des hôpitaux, des infrastructures électriques, des centrales nucléaires, la distribution de l'eau potable, le trafic aérien. Nous ne sommes absolument pas dans la fiction si l'on considère ce qui est arrivé à l'Estonie en 2007, paralysée par une cyberattaque. Cette attaque spectaculaire, de la famille des « *denial of service* », eut pour effet de rendre inaccessibles de nombreux sites et réseaux publics et privés. Des banques, notamment, se sont retrouvées paralysées. Le fameux virus « *I love you* », qui infectait les ordinateurs de ceux qui cliquaient sur le message du même nom, n'avait rien de terroriste mais l'on pourrait imaginer sans mal un virus « *I hate you* » d'Al-Qaida, qui s'en prendrait à des infrastructures vitales. D'une manière générale, si plus rien ne fonctionnait, l'effet terroriste serait atteint. Si les distributeurs ne distribuent plus d'argent, si votre salaire ne peut pas vous être viré, si vous ne pouvez plus prendre l'avion, si le chirurgien doit vous opérer à la bougie et avec un scalpel, peut-être commencerez-vous à paniquer quelque peu. De façon plus ciblée et sans chercher à désorganiser totalement le fonctionnement d'un pays, ce qui est tout de même compliqué, des terroristes pourraient tenter de prendre le contrôle à distance d'une « infrastructure critique ». Depuis le 11 Septembre 2001, les Américains ont effectué des études sur le sujet. La commission chargée d'étudier les causes des dysfonctionnements ayant permis la réalisation des attentats du 11 Septembre a pointé du doigt le « manque d'imagination » des services américains. Prévenir, c'est imaginer la menace terroriste. Depuis, les Américains imaginent à peu près tout et, sur le terrain du cyberterrorisme, ils imaginent le pire comme par exemple une attaque combinée utilisant toutes les capacités de l'espace virtuel, allant du *spamming* (saturation de serveurs) au *phishing* (détournement de données personnelles), du *spoofing* (usurpation d'adresse IP) au *pharming* (détournement d'un nom de domaine), du *malware* (logiciel malveillant) au *spyware* (logiciel espion), du *worm* (virus) au *trojan horse* (cheval de Troie) sans oublier le *denial of service attack* (piratage mettant hors service un serveur ou un site web). Leurs craintes sont fondées parce que d'importantes infrastructures (services d'urgence, distribution de l'eau, transport, énergie, défense nationale, systèmes financiers et autres) sont contrôlées électroniquement par des réseaux informatiques centralisés appelés « Supervisory Control and Data Acquisition » (SCDA). En théorie, il n'est donc pas impossible non seulement de désorganiser totalement un pays, mais même de s'emparer ponctuellement d'un réseau informatique qui contrôle lui-même telle ou telle infrastructure. Plus concrètement, cela signifie qu'un terroriste pourrait essayer de prendre le contrôle d'une centrale nucléaire ou d'un barrage. Cette nouvelle menace, évoquée depuis quelques années, a beau n'être qu'embryonnaire, elle n'a rien à voir avec de la science-fiction. Si l'on imagine difficilement qu'un petit groupe terroriste puisse constituer une grande menace, l'on peut en revanche aisément imaginer ce que l'arme virtuelle pourrait devenir entre les mains d'un État-terroriste ou d'un groupe terroriste financé et soutenu par un État.

En attendant, nous sommes confrontés à des menaces tangibles et actuelles. Si l'on s'attache à l'évolution historique de la menace islamiste, l'AQMI (Al-Qaida au Maghreb islamique) est notre ennemi le plus direct. Il n'est pas forcément notre ennemi le plus puissant mais il rêve de nous atteindre depuis si longtemps. Que l'AQMI descende vers les terres du Sud (Mauritanie, Mali, Niger) constitue certes un signe de faiblesse, mais ne doit pas nous amener à sous-estimer l'adversaire. Je ne referai pas l'histoire des mouvements terroristes du Maghreb ni même ceux d'Algérie. Disons, pour simplifier, que le GIA dit de la deuxième région militaire avait fait scission avec le GIA historique. De cette scission naquit le GSPC dont le nom, groupe salafiste pour la prédication et le combat, avait une connotation plus internationale que celui de GIA. En 2004, Abou Moussab Abdel Wadoud devint le nouvel émir de GSPC. Dès son discours d'entrée à l'académie des chefs terroristes, il annonça la couleur : « L'hostilité des autorités algériennes envers nous ne nous fait pas perdre de vue l'hostilité de la France et sa perfidie... la France est notre principal ennemi, l'ennemi de notre religion et de notre communauté... nous devrons verser le sang pour chasser les fils spirituels de la France... nous couperons ses influences en Algérie... le seul moyen de rendre la France disciplinée est le Jihad et le martyre. »

Le GSPC, toutefois, n'avait jamais bénéficié d'un soutien explicite, et encore moins matériel, d'Al-Qaida. Le 11 septembre 2006 (date symbolique !), ce fut chose faite de la façon la plus solennelle qui soit. Ayman Al-Zawahiri annonça lui-même sur la chaîne Al-Jazeera le ralliement du GSPC à Al-Qaida : « Notre émir moudjahid, le Lion de l'islam, Oussama Ben laden, me charge d'annoncer à la Oumma et aux frères moudjhahidin du monde entier l'adhésion du GSPC au Qaida't Al-Jihad. Que grâce soit rendue à Allah pour ce ralliement béni qui sera, nous le souhaitons, une épine dans la gorge des Américains croisés, des Français et de leurs alliés, un désespoir, une tristesse et un chagrin dans les cœurs des apostats et traîtres, fils de France. » Al-Qaida savait parfaitement que la France restait et restera la cible privilégiée des terroristes algériens et, pour motiver ces nouvelles troupes fraîchement ralliées, il fallait donc la désigner comme l'ennemi à abattre. Cette concession à une vision régionaliste du Jihad était indispensable, même si elle ne correspondait pas tout à fait aux objectifs prioritaires d'Al-Qaida dont le centre d'intérêt restait les terres d'authentiques Jihads, en Afghanistan, en Tchétchénie ou en Irak. Dès le 14 septembre 2006, le GSPC confirmait la « bonne nouvelle ». Ce serment d'allégeance accentua un phénomène déjà amorcé de rapprochement du GSPC avec les groupes tunisiens, marocains et mauritaniens. En pratique, le GSPC délivra une formation militaire aux militants de ces groupes et tissa des liens de plus en plus étroits qui allaient donner naissance à l'étape ultime de l'AQMI.

Cette dernière étape fut franchie en janvier 2007. Dans un communiqué sans ambiguïté, Abdelmalek Droukdal annonça : « Après qu'Allah a béni les moudjahidin en particulier et les musulmans en général par l'adhésion du GSPC en Algérie à l'organisation d'Al-Qaida du Jihad et par l'allégeance au Lion de l'islam, le cheik Oussama Ben Laden, qu'Allah le garde de tout malheur ou atteinte, il était nécessaire que l'ancienne appellation "le GSPC" disparaisse et soit remplacée par une nouvelle appellation qui sera un signe de la solidité de l'unité, de la force, de la cohésion et de la sincérité des liens entre les moudjahidin en Algérie et tous leurs frères au sein de l'organisation Al-Qaida. Nous étions attentifs à ce sujet depuis le premier jour de l'adhésion et la seule raison pour laquelle nous ne l'avions pas concrétisé était que nous tenions à avoir le conseil, l'autorisation et le choix du cheik Oussama Ben Laden, qu'Allah le garde. » Ce changement de raison sociale démontrait d'ailleurs que l'appellation d'origine contrôlée « Al-Qaida », la délivrance des franchises ou les contrats de concession exclusive étaient, à tout seigneur tout honneur, du domaine réservé d'Oussama Ben Laden. Depuis l'AQMI n'a cessé de menacer la France, fustigeant le 15 mai 2007 l'interdiction du port du voile dans les écoles françaises avec un écho lointain et surprenant dans un discours de Zawahiri dont on ne s'attendait pas à ce qu'il s'intéressât autant à un détail de ce genre. En septembre 2007, le numéro deux d'Al-Qaida renouvela son soutien à l'AQMI en insistant sur le Jihad au

Maghreb et en allant jusqu'à affirmer que la reprise de l'Andalousie était « la mission de la Oumma ». Pour cela, avec un humour très particulier, Al-Zawahiri ajoutait : « Les moudjahidin ne pourront y parvenir qu'en nettoyant le Maghreb de l'islam des fils de la France et de l'Espagne qui sont revenus de nouveau après que vos grand-mères et vos pères eurent sacrifié leur sang pour Allah afin de les chasser. »

Sans verser dans la paranoïa, il est donc assez logique de conclure que l'AQMI représente une menace manifeste contre la France. Cela ne signifie pas qu'il soit totalement exclu qu'un attentat sur le sol français, exécuté sous les couleurs d'Al-Qaida, le serait nécessairement par l'AQMI, mais c'est le plus probable. Depuis le temps qu'elle nous menace, il est surprenant qu'aucun attentat n'ait été commis sur le sol français. Est-ce un signe de faiblesse de l'AQMI ? Est-ce la preuve d'une efficacité remarquable de nos services spécialisés ? Sans doute les deux ! Nous avons déjoué des attentats, certes, mais ce furent toujours des actions de moyenne ampleur, des projets assez peu organisés. Cependant, ce qui nous a semblé constituer des groupes assez rudimentaires et des projets assez sommaires ne l'étaient peut-être qu'en raison de la précocité de notre action, de ce fameux système judiciaire préventif à la française dont j'ai chanté les louanges. Il n'est cependant pas infaillible et un jour ou l'autre le sang coulera de nouveau en métropole. Ce sera sans doute beaucoup plus meurtrier que la campagne de 1995 car nous ne sommes plus à l'époque des bouteilles de gaz et des boulons.

Cette action meurtrière sera-t-elle le fait d'un groupe structuré ou d'un solitaire ? Est-il envisageable qu'un solitaire ou un microgroupe, sans connexions avec une véritable structure terroriste, puisse réussir un attentat sur le territoire français ? La réponse est oui, cent fois oui, mais elle doit être nuancée. Qu'un solitaire inconnu des services spécialisés puisse passer à l'action est indéniable. Son principal avantage sera précisément d'être inconnu et de n'être en relation avec aucun groupe ou individu connu. Néanmoins, sa capacité d'action sera nécessairement réduite. Agir seul est possible mais réduit le champ des possibilités... à moins de tomber sur un Jack l'Éventreur du terrorisme, un Guy Georges du Jihad international, une sorte de criminel hybride qui agirait pour des motifs téléologiques mais avec le sang-froid et la détermination d'un tueur en série !

La menace de l'AQMI, d'un solitaire ou d'un microgroupe ne doit pas nous faire oublier la matrice, cette zone pakistano-afghane où tout a vraiment commencé. Nos dossiers de filières irakiennes sont terminés. Plus personne ne part en Irak. La destination à la mode est redevenue la zone pakistano-afghane et en particulier le Waziristan. Les médias, et pas seulement les islamistes, fustigent les méthodes employées sur le terrain. Même des officiels afghans se mettent à regretter les victimes civiles d'un conflit sans fin. Nous sommes en train de perdre parce que les musulmans murs pour le Jihad, partout dans le monde, se mettent de nouveau à considérer que l'islam est agressé dans cette région du monde. Des volontaires partent donc, comme au bon vieux temps des Soviétiques. Pour l'instant, l'Occident réussit à gérer le phénomène. La France, notamment, avec sa grande expérience des premières filières afghanes, parvient à s'en sortir, mais le courant risque de devenir plus violent. Il est urgent de redonner un sens à notre action en Afghanistan.

Il faut rester dans la zone pakistano-afghane tant que nous ne sommes pas certains qu'Al-Qaida n'y revivra pas son âge d'or. Je suis tout sauf un va-t-en-guerre, mais il est impensable que demain des camps d'entraînement de terroristes à ciel ouvert revoient le jour. En revanche, les moyens de gagner cette guerre contre l'obscurantisme doivent être soigneusement repensés. Il faut en finir avec les drones et les massacres de population civile, tout ce qui fait haïr l'Occident. L'important est de gagner le combat des cœurs, d'aider la population, de ne tuer aucun innocent, de nous montrer plus justes que les islamistes. Quand la population afghane rejettera le modèle taliban où, tout au moins, refusera sur son sol des terroristes professionnels qui n'ont rien à voir avec la culture et la civilisation afghanes, nous aurons gagné et nous pourrons partir. Ceci est d'autant plus important que notre capacité à nous montrer justes, à donner envie de notre démocratie, est un combat que nous devons également gagner chez nous. Aucun être heureux de vivre ne se fera exploser au milieu d'un marché, cela n'existe pas.

La situation est très compliquée mais l'Amérique semble avoir intégré l'idée qu'il faut revenir à des bases plus saines dans le traitement de la menace islamiste. Le respect absolu de la sécurité des populations civiles doit devenir la priorité numéro un. Pour le reste, j'ai pu constater que la justice américaine entendait bien jouer son rôle. Des équipes homogènes Attorney adjoint/FBI se sont constituées, en particulier à New York, pour traiter judiciairement des dossiers de terrorisme islamiste. Elles fonctionnent sur un modèle assez proche, ironie de l'histoire, du duo instruction/DCRI à la française. Puisqu'il faut vider Guantanamo, il fallait bien trouver une solution. Cette solution, j'en suis certain, l'Amérique est en train de la trouver, dans ses principes démocratiques, dans sa justice. Pourtant, je suis globalement pessimiste.

Demain, l'avenir sera en partie ce que nous en ferons et nous serons les principaux artisans de la menace qui pèse sur nous. Bien sûr, avec mon pessimisme naturel, j'ai tendance à penser qu'il faudrait un miracle pour que nous ne continuions pas dans nos erreurs passées : le manque de vigilance, l'amnésie collective (1995, ce n'est pourtant pas si loin), l'affaiblissement des moyens, les luttes internes qui gaspillent l'énergie que l'on ne devrait consacrer qu'à la lutte antiterroriste, le mépris à l'égard des jeunes, parmi eux, les jihadistes de demain, et, plus généralement, tout ce qui nous éloigne du terrain. On avance, on avance, on avance…

La question est : qui gagnera ?

ANNEXES

Patriot Act (États-Unis)

Un autre pays, exemplaire sur le terrain des droits de l'homme, tourna également et résolument le dos à son système judiciaire, présumé incapable de lutter efficacement contre le terrorisme.

Les États-Unis avaient tout au moins l'excuse, contrairement à la Grande-Bretagne, du choc considérable provoqué par les attentats du 11 Septembre. La loi du « Patriot Act » d'octobre 2001, notamment, attribua implicitement de larges pouvoirs réglementaires au président des États-Unis. Celui-ci les utilisa sous forme de « *military orders* » ou d'« *executive orders* ». L'ordre de novembre 2001 mérite une mention spéciale. Son titre, « Détention, traitement et procès de certains non-citoyens dans la guerre contre le terrorisme », était en lui-même assez prometteur.

À l'instar de ce que les Britanniques allaient voter en décembre 2001, les Américains instauraient donc une différence entre la législation applicable aux nationaux et celle destinée aux autres terriens. Dans les deux cas, l'accès au tribunal était une prérogative attachée à la nationalité.

Aux États-Unis, les choses étaient un peu plus compliquées dans la mesure où les 5ᵉ et 14ᵉ amendements de la Constitution garantissent le « *due process of law* » pour, *a minima*, toute personne arrêtée sur le territoire américain, quelle que soit sa nationalité.

C'est grâce à cette protection constitutionnelle que le Français Zacharias Moussaoui a comparu devant une cour fédérale américaine. Tous les autres, détenus à Guantanamo ou en Afghanistan, eurent droit aux manières et à la franchise autrement plus viriles des militaires américains.

Par ailleurs, l'ordre exécutif de novembre 2001 utilisait de façon un peu imprudente l'expression de « guerre contre le terrorisme ». S'agissait-il d'une guerre ? Dans ce cas, les lois de la guerre étaient-elles applicables ? Le contenu des conventions de Genève n'était à vrai dire pas vraiment adapté, ne serait-ce qu'en raison du droit reconnu à un prisonnier de guerre de ne répondre qu'aux seules questions relatives à son nom, son grade et son unité. Il n'y avait pas là de quoi satisfaire la curiosité de nos amis américains. En outre, le prisonnier de guerre est censé être libéré dès la fin du conflit, événement que l'on peut difficilement situer avec précision en matière de terrorisme.

La situation posait donc des problèmes juridiques assez inédits et les Américains ont cru trouver une solution tout aussi inédite dans la notion de « combattant illégal ». Contrairement au « combattant légal », en uniforme et pour le compte de l'armée d'un pays reconnu, le « combattant illégal » ne pouvait bénéficier de la protection des conventions de Genève.

Un bras de fer s'engagea entre la justice fédérale et l'administration Bush. Le 28 juin 2004, la Cour suprême se pencha une première fois sur le statut des détenus de Guantanamo. Ceux-ci devaient-ils dépendre exclusivement des commissions militaires créées en novembre 2001 ou avaient-ils un accès possible à la justice fédérale américaine ? De prime abord, le système mis en place par l'administration républicaine semblait pouvoir bénéficier d'un précédent de 1950 : la justice américaine avait alors estimé qu'elle n'était pas compétente pour recevoir une requête d'un étranger détenu hors du territoire américain. En 2004, la Cour suprême va contourner l'obstacle en soutenant que Guantanamo se trouvait sur un territoire soumis de fait à la compétence pleine et exclusive des États-Unis. Elle se reconnut donc compétente pour faire appliquer les garanties de l'*habeas corpus* aux détenus de Guantanamo et, notamment, le droit d'accès à la justice fédérale. Le congrès riposta avec le « Detainee Act » du 30 décembre 2005 déniant toute compétence aux juges américains pour appliquer les garanties de l'*habeas corpus* à un étranger détenu à l'étranger.

Nouveau rebondissement en 2006 : la Cour suprême estima que les commissions militaires violaient purement et simplement les conventions de Genève et que le « Detainee Act » de 2005 ne pouvait pas être rétroactif. Autrement dit, les recours des détenus de Guantanamo déjà déposés pouvaient prospérer. Le congrès, une nouvelle fois, tenta de briser la résistance de la plus haute cour de justice américaine avec le vote, en 2006, du « Military Commissions Act » qui, d'une part, légalisa les commissions militaires, et de l'autre déclara applicable aux procédures en cours le « Detainee Act » de 2005. La Cour suprême ne s'avoua toutefois pas vaincue.

En juin 2008, elle décida que les détenus de Guantanamo, même étrangers, avaient un droit d'accès au système judiciaire fédéral. Cette épopée ne semble d'ailleurs pas être achevée puisque en 2009 un nouveau « Military Commissions Act » a abandonné la terminologie de « combattants ennemis illégaux » pour celle de « *unprivileged ennemy belligerents* ». Je me garderai bien de tenter une traduction de ce nouveau terme car j'en perds mon latin.

L'analyse des réactions de la Grande-Bretagne et des États-Unis, confrontés à une crise terroriste majeure, démontre que la tentation est forte, y compris dans des démocraties, à bien des égards exemplaires, de se passer de l'outil judiciaire pour lutter contre le terrorisme.

Le pouvoir exécutif a en effet tendance à ne pas faire confiance à la Justice, surtout lorsqu'elle est trop protectrice des libertés individuelles à son goût. L'absence, en l'espèce, de système judiciaire de lutte antiterroriste suffisamment efficace a poussé ces États, pendant un temps, à des excès bien plus dangereux pour les libertés que l'adoption de règles, certes dérogatoires au droit commun, mais qui respectent tout de même les principes fondamentaux de toute procédure pénale dans une démocratie.

C'est en ce sens que la loi française du 9 septembre 1986 peut, avec le recul nécessaire, être considérée comme un exemple, bien que de prime abord elle ait pu sembler dangereuse pour les libertés individuelles.

La France, en 1986, a certes enfanté dans la douleur mais ce fut un beau bébé.

Le financement du terrorisme

Si l'argent est le nerf de la guerre, il doit être également celui de la guerre sainte. Ce raisonnement somme toute logique eut son heure de gloire à partir de 1999.

La montée en puissance d'Al-Qaida, concrétisée par les attentats impressionnants de 1998 contre les ambassades américaines au Kenya et en Tanzanie, amena la communauté internationale à réagir. La convention des Nations unies sur la répression du financement du terrorisme de décembre 1999 ne fut cependant guère suivie d'effets spectaculaires avant les attentats du 11 Septembre. À partir du 12 septembre 2001, cette lutte devint une priorité. Le conseil de sécurité de l'ONU, dès le 28 septembre 2001, adopta la résolution n° 1373 imposant le « gel des avoirs financiers des terroristes ». Le GAFI (groupe d'action financière international sur le blanchiment des capitaux), rattaché à l'OCDE (organisation pour la coopération et le développement économique), vota à son tour huit recommandations spéciales en octobre 2001, relatives à l'entretien financier du terrorisme. En novembre 2001 était créée dans le code pénal français l'infraction de financement du terrorisme.

L'inconvénient majeur de la réponse apportée à la hâte à ce problème et à son corollaire, le blanchiment des fonds devant servir à des activités terroristes, fut un déplacement de la lutte antiterroriste sur le terrain non judiciaire. La mesure de gel des avoirs des « terroristes » fut conçue avant tout comme une réponse de l'État et non de sa justice. C'est ainsi qu'aux États-Unis on gela massivement des biens de personnes physiques ou de sociétés simplement suspectées de fournir de l'argent au terrorisme, alors même qu'elles ne faisaient pas encore l'objet de poursuites pénales. Y succédèrent des mesures de gel administratif. On assista d'ailleurs à des retraits de fonds conséquents de richissimes Saoudiens qui ne voulaient pas risquer de voir leurs possessions bloquées et être contraints d'engager des procédures coûteuses pour les récupérer. L'action en justice intentée par de nombreuses familles des victimes des attentats du 11 Septembre accentua le phénomène. Plusieurs banques furent en effet visées par cette plainte, ainsi que des organisations non gouvernementales soupçonnées, à tort ou à raison, d'avoir financé Al-Qaida.

Le groupe des sociétés Ben Laden n'était évidemment pas épargné, de même que divers princes saoudiens dont Turki Al-Faycal, ancien responsable des services de renseignements saoudiens et qui, de ce fait, avait effectivement eu des liens étroits avec Oussama Ben Laden. On « découvrait » ce qui était connu depuis longtemps, à savoir les liens historiques entre « la base » et les services saoudiens et américains dont l'origine remontait au Jihad contre l'invasion soviétique en Afghanistan.

Les journalistes spécialisés et les chercheurs se passionnèrent pour cet aspect non encore médiatiquement exploité de la pieuvre Al-Qaida. À lire les livres et articles de l'époque, les tentacules financiers d'Al-Qaida s'étaient accrochés un peu partout : le trafic d'or en provenance du Pakistan et à destination du Soudan, c'était Al-Qaida ! Le trafic de tanzanite, pierre bleue de Tanzanie très précieuse que l'on ne trouve que dans la région du Kilimandjaro, c'était bien sûr Al-Qaida ! Le trafic de diamants en Sierra Leone, c'était toujours Al-Qaida, à la suite d'un accord passé avec le front révolutionnaire uni de Charles Taylor ! Le trafic de l'opium, c'était Al-Qaida et les talibans (même si celui-ci existait bien avant eux) ! Al-Qaida était partout et son argent aussi. Une rumeur diabolique se mit même à circuler : « la base », à travers les nombreuses sociétés qu'elle contrôlait, aurait accru sa richesse en spéculant sur les attentats du 11 Septembre. Non contente de tuer trois mille personnes innocentes, elle aurait de plus commis un énorme délit d'initié. Personne n'est capable de démêler le vrai du faux sur ces avoirs prétendument colossaux. Mais il est certain qu'Al-Qaida avait eu besoin de fonds importants pour accueillir tant de volontaires dans ses camps d'entraînement et pour entretenir des contacts opérationnels dans plusieurs régions du monde.

Mais le système international de lutte contre le financement et le blanchiment en matière de terrorisme s'est calqué sur une réalité qui n'existait déjà plus après l'opération américaine en Afghanistan. Le raisonnement a porté sur un macro-financement du terrorisme contre lequel il convenait certes de lutter mais qui ne correspond à aucune réalité sur le terrain judiciaire. Lors d'un déplacement au Maroc où je devais animer, avec Renaud Van Ruymbeke, une formation sur le financement et le blanchiment terroriste, un haut fonctionnaire marocain nous avait fait part du peu d'utilité de la création d'une cellule destinée à recevoir les « déclarations de soupçons » voulue par le GAFI dans les pays où le réseau financier et en particulier bancaire est peu développé, de sorte que l'argent, propre ou non, utilise d'autres voies techniquement moins sophistiquées. Plusieurs pays connaissaient déjà ce système. En France, la cellule centralisatrice de renseignements financiers TRACFIN (traitement du renseignement et action contre les circuits financiers clandestins) existait depuis 1990 pour recevoir et traiter les mouvements de fonds suspects dénoncés par toutes les professions et organismes sur qui pèse légalement cette obligation de dénonciation (notaires, banques, bureau de change, etc.).

Il s'agissait de lutter contre le blanchiment de l'argent sale issu d'infractions de droit commun et en particulier du trafic de drogue. Après le 11 Septembre, les déclarations de soupçons liées au terrorisme se sont multipliées. L'activité globale de TRACFIN s'en est ressentie (2 503 déclarations de soupçons en 2000, 3 597 en 2001 et 3 473 en 2002).

Cependant, sur le terrain judiciaire, les signalements TRACFIN n'ont eu que très peu de résultats. La raison en est simple : en matière de terrorisme, c'est moins le montant du flux financier qui importe que l'identité des personnes et la localisation des pays concernés. Les mouvements financiers en lien avec une activité terroriste sont la plupart du temps de faible montant. Résultat, l'efficacité du système repose avant tout sur la subjectivité des auteurs des déclarations de soupçons. Ce qui va par exemple alerter un banquier sera le pays d'origine ou le pays destinataire des fonds et le caractère non pas important mais éventuellement inhabituel du mouvement financier. Bien sûr, la nationalité du client peut avoir une incidence, mais n'est qu'indicative. Qu'un Français blond aux yeux bleus reçoive une somme d'argent du Pakistan est-il moins suspect que si cette somme est reçue par un Pakistanais barbu ? Ce dernier peut avoir de la famille au Pakistan, ce qui peut expliquer l'existence de transferts de fonds dans un sens ou dans l'autre.

L'appréciation de l'opportunité d'établir la déclaration de soupçons est donc délicate. Certes, la Justice est régulièrement saisie de signalements TRACFIN mais il apparaît que bien souvent la déclaration de soupçons a précisément été faite parce qu'une enquête était déjà ouverte. L'attention du banquier avait été attirée par une visite ou une réquisition d'enquêteurs s'intéressant aux mouvements de fonds sur tel ou tel compte. Sachant que son client intéressait la justice antiterroriste, ce dernier s'empressait d'établir une déclaration de soupçons. Ce n'est donc pas, dans cette hypothèse, la déclaration de soupçons qui est à l'origine de l'ouverture de l'enquête, mais l'enquête elle-même, puis le signalement TRACFIN. Ce « fonctionnement à l'envers » peut parfois s'avérer un peu cocasse, notamment quand un juge d'instruction reçoit un signalement TRACFIN un ou deux ans après l'arrestation de la personne concernée. Il faut néanmoins admettre que les signalements TRACFIN, même s'ils n'amènent pas à la découverte d'un terroriste ou d'un groupe terroriste jusqu'alors inconnus, sont utiles en raison de la qualité des analyses qu'ils contiennent. Les fonctionnaires de TRACFIN se livrent parfois à de véritables petites enquêtes financières et proposent des explications souvent très intéressantes sur les transferts de fonds relevés.

Le constat fait pour TRACFIN est en réalité pertinent pour l'ensemble des enquêtes sur le financement du terrorisme. Je n'ai jamais connu l'exemple d'une enquête purement financière ayant permis d'identifier un groupe terroriste inconnu jusqu'alors. Les enquêtes sur le financement du terrorisme ne se portent que sur les personnes déjà soupçonnées de se livrer à des activités terroristes. Elles servent à apporter des preuves et à identifier les autres membres du groupe, mais ne peuvent pas partir de rien, et en tout cas pas de la constatation d'un transfert de fonds, suspect en lui-même, quelque part dans le monde.

En revanche, le fait de nous être intéressés de plus en plus aux moyens de rémunération des groupes terroristes a permis d'acquérir une expérience dans ce domaine. L'argent dont les membres du groupe avaient pu disposer pour vivre, se déplacer, se rencontrer et préparer leurs projets terroristes n'était pas, avant le 11 Septembre, un objectif prioritaire de nos enquêtes. À force d'entendre parler de financement du terrorisme, les magistrats et les services spécialisés ont fini par être sensibilisés à cette approche. Par ailleurs, nous avions l'exemple de Rachid Ramda, confondu en particulier par des envois de fonds aux auteurs de la campagne d'attentats de 1995 en France. Malheureusement pour Ramda, la comptabilité écrite, tenue par ce groupe, faisait apparaître de façon détaillée que cet argent avait bien été utilisé pour commettre ces attentats. Cette compatibilité terroriste se voulait très précise, histoire de pouvoir justifier les dépenses jusqu'au moindre boulon, la moindre vis, appelés pour l'occasion, avec une délicatesse exquise, des « friandises ». Ces « friandises », doit-on le rappeler, étaient destinées à être mises en vrac dans les sacs contenant les bombonnes de gaz pour accentuer « l'effet vulnérant » au moment de l'explosion.

Les investigations sur le financement de la campagne d'attentats de 1995 nous ont très tôt amené à faire un constat assez déprimant qui ne s'est jamais démenti depuis : terroriser ne coûte pas cher ! Le budget alloué à Ali Touchent, Boualem Bensaid et consorts pour la campagne de 1995 ne s'élevait qu'à la somme de… 165 890 francs. Après huit attentats et trois mois de terreur, le groupe n'avait dépensé que 123 959 francs, transports et logements compris ! C'est-à-dire 18 896 euros. Même s'il conviendrait de la réévaluer, le coût de cette campagne d'attentats est équivalent à un peu moins d'une journée de salaire du footballeur Cristiano Ronaldo.

Les attentats d'Al-Qaida de « l'époque moderne » n'ont pas coûté si cher que cela non plus. Selon un rapport officiel du 19 décembre 2002, 500 000 dollars ont suffi à commettre les attentats du 11 Septembre, TVA comprise. Les attentats de Nairobi et de Dar es Salam en 1998, contre les ambassades américaines (224 morts et 4600 blessés), ont été exécutés pour la modique somme de 30 000 dollars. Chaque mort n'a donc « coûté » à Al-Qaida que 134 dollars ! Quant à l'attentat commis en 2000 contre l'*USS Cole*, c'était donné : 10 000 dollars !

Avec de tels chiffres, il va de soi que la surveillance des transferts de fonds internationaux ne rime pas à grand-chose, d'autant que de longue date, les terroristes de la mouvance Al-Qaida, souvent originaires de pays où l'on utilise fréquemment des systèmes alternatifs de transferts de fonds plutôt que le système bancaire moderne de transferts électroniques, ont montré leur préférence pour des modes de financement quasi indétectables. Au premier rang de ces systèmes ingénieux figure l'*hawala* (signifiant « je promets » en arabe), appelée *hundi* en zone pakistano-afghane et *chop* en Chine. Le nom chinois est d'ailleurs très évocateur puisqu'il s'agit précisément d'utiliser un réseau de commerçants pour effectuer des transferts de fonds sans déplacement physique d'argent et sans laisser de trace électronique. Ce système prend différentes formes mais le plus usité et le plus simple s'appuie sur un réseau de commerçants en relation habituelle d'affaires.

À titre d'exemple, un semi-grossiste en épicerie de Peshawar exporte fréquemment des denrées pakistanaises à destination de la Grande-Bretagne où les épiceries pakistanaises sont légions. De ce fait, notre semi-grossiste a une ligne de compte ouverte chez de nombreux commerçants pakistanais en Grande-Bretagne et inversement. Un jour, un Pakistanais vient demander un service à notre semi-grossiste. Il n'est pas forcé de lui raconter qu'il fait partie d'un groupe terroriste ayant besoin d'envoyer de l'argent à ses complices à Londres. Il lui suffira d'un petit mensonge bien senti et d'autant plus admis que notre *hawaladar* semi-grossiste touchera une petite commission au passage. Même en l'absence de commissions, ce qui sera assez rare, notre terroriste pourra s'en tirer en jouant la corde sensible de la vieille mère malade qui attend des fonds en urgence pour payer le médecin ou l'hôpital, ou bien pour acheter la dinde de Noël et les cadeaux pour les petits-enfants. Il pourra utilement fustiger la cupidité du banquier qui lui demande un montant exorbitant pour envoyer un petit mandat ridicule.

Imaginons que notre terroriste remette 10 000 euros à notre *hawaladar* et que la commission de celui-ci soit de 500 euros, le transfert devra donc porter sur 9500 euros. Le semi-grossiste va contacter l'une des épiceries pakistanaises de Londres avec laquelle il a des relations d'affaires et lui demander de régler la dernière livraison à la personne qui se présentera à cette intention, c'est-à-dire le collègue de notre terroriste. Il suffira pour notre semi-grossiste d'arguer qu'il doit de l'argent à cet individu et qu'il a consenti, en quelque sorte, une cession de créance à son profit. Pour l'épicier londonien qui doit de l'argent à notre semi-grossiste, il importe peu de payer X ou Y à partir du moment où les choses sont convenues ainsi avec son créancier. Dans ce système, la seule obligation est de pouvoir identifier sans erreur possible la personne à qui l'argent doit être remis. C'est pourquoi un code est souvent utilisé. Ce peut être une phrase, un verset du Coran ou un numéro, ou n'importe quoi. Le seul risque serait que le code soit intercepté lors de sa transmission entre le Pakistan et la Grande-Bretagne. Notre terroriste de Peshawar est en effet dans l'obligation de communiquer à son complice londonien le code en question pour que celui-ci puisse retirer l'argent, tandis que l'*hawaladar* doit également transmettre ce code à son correspondant épicier afin que celui-ci sache à qui remettre cet argent. Une communication de ces données par téléphone ou Internet constitue donc un risque potentiel. Il n'existe cependant que lorsque les protagonistes de l'*hawala* sont déjà suspectés et mis sous surveillance. Or le système de l'*hawala* est très utilisé par la communauté pakistanaise pour des motifs n'ayant rien à voir avec le terrorisme ou une quelconque infraction. Il s'agit d'envoyer de l'argent à sa famille à moindre coût. Détecter une *hawala* terroriste revient donc à chercher une aiguille dans une botte de foin.

Le GAFI, dans ses recommandations, n'a pas oublié l'*hawala*. Aux termes de sa 6e recommandation, « chaque pays devrait prendre des mesures afin de s'assurer que les personnes physiques ou morales, y compris les agents, qui fournissent un service de transmission des fonds ou de valeurs, obtiennent une autorisation d'exercer ou qu'elles s'inscrivent sur un registre, et qu'elles soient assujetties à toutes les recommandations du GAFI s'appliquant aux banques et aux institutions financières non bancaires. Chaque pays devrait s'assurer que les personnes physiques ou morales qui fournissent ce service illégalement soient passibles de sanctions administratives, civiles ou pénales ».

Le système Western Union ressemble au système de l'*hawala* en ce qu'il permet des transferts d'espèces sans circulation physique de l'argent. Une personne se présente dans un bureau Western Union, remet 10 000 euros et mentionne l'identité du destinataire. Le jour même, dans un autre pays, ce destinataire vient chercher l'argent, amputé de la commission, dans un bureau Western Union. C'est ainsi que Rachid Ramda a procédé, en 1995, pour envoyer des fonds à Boualem Bensaid. Qui plus est, à l'époque, le donneur d'ordres ne devait présenter une pièce d'identité qu'au-delà de 5 000 livres sterling.

Rachid Ramda ne fit donc jamais d'envoi supérieur à cette somme.

À la différence du système de l'*hawala*, l'utilisation de réseau officiel de Western Union présente l'inconvénient de laisser des traces. Il existe en premier lieu un bordereau rempli par le donneur d'ordre et même si celui-ci utilise l'identité de Fricotin Bibi, ce bordereau donnera des indications précieuses sur la date, le montant du transfert, le fausse identité utilisée par le bénéficiaire, ainsi que l'endroit où l'argent devait être retiré. Pour la petite histoire, le bordereau rempli par Rachid Ramda présenta une valeur probatoire dépassant de loin les indications qu'il contenait puisqu'on y trouva son empreinte digitale. Il existe, en second lieu, un bordereau rempli par le bénéficiaire des fonds sur lequel on trouvera des indications utiles sur la pièce d'identité utilisée. Les enquêteurs pourront ensuite tenter de retracer le « parcours » de ce faux document d'identité.

Que les systèmes Western Union ou *hawala* permettent des transferts discrets sans déplacement physique ne signifie pas que les groupes terroristes aient abandonné la bonne vieille technique du transport d'espèces. Ce système est relativement peu risqué eu égard à la masse des voyageurs qui écument la planète. De plus, il n'est guère besoin de transporter des sommes importantes car le groupe n'en a pas nécessairement besoin et il est toujours possible soit de faire plusieurs voyages, soit de confier des petites sommes à plusieurs voyageurs. Qui plus est, si le passeur est arrêté, il sera bien difficile de démontrer qu'une somme d'argent non arrivée à destination devait servir à financer un groupe ou une activité terroriste.

Quand le groupe a besoin de fonds supérieurs, il va se tourner vers des avoirs de grande valeur et de petite taille. Les pierres précieuses présentent cet avantage indiscutable : un petit sachet de diamants peut se négocier facilement, une fois arrivé à destination. Pendant le transport, il remplace avantageusement une grosse valise de billets. Les pièces d'or sont un peu plus encombrantes que les pierres précieuses mais sont aisément monnayables.

Même si tous ces cas de figure ont existé dans l'histoire du terrorisme, la France a surtout connu, pour ce qui est du terrorisme islamiste, le phénomène de l'autofinancement. L'idée est qu'un groupe terroriste, même s'il est lié d'une manière ou d'une autre à Al-Qaida, essaye de se financer de manière autonome, et d'agir de la même manière.

Cet autofinancement a très tôt été légitimé sur le plan dogmatique : voler un mécréant ne constitue pas un péché puisque cet argent doit servir à la cause de l'islam. Dans le passé, l'on trouvait encore quelques Fatwas écrites, sollicitées au cas par cas auprès d'un salim, par un groupe terroriste qui se demandait encore s'il était véritablement « licite » de braquer une banque. Maintenant, la question ne se pose plus : la fin justifie les moyens.

Le problème de l'autofinancement, puisqu'il concerne des groupes locaux, est différent du financement ponctuel d'un attentat. Le but est avant tout de soutenir le groupe terroriste lui-même et non pas seulement une action particulière. Les besoins de liquidités d'un groupe terroriste peuvent être en effet importants. Certes, il ne s'agit pas, comme pour ETA, de faire vivre dans la clandestinité une vraie petite armée. Il n'existe rien de tel dans le terrorisme islamiste. Mais il faut tout de même assurer le minimum. Tous les membres du groupe n'auront pas nécessairement de travail, et même si cela est le cas, il y aura au minimum le budget « voyages » à assumer. Tout va dépendre des objectifs du groupe.

Si cet objectif est d'envoyer certains de ses membres en Irak ou en zone pakistano-afghane, il faudra prendre des contacts, assister à des réunions, payer des passeurs, trouver des faux papiers. Si le groupe veut pouvoir agir dans la durée, il devra aussi trouver un financement durable. Même dans l'hypothèse où il ne voudrait « frapper » qu'à une seule reprise, son besoin d'argent dépendra de l'ampleur du projet et du temps plus ou moins long. Selon le mode opératoire choisi pour l'attentat et la phase préparatoire de celui-ci, il va de soi que les besoins peuvent être variables. Le groupe de 1995 avait ainsi changé au moins trois fois d'appartement. Les mesures de précaution ont également un coût non négligeable. Dans l'absolu, il serait recommandé de changer de puces téléphoniques très régulièrement et même d'ordinateur. De même, l'utilisation de plusieurs véhicules de location est recommandée.

D'une manière générale, il faut comprendre qu'un projet terroriste se déroule sur une période de temps génératrice de frais. Et puis, à l'approche de l'action, il faudra songer à constituer l'engin ou les engins explosifs. Les ingrédients seront plus ou moins volumineux et plus ou moins onéreux. Peut-être sera-t-il nécessaire et plus prudent de louer un local *ad hoc* pour stocker les matériaux et faire sa « petite cuisine » ?

Où trouver l'argent ? Les activités illicites qui permettent de s'en procurer sont multiples. Un groupe terroriste peut bien entendu tirer ses ressources d'activités licites, mais il faut une mise de fonds initiale. Il n'a jamais été démontré dans un dossier français qu'une *zakat*, « aumône », récoltée en France, ait pu servir directement à des activités terroristes. Nous avons certes connu une procédure dans laquelle quelques extrémistes avaient essayé de s'approprier la *zakat* du vendredi à la sortie d'une mosquée. Rien n'interdit à un groupe salafiste de récolter des fonds à la sortie de la mosquée le vendredi, mais les fidèles, qui auront déjà donné leur *zakat* officielle à la personne chargée de la collecte au sein de la mosquée, ne se montreront pas forcément très généreux. En revanche, dans plusieurs dossiers, nous avons pu constater que les dirigeants de centres islamiques de certaines villes européennes s'étaient montrés très actifs pour la cause du Jihad. Le nombre de fidèles fréquentant ces centres ayant éprouvé le besoin irrépressible de partir faire le Jihad semblait en tout cas statistiquement très élevé. Cette constatation permettait donc de douter d'une utilisation entièrement pacifique de l'argent récolté auprès des fidèles.

Les exemples relevés dans les procédures françaises sont cependant beaucoup plus prosaïques. La plupart du temps, nos terroristes se sont financés par des infractions de droit commun.

En tête du palmarès, l'on trouve les vols à main armée. Dès 1994, cette méthode de financement a été utilisée sans vergogne. Les auteurs des attentats au Maroc de 1994, agissant plus ou moins sous la bannière du MJIM (mouvement de la jeunesse islamique marocaine), multiplièrent les braquages tant en France qu'au Maroc pour payer les attentats et l'envoi de recrues dans les camps afghans.

Plus récemment, nous eûmes une nouvelle vague de vols et de tentatives de vols à main armée, à partir de 2004, dont certains étaient manifestement liés à des activités terroristes. Ces derniers dossiers ont mis en lumière deux phénomènes, l'un assez déconcertant, l'autre parfaitement prévisible. En premier lieu, nous avons constaté que nos terroristes pouvaient s'associer avec des braqueurs professionnels. La création de ces équipes mixtes a rendu plus difficile la détection de ces dossiers par les services antiterroristes. Rien ne ressemble plus à un braquage qu'un autre braquage et, sous la cagoule, on ne voit pas la barbichette ! De ce fait, ces vols à main armée ont tous été d'abord traités par des services de police de droit commun, et notamment la brigade de répression du banditisme, sous la direction des parquets locaux. Un groupe de braqueurs peut en effet agir sur le ressort de plusieurs tribunaux et rapidement. Paris, Bobigny, Nanterre, Créteil ou encore Évry travaillent sur le même groupe sans le savoir. Ce n'est que lorsque le lien sera fait et lorsque l'aspect terroriste des braquages apparaîtra que toutes ces affaires seront centralisées à la section antiterroriste de Paris et confiées à un service de police spécialisé.

En second lieu, ces affaires de vols à main armée ont démontré la nécessité pour un groupe terroriste qui veut pérenniser ses activités de se procurer des ressources d'apparence licite.

Si un groupe est composé, par exemple, de six ou sept individus, ce qui constitue une « taille standard », vous pouvez être certain qu'au moins un ou deux membres de ce groupe sont déjà connus des services antiterroristes. Il est donc préférable, vu de l'extérieur, que ces derniers puissent justifier de ressources régulièrement acquises. Si un lien peut être établi entre les braquages et le groupe, c'en sera fini de lui avant même qu'il ait pu passer à la phase terroriste. Le vol à main armée est une activité qui rapporte des sommes importantes. Dans une vision à long terme de la lutte pour l'hégémonie de l'islam radical, il est indispensable de blanchir les sommes en question et de les transformer en revenus réguliers. Le seul point déprimant sera de payer des impôts à l'État mécréant.

La technique de blanchiment que nous avons pu constater dans le domaine de l'antiterrorisme n'est guère originale. Elle est utilisée également en droit commun. Il s'agit d'acheter des commerces dont le chiffre d'affaires n'est pas aisément vérifiable et surtout qui manipulent beaucoup d'espèces (restaurants, *phone shops*, épiceries...). Ceux-ci peuvent en outre servir à l'activité terroriste elle-même (notamment en facilitant les communications « anonymes » par Internet s'agissant des cybercafés) ou permettre l'*hawala*.

Plusieurs techniques sont utilisées.

Il est en premier lieu possible de sous-évaluer une affaire pour pouvoir l'acheter officiellement à un prix minoré. Cette méthode aura l'avantage de pouvoir justifier des fonds ayant servi à l'achat. Il est en effet plus facile de légitimer une sortie de fonds de 20 000 euros qu'une sortie de 100 000. Officiellement, le fonds aura donc été acheté 20 000 euros et l'acheteur recevra en dessous de table les 80 000 euros complémentaires. Il y verra un intérêt fiscal évident mais là réside l'inconvénient de ce premier système. Si le prix de vente du commerce est trop sous-évalué, le fisc risque d'y mettre son nez, voire les services antiterroristes.

Un système plus élaboré consiste donc à ne pas minorer le prix de vente mais à prévoir que les 80 000 euros restant seront payables par mensualités, en utilisant soi-disant les bénéfices de l'activité.

Dans le premier cas de figure, l'argent du braquage est blanchi brutalement : 80 000 euros sont remis en espèces au vendeur.

Dans le second cas, l'argent est blanchi en douceur, tout au moins en apparence car, dans le cas où il existe une confiance suffisante entre l'acheteur et le vendeur, rien n'empêche ce dernier de verser immédiatement les 80 000 euros. Il suffira par la suite de sortir comptablement les mensualités qui ne sont plus dues pour se les mettre dans la poche et s'en servir pour taper sur les mécréants.

Pendant la vie du fonds de commerce, on pourra toujours injecter avec prudence des espèces provenant d'une origine autre que le plat du jour. Cela permet non seulement de continuer à blanchir des fonds mais peut également s'avérer indispensable pour rendre crédible le prétendu paiement échelonné du vendeur grâce aux bénéfices tirées de l'activité. Dans la technique numéro 2 de blanchiment, les 80 000 euros restants doivent être payés par mensualité et il faut donc que les bénéfices mensuels de cette activité soient suffisants. Pour ce faire, il va falloir gonfler le chiffre d'affaires du commerce en injectant petit à petit de l'argent provenant des braquages. Il faut bien sûr y aller avec modération et, dans ce cas, il y a peu de chance que le fisc s'y intéresse puisque le commerçant va payer plus d'impôts qu'auparavant. L'augmentation fictive des bénéfices du fonds de commerce a certes cette conséquence, de prime abord détestable, de devoir faire un chèque plus conséquent au Trésor public, mais après tout il s'agit d'argent volé ! Dans un cas que nous avons eu à l'instruction, il était manifeste que les bénéfices ne pourraient jamais suffire à payer les mensualités. Aucun commerce ne peut tripler son chiffre d'affaires du jour au lendemain ! En l'espèce, nos clients avaient manqué de prudence et de patience. D'autres blanchiments sont sans doute restés indétectables par la capacité de leurs auteurs à ne pas brusquer le mécanisme.

L'investissement dans un fonds de commerce présente un autre avantage : il sera possible d'embaucher les copains, c'est-à-dire les membres du groupe terroriste, en leur procurant ainsi des ressources régulières et licites. Dès lors, le groupe aura tout le temps nécessaire pour préparer le grand jour.

Le stade ultime du blanchiment consistera dans la vente du fonds de commerce. Sa vente permettra d'en acheter un autre,

Après ce blanchiment de second étage, l'argent sera parfaitement propre.

L'avantage d'un commerce réside dans la possibilité d'acheter le plus légalement de monde tout ce qui peut être utile à une activité terroriste : voitures, téléphones portables, ordinateurs. Bien plus, si l'activité le justifie, les voyages des membres du groupe auront une justification professionnelle. Quoi de plus normal, pour une société d'import/export de vêtements orientaux, que d'envoyer régulièrement ses représentants dans des pays d'Orient. Il faut bien sélectionner sur place les meilleurs tissus, négocier les meilleurs prix. De nombreuses activités impliquent, à l'époque de la mondialisation, des déplacements fréquents.

Si le financement par des vols à main armée a donc, de 1994 à nos jours, toujours eu la préférence des terroristes islamistes de notre douce France, d'autres méthodes ont bien entendu été utilisées. Nous eûmes de la contrefaçon de vêtements, des vols en tout genre et une appétence particulière pour le clonage de cartes bancaires. De grands pays n'ont pas compris l'avantage qu'il y avait à copier la France en ce domaine comme en tant d'autres. Nos petites puces et notre code secret sont des remparts efficaces contre le clonage, alors que le touriste américain, fier de son « American Express », ne tapote sur aucun clavier pour valider ses achats. Le clonage ne peut cependant être réalisé que dans des hôtels ou des commerces. Un petit appareil est placé sous celui de transmission bancaire (TPE) et le réceptionniste ou le commerçant, tout en faisant la conversation avec le pauvre touriste américain, va insérer la carte bancaire dans ce petit appareil avant de l'insérer dans le TPE. La bande magnétique pourra ainsi être dupliquée et intégrée dans une réplique parfaite de la carte d'origine. Par rapport à un vol pur et simple de carte bancaire, ce système présente un avantage évident. Le titulaire d'une carte bancaire volée se précipite, dès qu'il s'est rendu compte du vol, pour faire opposition. Le temps d'utilisation frauduleuse de la carte est donc très court. Le titulaire d'une carte clonée ne sait pas qu'elle l'a été et il ne fait donc pas opposition. Le touriste américain continuera ses vacances comme si de rien n'était. Il ne se rendra compte que bien plus tard de l'ampleur du désastre et tentera d'expliquer à son banquier qu'il n'a pas acheté en Europe dix tenues de camouflage ou six paires de jumelles infrarouges !

Le cas le plus insolite de financement reste les agressions de prostituées commises en 2005, en région parisienne, par le groupe « Ansar el-Fath » (les partisans de la destinée, ce qui signifie en l'espèce les partisans de la victoire). À l'instar des vols à main armée, il est *a priori* impossible de détecter l'aspect terroriste d'une agression de prostituée dans la masse des agressions de droit commun du même genre. En théorie, cela n'est pas illogique. La prostitution est un péché et les prostituées sont des mécréantes « plus plus ». Il est donc permis de les voler pour utiliser l'argent à la noble cause du Jihad. Cependant, à moins que la prostituée agressée ne fasse part aux enquêteurs d'un détail significatif, l'agression sera traitée par le parquet local et par un service de police de droit commun. En l'espèce, seule l'interpellation en flagrance des agresseurs permit de mettre en lumière l'aspect terroriste du dossier, en raison de leurs liens avec une personne très surveillée par les services spécialisés et de ce que l'on trouva en perquisition.

Cette affaire démontra que tout était possible en la matière. Toutefois, je n'ai jamais connu ni entendu parler d'un groupe terroriste opérant sur le territoire français rémunéré par du trafic de drogues. Cela existe sans doute mais au niveau d'un éventuel macrofinancement. L'on pense évidemment à la zone pakistano-afghane. J'ai rencontré aux USA des responsables importants de la DEA (Drug Enforcement Administration) qui soutiennent qu'Al-Qaida a vécu et vit encore grâce à l'argent de la drogue. Cela est possible mais j'ai également senti que la DEA « gonflait » le phénomène. Après le 11 Septembre, tous les services fédéraux ont dû développer des plans de lutte contre le terrorisme islamiste. Leur budget est en effet validé par le Sénat et l'obtention d'un enveloppe satisfaisante dépendait en grande partie de la capacité du service à se montrer utile face à l'ennemi public numéro un. La DEA réussit parfaitement son virage. Pour autant, les liens entre le trafic de drogue et Al-Qaida restent à démontrer.

Sur le plan du microfinancement, en tout cas, nous attendons encore l'affaire qui nous permettra d'affirmer que le trafic de drogue peut aussi être utilisé par des islamistes dont les convictions affichées sont en théorie peu compatibles avec ce genre d'activité. Mais comme nous ne sommes pas au bout de nos surprises…

La partition terroriste

En matière antiterroriste plus qu'ailleurs, la protection des libertés individuelles se concilie assez mal avec le souci d'efficacité de la lutte antiterroriste. La raison principale en est précisément la vocation préventive de la lutte judiciaire contre le terrorisme. Pour prévenir efficacement, il faut des moyens très intrusifs alors même qu'aucun attentat n'a eu lieu. En droit commun, la Justice et la police judiciaire interviennent quand une infraction a été commise. Un meurtre vient par exemple d'être commis. L'objectif de l'enquête est de trouver les coupables et de les arrêter. L'enquête démarre sur un fondement solide, un fait criminel déjà perpétré. Ce cas de figure se retrouve aussi dans l'antiterrorisme mais signe notre échec. Quand un attentat est perpétré, c'est que nous n'avons pas pu l'empêcher, le prévenir. Or il n'est pas légalement possible à la Justice et à la police judiciaire d'intervenir en l'absence d'infraction pénale. Comment, dans ces conditions, la justice antiterroriste est-elle parvenue à survivre à ce paradoxe ? Pour faire de la prévention, il ne faut pas seulement des outils répressifs, il faut aussi des outils préventifs.

La solution idéale fut trouvée dans l'utilisation quasi systématique de l'infraction « d'association de malfaiteurs terroristes ». Cette infraction est un outil terriblement efficace mais également potentiellement dangereux pour les libertés individuelles. Elle a été, pour cette raison, vivement critiquée par de nombreux avocats et divers organismes de défense des droits de l'homme. Au fil des années, cependant, et malheureusement au fil des attentats, plusieurs pays se sont dotés d'une « association de malfaiteurs terroristes à la française ».

L'association de malfaiteurs terroristes est définie dans le Code pénal comme étant un groupement formé ou une entente établie en vue de la préparation, caractérisée par un ou plusieurs faits matériels, d'un acte de terrorisme. Je simplifie volontairement dans l'espoir de conserver quelques lecteurs non juristes. L'important est de comprendre que l'on réprime alors non l'acte de terrorisme pas encore commis, mais la préparation même de cet acte de terrorisme : il s'agit donc du cadre légal idéal permettant d'arrêter les terroristes avant qu'ils ne passent à l'action. Pour prendre une comparaison assez parlante, imaginons que l'acte terroriste consiste dans le fait de jouer (prenons quelque chose de vraiment terrifiant) un morceau de folklore austro-hongrois, l'association de malfaiteurs consistera dans la formation d'un groupe constitué dans le but de jouer ce morceau. Il faudrait cependant, pour que l'infraction d'association de malfaiteurs soit constituée, que la volonté du groupe de jouer ce morceau épouvantable soit caractérisée par un ou plusieurs éléments matériels. Il ne s'agit en effet pas de réprimer la pure intention. Ce pourra être, par exemple, le fait que les musiciens se réunissent dans une salle, déballent leurs instruments et les accordent. Même si les musiciens rangent ensuite leurs instruments sans avoir joué le morceau terroriste, ils auront tout de même commis l'infraction de malfaiteurs terroristes car ils se seront regroupés ou entendus en vue de jouer une partition terroriste. Cette intention, caractérisée par un fait matériel, doit être démontrée pour chacun des membres de l'association de malfaiteurs terroristes. Seuls ceux pour lesquels l'on peut prouver qu'ils voulaient incontestablement faire partie du groupe, tout en sachant parfaitement que ce groupe devait jouer une partition terroriste, peuvent être poursuivis. Dans notre exemple, nous pourrions être confrontés au cas d'un musicien qui vient le jour prévu dans la salle de répétition, sert la main des autres musiciens mais refuse de jouer du folklore austro-hongrois. Il ne veut jouer qu'un morceau des Stones.

Présenté ainsi, le travail du juge d'instruction qui consiste à rechercher s'il existe des éléments suffisants, pour chacune des personnes interpellées, d'avoir commis l'infraction de participation à une association de malfaiteurs terroristes, peut paraître relativement simple, mais il n'en est rien pour une bonne raison : les musiciens réunis dans la salle de répétition seront généralement interpellés avant même que notre musicien innocent ait exprimé son refus de jouer du folklore austro-hongrois. Il sera très difficile pour lui de se défendre car il est venu le jour prévu dans la salle de répétition. Il a même serré la main des autres musiciens alors que ceux-ci ne sont pas fréquentables puisqu'ils sont déjà fichés comme étant des amateurs de folklore austro-hongrois. Le juge d'instruction aura donc toutes les raisons de penser qu'il était bien venu dans la salle de répétition pour jouer avec les autres une partition terroriste, même si notre musicien mélomane prétendra le contraire. De plus, bien souvent, notre musicien innocent aura avoué en garde à vue une certaine sympathie pour le folklore austro-hongrois. Il expliquera aux juges que les autres musiciens sont des amis et qu'il partage leurs idées sur la haute qualité musicale du folklore austro-hongrois, mais qu'il n'envisageait absolument pas d'en jouer avec eux ni avec personne d'autre. Il se place ainsi dans la position du « poète » aux qualités douteuses dont nous avons déjà fait état qui, tout en estimant légitime le recours au terrorisme, refuse de s'y impliquer personnellement.

L'usage de l'infraction d'association de malfaiteurs terroristes constitue donc un problème cornélien. Il ne faut pas agir trop tôt car sinon personne ne pourra savoir qui dans le groupe envisageait de jouer la partition terroriste et il ne faut pas agir trop tard et laisser jouer le morceau.

Selon que l'on privilégie la nécessité de recueillir le maximum d'éléments permettant de s'assurer de la culpabilité des membres du groupe ou, au contraire, que l'on privilégie prudemment la sécurité de nos concitoyens, les interpellations seront plus ou moins tardives. L'idéal serait, pour le juge d'instruction, une opération menée juste après que notre musicien innocent a exprimé son refus de jouer la partition terroriste et juste avant que le reste du groupe ne se mette à la jouer. Mais une situation aussi idéale ne se retrouve pas si souvent. Plus il existe une pression sécuritaire importante, ce qui est souvent le cas pendant les fêtes de fin d'année, période traditionnellement propice aux projets d'attentats, et plus la police va intervenir rapidement. Nos décideurs politiques, en particulier, ne peuvent pas se permettre de prendre le risque politique de ne pas être intervenus à temps, alors même que la menace était connue et que le groupe se trouvait sous surveillance. Même s'il appartient théoriquement au juge d'instruction chargé de l'enquête de décider du moment le plus opportun pour intervenir, le pouvoir exécutif est responsable de la sécurité de nos concitoyens. Dans les faits, la décision se prend toujours après de longues discussions et un consensus parvient à être trouvé. Quand la détermination du moment idéal pour intervenir se situe sur un terrain franco-français, la situation reste gérable. Les choses se compliquent quand nous sommes obligés de tenir compte de nos partenaires étrangers. Dans un dossier terroriste important, l'association de malfaiteurs présente presque toujours des ramifications dans plusieurs pays. L'affaire de Francfort en est un bon exemple. La cellule opérationnelle se trouvait en Allemagne mais voulait commettre un attentat à Strasbourg, avec qui plus est l'existence d'un réseau d'exfiltration en France et en Espagne, tandis que les commanditaires se trouvaient à Londres (sans oublier l'Afghanistan). Pour une efficacité maximum, il aurait donc fallu que les interpellations puissent avoir lieu simultanément dans tous les pays concernés.

Cette affaire impliquait plusieurs pays mais lorsque le dossier ne concerne que deux pays, ce qui est assez fréquent, et se traite donc de façon bilatérale, il n'est pas non plus facile d'être sur la même longueur d'onde. Or cela peut être d'autant plus dommageable que nous utilisons aujourd'hui, avec nos voisins directs, la possibilité de créer des équipes communes d'enquête. L'équipe commune d'enquête consiste à créer un seul service d'enquête composée de policiers des deux pays qui pourront effectuer des investigations indifféremment dans l'un ou l'autre de ces deux pays. L'accord de création d'une équipe d'enquête est signé par les magistrats en charge de l'enquête dans les deux pays. En matière de lutte contre le terrorisme islamiste, j'ai ainsi signé des accords avec mes collègues juges d'instruction fédéraux de Bruxelles. Nos dossiers respectifs, du fait de cet accord, n'en font plus qu'un. Les procès-verbaux établis par l'équipe commune d'enquête en France ou en Belgique sont versés dans la procédure des juges français et belges. Une personne mise en examen en France ou en Belgique aura donc accès aux procès-verbaux établis dans les deux pays. L'efficacité est très grande mais le risque de fuite d'informations à contre-temps, dans un pays ou dans l'autre, est plus important. Le moment où l'on va décider de procéder à l'arrestation de tel ou tel suspect dépend de la situation dans les deux pays. Il est le plus souvent indispensable que les opérations d'interpellation se déroulent simultanément, ne serait-ce que pour sauvegarder l'efficacité des perquisitions. Si, par exemple, les Belges interpellent des membres du groupe le lundi, il y a peu de chances que les policiers français trouvent, du côté français, encore des éléments intéressants si les perquisitions sont menées le mardi. Malheureusement, il est arrivé que des décalages se produisent, même dans le cadre de dossiers ayant fait l'objet d'un accord d'équipe commune d'enquête. Cela est arrivé notamment pour un dossier dans lequel mes collègues juges d'instruction belges n'ont pas pu faire autrement que de lancer leur opération plus tôt que cela était initialement prévu. Le retour en Belgique, en effet, de trois jihadistes en provenance du Waziristan, qui plus est à l'approche des fêtes de la fin de l'année 2006, le tout sur fond de messages interceptés assez inquiétants, les a contraints de donner le feu vert. Du côté français, cependant, je n'ai appris la décision de mes collègues que l'après-midi précédant le jour des interpellations en Belgique, alors que les « objectifs » du côté français n'étaient pas « mûrs ». Cela ne laissait aux enquêteurs français que quelques heures pour préparer nos propres interpellations le lendemain à 6 heures. Il s'agit d'impondérables dont personne n'est responsable et nous avions d'ailleurs posé le même problème aux Belges dans un autre dossier, quelques mois plus tôt. Il est impossible de savoir si nous aurions, confrontés à la même situation, réagi de la même façon ou si nous nous serions au contraire montrés plus patients (ou plus imprudents). Tout aurait dépendu, à un moment donné, de notre propre perception de l'ampleur de la menace mais aussi de notre confiance dans notre capacité de surveiller nos suspects. Si les services de police s'estiment certains de pouvoir surveiller efficacement les membres du groupe, il est envisageable de patienter. Sans aller jusqu'à prendre le risque d'un interpellation en flagrance, au moment où les terroristes sortent avec leur engin explosif, il est alors possible de les laisser, par exemple, acheter certains des produits nécessaires pour confectionner leur engin explosif. Mais on ne peut pas aller beaucoup plus loin car le groupe terroriste, dès qu'il a acquis sa capacité d'action, est précisément susceptible de passer à l'action, et il faut une confiance en soi absolue pour se croire infaillible.

Si agir trop tard est la pire chose qui puisse arriver, agir trop tôt est également dommageable, non seulement parce que certaines personnes, comme notre musicien, peuvent se retrouver accusées à tort, mais aussi, à l'inverse, parce que des personnes potentiellement très dangereuses peuvent passer entre les mailles du filet de la Justice. Si un individu veut absolument commettre un attentat et qu'il est interpellé au stade de la simple intention non caractérisée par des faits matériels tangibles, le juge devra, quelle que soit sa conviction profonde, le remettre en liberté. Une fois remis en liberté, l'individu en question pourra poursuivre son projet terroriste dans l'espoir de réussir une autre fois. Il sera certes pris « en charge » par les services de renseignements mais les surveillances de longue durée sont très incertaines. Quand la France ne comptait sur son sol qu'une trentaine d'individus potentiellement dangereux en matière de terrorisme, il était encore possible de mettre en place des dispositifs de surveillance assez rapprochés, mais aujourd'hui le nombre d'individus qu'il conviendrait de surveiller, en exécution d'une mission de renseignements, est devenu trop important. Ce nombre s'accroît constamment. Les anciens de 1995 ont retrouvé la liberté et sont venus grossir les rangs des anciens d'Afghanistan, d'Algérie, de Bosnie, de Tchétchénie ou encore de Somalie.

Que l'utilisation d'une infraction répondant à un objectif préventif, comme notre association de malfaiteurs terroristes, soit une nécessité ne doit pour autant pas constituer une excuse pour faire tout et n'importe quoi et repousser les limites du droit pénal trop loin en termes de respect des libertés individuelles. La façon de « ratisser large » qui fut incontestablement la nôtre a été critiquée à l'occasion d'affaires comme l'affaire Kraouch ou l'affaire Chalabi. Jean-Louis Bruguière avait lui-même décidé « d'opérer le virage » et d'abandonner une méthode consistant à espérer que les perquisitions et les gardes à vue apportent les éléments à charge faisant défaut. Bruguière, à l'instar des services de police spécialisés, s'est trouvé confronté à une « professionnalisation » de nos clients les plus dangereux. Il est fini le temps où nos islamistes laissaient traîner n'importe quoi à leur domicile où racontaient leur projet terroriste au téléphone. Certes, bon nombre de suspects placés en garde à vue continuent d'avouer plus ou moins leur participation à un groupe terroriste, mais c'est parce que pendant des mois les enquêteurs ont accumulé des éléments contre eux et que, mis face à ceux-ci, la personne placée en garde à vue se trouve obligée d'admettre *a minima* une partie de l'évidence. Je ne prétends pas que de temps en temps la méthode consistant à jouer son « va-tout » dans les perquisitions et gardes à vue n'est pas utilisée, mais ces coups de poker sont si peu souvent productifs que les magistrats, comme les policiers, ont bien dû admettre qu'il fallait changer de méthode. Par ailleurs, et chacun comprendra aisément cette remarque, il n'est pas bon que la « réussite » d'une affaire ne repose que sur les déclarations recueillies en garde à vue. De toute façon, les personnes concernées reviendront sur celles-ci devant le juge d'instruction. Le changement de méthode a eu une conséquence qui ne peut que satisfaire les avocats et les défenseurs des droits de l'homme, à savoir que les personnes à interpeller sont de plus en plus ciblées en considération des éléments pertinents recueillis en amont.

En revanche, et c'est sans doute sur ce point que mon analyse diverge profondément des positions de ceux qui montrent du doigt l'étendue des pouvoirs du juge d'instruction antiterroriste, la technique des « frappes chirurgicales » nécessite du matériel perfectionné de chirurgien.

Le juge d'instruction dispose incontestablement de moyens juridiques étendus pour mener ses enquêtes d'association de malfaiteurs terroristes. Que ce soit dans une optique préventive ou dans une optique de rassemblement d'éléments pertinents devant permettre de connaître les responsabilités et la position de chacun dans le groupe terroriste, l'utilisation de moyens de surveillance adaptée est indispensable. J'ai eu l'occasion de souligner à quel point il était dangereux que le ministère public mène des enquêtes préliminaires trop longues, sans moyens de surveillance judiciaire adaptés. Ce n'est pas uniquement parce le risque de débordement du lait sur le feu est plus important mais aussi parce que sont perdus irrémédiablement de précieux éléments à charge ou à décharge relatifs aux individus interpellés.

À moins de vouloir soutenir une vision caricaturale de nos dossiers et de nos islamistes, il faut bien reconnaître que parfois tel ou tel suspect se montre beaucoup plus raisonnable qu'on aurait pu l'imaginer, voire innocent. Il essaye par exemple de dissuader un ami de partir faire le Jihad ou de fréquenter de trop près des individus sulfureux. Or ces éléments transpirent parfois dans les écoutes téléphoniques ou dans les échanges de messages électroniques. En dehors même d'éléments manifestement à décharge qui ressortiraient des écoutes, interceptions Internet ou sonorisations, le fait même que pendant des semaines n'ait été intercepté aucun message compromettant peut être considéré comme un élément à décharge. Bien sûr, il peut s'agir aussi de la manifestation d'une prudence ou d'une intelligence au-dessus de la moyenne, mais dans la plupart des cas, quand les surveillances d'un islamiste lambda ne donnent absolument rien, c'est qu'il n'y a en a fait rien à chercher. Pour le lecteur incrédule qui aurait des difficultés à concevoir, comme parfois certains collègues ou certains policiers, qu'un intégriste religieux puisse être innocent, je préciserai que la constitution d'une infraction pénale implique la réunion de plusieurs éléments dont certains sont parfois absents. Par ailleurs, certains pays regorgent d'intégristes dont nous ne partageons pas les valeurs mais auxquels, par exemple, nous achetons du pétrole et vendons des armes.

C'est pourquoi il faut y réfléchir à deux fois avant de rogner sur les pouvoirs d'investigation du juge d'instruction. Que l'on réfléchisse à la façon de limiter les abus de pouvoir est tout à fait légitime, comme le législateur l'a d'ailleurs fait en matière de garde à vue en interdisant cette mesure pour les personnes contre lesquelles il n'existe pas d'éléments rendant plausible leur participation aux faits poursuivis, mais que l'on supprime les pouvoirs eux-mêmes est une autre chose. Le problème de fond réside en réalité dans la proportionnalité entre le pouvoir utilisé et ce pourquoi il est utilisé. Il ne faut pas prendre un marteau pour écraser une mouche. De la même façon, il ne faut évidemment pas qu'un juge d'instruction antiterroriste mette sous surveillance la moindre personne qui a un jour serré la main de l'un des suspects. Certains moyens exceptionnels, comme l'interception de l'ensemble du trafic Internet d'un individu afin de pouvoir, en temps réel, connaître l'intégralité de son activité Internet, qu'il s'agisse des messages envoyés, des messages reçus ou des sites consultés, ou encore la sonorisation de son domicile qui peut s'accompagner d'une captation d'images, ne peuvent décemment être utilisés que dans les dossiers importants et à l'encontre de personnes suffisamment impliquées dans le dossier. Du reste, ces moyens d'investigation coûtent horriblement cher, ce qui constitue, dans ces temps de disette, une raison de plus de réfréner nos ardeurs. Quel enquêteur pourrait d'ailleurs s'intéresser longtemps à un « *reality show* » dans l'appartement d'un troisième couteau ? En dehors même du problème du respect de la vie privée, et en dehors du coût de ces mesures de surveillance, l'inadaptation des moyens utilisés est une perte de temps pour l'enquête. Pour écouter, visionner et lire des heures d'enregistrement, il faut des policiers. Le temps passé par des policiers spécialisés à écouter un individu en train de regarder un match de foot à la télé ou à discourir sans fin sur les prescriptions de l'islam dans la vie courante n'est pas utilisé pour autre chose. Il faut donc surveiller mais pas n'importe qui et pas n'importe comment. Le but est de connaître les membres, la hiérarchie et les projets du groupe terroriste. Une fois ces objectifs atteints, les surveillances se concentreront logiquement sur les personnes manifestement impliquées ou, même si elles ne sont pas directement impliquées, du moins susceptibles de nous apporter des éléments essentiels. Il est évident par exemple que les parents d'un jeune parti faire le Jihad sont susceptibles d'être contactés par celui-ci. Il est évident également qu'un Français qui contacte des adresses e-mail en Algérie est potentiellement plus intéressant à surveiller que quelqu'un qui n'échange des messages qu'avec sa copine. De même, quelqu'un qui passe son temps à regarder des scènes d'égorgement sur des sites islamistes est théoriquement plus intéressant à surveiller que quelqu'un qui passe son temps à visionner des films pornographiques, quoique les deux centres d'intérêt coexistent parfois de façon assez surprenante de la part de personnes prônant un comportement irréprochable et conforme à l'islam !

La justice antiterroriste dispose donc de cette infraction bien pratique de l'association de malfaiteurs terroristes grâce à laquelle des projets d'attentats ont été déjoués, je peux l'assurer, mais qui a parfois conduit en prison des personnes dont ce n'était manifestement pas la place, ce que je peux confirmer également. La plupart du temps, il ne s'agit pas de personnes innocentes *stricto sensu* au regard de la loi pénale mais de personnes dont la participation à l'association de malfaiteurs était si limitée qu'on aurait pu les traiter autrement. L'incrimination de l'association de malfaiteurs est en effet extrêmement large et la cour de cassation en a donné une interprétation très pragmatique. Pour éviter une nouvelle fois l'écueil d'un juridisme excessif, je vais encore utiliser une comparaison compréhensible par tous. Imaginons que notre association de malfaiteurs soit une équipe de foot. Cette équipe est composée de plusieurs joueurs dont certains sont de qualité très moyenne alors que d'autres sont de véritables meneurs de jeu. Il y a aussi le buteur, c'est-à-dire le poseur de bombe. Certains joueurs vont jouer tout le match, d'autres ne vont jouer que cinq minutes et d'autres encore vont rester sur le banc de touche. Tous les joueurs, cependant, sont théoriquement nécessaires à l'équipe. Au cours de la partie, un défenseur fait une passe à un milieu de terrain qui prolonge la balle de la tête jusqu'au buteur. Le buteur marque et ça fait boom. Le défenseur, en passant la balle au milieu de terrain, ne savait pas que sa passe amènerait un but. Eh bien, la jurisprudence de la cour de cassation est conforme à cette métaphore. Il faut de tout pour faire un monde terroriste et toute personne qui accepte de participer à l'équipe en connaissant le but final poursuivi par l'équipe, à savoir remporter le match, fait partie de l'association de malfaiteurs terroristes, peu importe qu'elle n'ait pas été en mesure de connaître les tenants et aboutissants de son action personnelle. Il ne savait pas l'utilisation qu'il adviendrait de sa passe mais l'a volontairement faite pour aider le groupe à remporter la victoire. Une fois la théorie posée, le fait de traiter judiciairement le terrorisme nécessitera de déterminer au cas par cas la dangerosité des personnes arrêtées, car si toutes ont fait partie de l'équipe, certaines n'auraient même pas pensé en faire partie si elles n'avaient pas été sélectionnées. L'équipe, en outre, aurait joué plus ou moins de la même façon en l'absence de tel ou tel joueur. C'était l'équipe qui était dangereuse et quelques éléments moteurs de celle-ci, mais pas le reste des joueurs. Si l'on abandonne la métaphore, cela signifie qu'une personne qui a, par exemple, fourni son passeport à un réseau acheminant des individus devant suivre un entraînement dans un camp en Afghanistan sera considérée comme ayant participé à une association de malfaiteurs terroristes, même si elle était alors dans l'incapacité de savoir que la personne ayant bénéficié de son passeport commettrait ou tenterait de commettre par la suite un attentat terroriste quelque part dans le monde, et même si elle est elle-même incapable de tuer qui que ce soit.

Il n'est donc pas facile de juger les membres d'une association de malfaiteurs terroristes. Ce n'est, la plupart du temps, pas leur culpabilité qui est en doute, mais leur degré de culpabilité et de dangerosité qui conditionne ce que la Justice va faire d'eux. Il y a place au doute et place à l'erreur.

De Kaboul à Bagdad : les stagiaires du Jihad

Dans la détection de la menace potentielle et donc dans le travail de prévention du terrorisme, le suivi des stagiaires du Jihad tient une place essentielle. Les services français ont très tôt fait une analyse fine de la menace que représentaient les quelques individus en mal de service militaire partis faire leurs classes dans les montagnes afghanes. Très tôt, scellant pour plusieurs années le pacte instruction/DST, le sort de nos amoureux du sport en plein air fut judiciairement contrôlé. Les simples détections et surveillances de ces individus à titre de renseignements n'étaient en effet pas suffisants. Outre qu'il fallait bien les interpeller avant qu'ils ne passent à l'action, leur traitement judiciaire permettait de leur poser toutes les questions utiles, de « presser le citron » en quelque sorte afin de récolter un jus indispensable pour les services spécialisés. Le judiciaire, dans un but de prévention, s'est en réalité mis au service du renseignement. Le dossier d'instruction dit des « filières afghanes » entre les mains de Jean-Louis Bruguière constitua pendant des années un cadre juridique idéal pour « traiter judiciairement » nos petits « Afghans » à leur retour tout en récoltant un maximum d'informations. En revanche, du strict point de vue judiciaire, ce dossier ressemblait à un vaste fourre-tout dont il était difficile de comprendre quelque chose à moins d'avoir suivi l'histoire depuis le début. La principale difficulté consista à gérer les disjonctions inévitables, c'est-à-dire à envoyer se faire juger devant le tribunal correctionnel tel ou tel de nos clients tout en gardant le « dossier-souche » afin de pouvoir accueillir facilement les futurs arrivants. Ce fut donc un dossier avec un « *turn-over* » important. Quoi que l'on puisse penser de cette méthode, il est certain qu'elle fut efficace. Au fil des gardes à vue et des auditions, nous avons appris où se trouvaient les principaux camps d'entraînement, quelle étaient les filières d'acheminement, qui étaient les responsables, qui assurait l'accueil des jihadistes, qui gérait les camps, ce qu'il advenait des passeports des nouvelles recrues, qui dirigeait les opérations extérieures d'Al-Qaida, c'est-à-dire les projets d'actions terroristes, en quoi consistait la formation reçue dans les camps d'entraînement, quel était le degré de technicité de nos apprentis terroristes, et surtout qui était allé s'entraîner. Cette dernière information était la plus importante. Elle permettait à la DST soit d'obtenir la confirmation du départ sur zone d'un individu surveillé dont elle avait pu constater la « disparition » sans être pour autant certaine de sa destination, soit d'apprendre que tel individu jusqu'alors parfaitement inconnu des services spécialisés français et étrangers était en train de crapahuter à Khowst ou à Khalden.

Si l'on devait dater historiquement l'intérêt de la Justice et de la police dans la surveillance des filières, initialement afghanes, la date du 24 août 1994 est celle à retenir. L'attentat de Marrakech commis ce jour-là causa la mort de deux touristes espagnols et fut suivi de plusieurs arrestations. Or treize des personnes mises en cause avaient été formées dans des camps afghans. Ce nombre était trop élevé pour ne pas en tirer un enseignement. À l'époque apparut pour la première fois le nom d'Abou Qassim que j'allais retrouver dans le fameux dossier des « filières afghanes » à mon arrivée au parquet antiterrroriste en 2000, et d'une manière générale dans plusieurs dossiers de l'âge de glace d'Al-Qaida. Deux des auteurs de l'attentat de Marrakech indiquèrent qu'Abou Qassim les avaient accueillis à Peshawar puis les avait dirigés vers leur camp d'affectation. L'alias d'Abou Qassim était déjà connu des services français. Il était apparu peu de temps auparavant dans l'affaire dite de la « gare de Perpignan » dont personne ou presque ne se souvient aujourd'hui. Le 24 juillet 1994 avaient été découverts plusieurs lots d'armes et de munitions en tout genre. Or deux des personnes impliquées dans ce trafic étaient en possession des cordonnées au Pakistan d'Abou Qassim. Ils détenaient par ailleurs des documents relatifs aux explosifs et aux systèmes de mise à feu que l'on retrouvera sur le dénommé Abderrazak Arroum, lors de son interpellation en Allemagne le 28 mars 1995. Abderrazak Arroum, alias Khaled, était précisément celui qui avait communiqué à deux des membres du commando de Marrakech les cordonnées de Qassim. À cette époque, alors qu'Oussama Ben Laden semblait avoir déserté le théâtre afghan, Abou Qassim était la véritable star du terrorisme islamiste. Il est resté quasi inconnu du grand public mais il fut, pour les services spécialisés, une référence, l'hyper-passeur, le passage obligé pour les montagnes afghanes, le contact incontournable, le coordonnateur omnipotent. En suivant, du côté du ministère public, ce premier dossier dit des « filières afghanes », j'avais appris à le connaître au travers des déclarations de nos Français ou résidents français lors de leur retour « au bercail ». La stratégie mise en place, comme je l'ai indiqué, consistait à identifier les partants, puis à les attendre de pied ferme au retour. Bien entendu, comme cela est toujours le cas aujourd'hui, les réservations de billets d'avion et les demandes de visas pour le Pakistan, en France et à l'étranger, constituaient la source principale d'informations de la DST. Le principal souci ne résidait pas tant dans ce problème toutefois récurrent de la double nationalité qui permettait, en théorie, à un Franco-Marocain ou encore à un Franco-Tunisien de présenter une demande de visa pour le Pakistan ailleurs qu'en France.

La véritable difficulté, c'était surtout, et c'est encore vrai aujourd'hui, la surveillance des jihadistes résidant dans les pays frontaliers de la France et qui constituaient une menace tout aussi importante sur notre territoire. Un membre du GIA algérien vivant en Allemagne et parti s'entraîner en Afghanistan représentait, à son retour en Allemagne, un danger pour la France. Il n'est évidemment pas nécessaire de vivre en France pour y commettre un attentat, ou tout au moins pour tenter de le faire comme le groupe de Francfort nous l'a prouvé en tentant de frapper Strasbourg. En outre, le Pakistan était et reste encore un lieu privilégié pour des séjours confessionnels dont la véritable nature est difficile à déterminer. Lahore, par exemple, constitue le principal lieu d'implantation du mouvement tabligh et de nombreux musulmans du monde entier s'y sont rendus et s'y rendent encore pour suivre un enseignement religieux au contact des maîtres tabligh. Dans les demandes de visas, l'argument scolastique était donc bien souvent invoqué et comme le Pakistan n'avait pas encore pris la mesure ou voulu prendre la mesure du changement d'époque qui s'amorçait, les demandes de visas étaient très rarement refusées. En cela, les autorités pakistanaises ne faisaient que reproduire ce qu'elles avaient fait entre 1979 et 1989, c'est-à-dire tamponner les passeports sans trop se poser de questions. Du reste, la très grande majorité des musulmans voulant se rendre à Lahore faisait effectivement partie du mouvement tabligh et la détection des quelques individus qui utilisaient faussement ce motif pour justifier leur demande de visa n'était donc pas si aisée. Enfin, plusieurs des individus venus au Pakistan par Lahore avaient pour vocation de rejoindre les camps des groupes jihadistes luttant contre l'Inde au Cachemire, avec la bénédiction des autorités pakistanaises.

Le départ des Soviétiques d'Afghanistan, en 1989, n'avait que très temporairement affecté la fréquentation des camps afghans. Dès 1992, ceux-ci s'étaient remis à fonctionner à peu près normalement. La petite entreprise d'Abou Qassim, de son vrai nom Mohamed Chaouki Baadache, ne risquait donc pas de connaître la crise et la France, engagée dans le conflit algérien, se trouvait en première ligne. De cette époque date sans aucun doute le pacte de collaboration forcée entre la France et le régime d'Alger. Abou Qassim était lui-même algérien, comme bon nombre des recrues des camps afghans. Certes, le conflit en Bosnie avait débuté mais il s'agissait là d'un Jihad paradoxal où les Occidentaux s'étaient alliés aux musulmans pour combattre des Serbes chrétiens. C'était un peu le monde à l'envers mais il faut dire que les Serbes avaient poussé beaucoup trop loin le bouchon. L'attitude criminelle de leurs dirigeants finit par convaincre les États-Unis de s'allier à contre-cœur à des troupes musulmanes dont certaines, comme le bataillon des moudjahidin de Zenica, étaient composées d'individus détestant l'Amérique et même de quelques terroristes professionnels. Si les États-Unis traînèrent initialement les pieds, c'est qu'ils avaient précisément retenu la leçon de leurs erreurs passées. Ils se mordaient déjà les doigts de leur tolérance envers Oussama Ben Laden et les partisans du Jihad international. L'Amérique avait compris que ces gens-là, une fois lancés sur la piste du Jihad, ne pouvaient plus s'arrêter. La méfiance de l'Amérique envers les nuages de sauterelles islamistes était à vrai dire pleinement justifiée, mais il n'était plus possible de faire autrement, étant donné le « manque de retenue » des Serbes envers les populations musulmanes. En 1994, mis à part ce Jihad paradoxal, le seul Jihad à peu près vendable sur le marché était bien le Jihad algérien. La Tchétchénie allait bientôt devenir à la mode mais pour l'heure les stagiaires des camps afghans avaient bien souvent l'Algérie en tête et la haine de la France dans le cœur. Les résidents français, de retour d'Afghanistan, étaient rarement bien disposés envers leur mère patrie ou leur patrie d'accueil. Cette menace, infiniment plus précoce en France que dans les autres pays européens, explique ce suivi privilégié des filières afghanes, puis des filières en tout genre, qui caractérise le système judiciaire français de lutte contre le terrorisme, bien aidé, il faut le reconnaître, par ce bel outil préventif du délit d'association de malfaiteurs terroristes.

Abou Qassim, dans ce premier dossier de filières afghanes, faisait donc figure d'ennemi public numéro 1. Il occupait, comme Abou Zoubeida après lui, un poste particulièrement exposé dans la mesure où les stagiaires disposaient par la force des choses de ses coordonnées téléphoniques. Certes, il n'utilisait pas de lignes cellulaires à son nom mais le recoupement des déclarations de nos gardés à vue permit de déterminer qu'il s'agissait bien de la même personne, chargée d'accueillir et de prendre en charge les nouvelles recrues. Je n'aurais d'ailleurs jamais imaginé l'avoir un jour en face de moi. Il était devenu, en quelque sorte, un mythe inaccessible. Mais Abou Qassim fut arrêté en Belgique le 5 mars 1998, lors du démantèlement d'une cellule du GIA qui s'apprêtait peut-être à frapper la France.

Si le nom d'Abou Qassim traînait donc dans tous les calepins et toutes les procédures, j'étais comme un gosse à Noël quand il nous fut livré par les Belges en juin 2001.

Ses auditions déjà réalisées en Belgique étaient riches d'enseignement. Qassim, vingt-neuf ans au moment de son arrestation, était tombé dans la marmite islamiste en étant petit. Sympathisant du FIS, il avait dû quitter son pays dès 1990 et avait profité d'une filière yéménite pour se rendre à Peshawar. Après avoir suivi une formation militaire au Pakistan, il partit combattre le régime communiste afghan ou ce qu'il en restait. Il devint, de retour de Kaboul, instructeur à son tour puis revint à Peshawar pour aider à la gestion des moudjahidin étrangers et en particulier des Algériens ou des recrues d'origine algérienne. Dans les années qui suivirent, il accueillit ainsi plusieurs Français, ce qui lui valut d'apparaître si souvent dans notre procédure des « filières afghanes ». Dans le courant de l'année 1996, Oussama Ben Laden reprit le contrôle des camps d'entraînement avec l'accord des talibans et confia à l'un de ses proches, Abou Zoubeida, le rôle d'accueil et de dispatching des stagiaires étrangers. Abou Qassim, lui, eut pour mission de participer à l'organisation, depuis l'Europe, du réseau d'acheminement des recrues en Afghanistan. Il devait en théorie rejoindre Londres mais échoua finalement à Bruxelles. De là, il resta en contact avec Abou Zoubeida et organisa un trafic de faux documents administratifs au profit, en priorité, des membres du GIA, du GICM (groupe islamique combattant marocain) et du groupe tunisien

En Nahda. Le but était encore et toujours de former le plus possible de recrues puis de constituer des cellules dormantes au Maghreb et en Europe. Je n'ai qu'un souvenir confus d'Abou Qassim car je ne le vis que brièvement à l'occasion de débats contradictoires sur sa détention, mais il fait partie, pour autant que je m'en souvienne, de ces individus calmes, réservés et résolus qui vous font percevoir la profondeur et la largeur du fossé qui nous sépare. Le 25 mai 2004, quand Abou Qassim fut jugé par la 16e chambre du tribunal correctionnel de Paris, je n'étais déjà plus là. J'avais déserté au tribunal de Nanterre où j'instruisais des dossiers financiers. J'aurais bien voulu être présent car on ne juge pas tous les jours un Abou Qassim. C'est un peu comme juger une page d'histoire. Je me suis évidemment, depuis mon exil nanterrois, procuré le jugement rédigé par Jean-Claude Kross, le président du tribunal. Sans surprise, Abou Qassim a écopé du maximum de la peine encourue à l'époque du chef d'association de malfaiteurs terroristes, à savoir dix années de prison, et sans surprise il est resté droit dans ses bottes à l'audience. Il a notamment déclaré : « Je suis fier de ce que j'ai fait en Afghanistan et au Pakistan. Même si la guillotine m'attendait, je le referais. »

Avec Abou Qassim disparut une époque qui n'était pas sans charme. Les années qui suivirent furent celles de l'hyperterrorisme et de « l'âge d'or d'Al-Qaida ». La DST continua de suivre la même stratégie préventive avec succès : l'important, hier comme aujourd'hui, est de surveiller comme le lait sur le feu nos jihadistes en exil. Qu'ils partent s'entraîner ou qu'ils partent au combat, ils sont, quand ils reviennent, dans un état psychologique assez trouble. Soit ils sont dégoûtés à jamais de la guerre, fut-elle sainte, soit ils en redemandent. Plus ils ont connu d'horreurs et plus ils sont susceptibles d'en commettre. Lorsque l'on a vu beaucoup de cadavres, en particulier de femmes et d'enfants, quelques morts de plus dans un métro parisien ne représentent plus grand-chose. Et que dire de nos islamistes algériens ? Comment imaginer qu'ils puissent reculer devant la perspective d'un quelconque massacre dans une ville européenne alors que des villages entiers ont été massacrés en Algérie ? Le principal problème des populations européennes est de croire que l'horreur est irréelle, impossible en quelque sorte. Nous nous croyons tellement à l'abri, dans un monde où pourtant tant d'innocents souffrent. La guerre en temps de paix n'est pas imaginable. Notre problématique des filières est précisément la résultante de ce saut dans la quatrième dimension. De jeunes musulmans veulent quitter un monde protecteur et indifférent pour affronter un monde qu'ils n'ont pu qu'imaginer. Le confort use leur foi, les prières ne suffisent plus à étancher leur soif d'action et leur trop-plein de ferveur religieuse. Mais ils tombent entre les mains de criminels poursuivant une stratégie qui n'a rien d'humaniste.

Le conflit en Irak a en effet eu pour conséquence une « démocratisation des vocations jihadistes ». La guerre en Bosnie avait déjà eu cette conséquence, en moins prononcée, de créer des émules dans des couches de population inattendues. Nous crûmes, parce que nous n'avons pas participé aux opérations militaires en Irak, que nous n'en subirions aucune conséquence. En réalité, la DST et les renseignements généraux comprirent très vite à quel point la situation était dangereuse, même pour une France ayant adopté une politique de neutralité dans un conflit où elle n'avait rien à gagner. L'expérience des services français joua à nouveau à plein et, selon la stratégie habituelle, il fut donc mis en place un système de détection et de surveillance des réseaux d'acheminement de volontaires pour le Jihad en Irak. Cette fois-ci, la situation était cependant particulièrement complexe. Plus aucun de nos schémas habituels ne semblait fonctionner. Quelques vieux de la vieille continuaient à respecter les procédures habituelles, un peu comme le milieu du grand banditisme avant que les petites frappes ne viennent détruire ce qui restait du fameux « code d'honneur ». Ce fut notamment le cas du nouveau groupe de Safé Bourada, en partie constitué par celui-ci alors qu'il finissait de purger les dix années qu'il avait prises pour sa participation à l'association de malfaiteurs ayant assuré un soutien logistique au GIA lors de la campagne d'attentats de 1995. Dans une logique très hiérarchisée, ce nouveau groupe noua des contacts avec un représentant d'Al-Qaida en Syrie, ce qui était la meilleure façon de se faire remarquer, et il fut décidé que plusieurs de ses membres pourraient bénéficier de l'entrainement à Tripoli (Liban) délivré par Abou Chaar.

À l'inverse, de nombreux réseaux virent le jour dans l'Hexagone sans réel contact, au préalable, avec Al-Qaida puis le groupe d'Al-Zarkaoui. Ils donnèrent naissance à autant de procédures selon le schéma habituel surveillance/arrestations. Quand ces groupes prenaient naissance dans un milieu « surveillé », la situation était encore sous contrôle, mais il en alla autrement quand des vocations naquirent spontanément dans nos belles provinces françaises. Des étudiants, parfois de haut niveau comme à Montpellier ou à Tours, ou de jeunes musulmans un peu désœuvrés comme à Toulouse, se mirent en tête d'aller aider leurs frères irakiens. Ces jeunes gens étaient suffisamment motivés pour tout abandonner, pour aller se faire tuer, parfois en combattant les Américains mais souvent en se faisant exploser au milieu de femmes et d'enfants pour satisfaire la vision sunnite du monde d'Al-Zarkaoui et d'Al-Qaida.

Lors de la guerre en Irak, l'analyse effectuée de longue date et maintes fois confirmée sur la dangerosité de tout jihadiste revenu d'un camp d'entraînement ou d'une terre de Jihad se trouva de nouveau validée. Pourtant, nous étions neutres dans le conflit irakien. Qu'à cela ne tienne ! Le monde n'est qu'un petit village. La neutralité ne peut plus exister en matière de terrorisme islamiste depuis la « mondialisations de la terreur ». La France a choisi son camp depuis longtemps et le fait de ne pas envoyer de troupes en Irak ne pouvait avoir pour conséquence une quelconque neutralité dans la lutte contre les filières irakiennes. L'encadrement de ces filières était de surcroît assuré, comme au bon temps des premières filières afghanes, par des émirs ayant fait allégeance à Al-Qaida et, au premier chef, par Al-Zarkaoui, officiellement investi par Oussama Ben Laden en qualité de coordonnateur du Jihad au pays de Cham. Il était donc hors de question de laisser notre ennemi de longue date porter des coups contre notre allié traditionnel, l'Amérique, sans réagir.

Le conflit irakien, cependant, fit exploser la notion même de terrorisme et notre stratégie de prévention fut poussée dans ses dernières limites. Fort heureusement, la Justice a su le faire avec retenue. Un dossier, qui n'est certes pas le plus passionnant, a en revanche un aspect didactique exceptionnel. Nous sommes bien loin des réseaux Al-Qaida, des logiciels cryptés, des réunions au sommet à Damas ou à Beyrouth, des manuels de « savoir-tuer en dix leçons ». Nous sommes au contraire dans l'humain, dans la révolte, dans la jeunesse et dans la conviction profonde et honnête, avec ce dossier qui commença à Tours en 2006.

Les protagonistes de cette affaire ont tous été jugés définitivement mais si je ne cite pas leur nom, c'est pour éviter de leur créer un préjudice supplémentaire. Leurs noms circulèrent dans la presse, accolés à la qualification de terroriste qu'ils ne méritaient certainement pas d'un point de vue moral. Je précise d'emblée que, selon moi, leur arrestation en Syrie leur a évité la mort en Irak, et pas forcément une mort glorieuse. Comme la démonstration chiffrée en a été faite, les attentats en Irak ont tué beaucoup plus de civils chiites que de militaires américains.

Les protagonistes de ce dossier étaient inconnus. Ils sortaient de nulle part. Ils n'avaient de contact avec aucun réseau et leur départ en Syrie dans le but de rejoindre l'Irak n'avait donc pas été détecté par la DST. Sans le père de l'un d'entre eux qui donna l'alarme, nous n'aurions pas été avisés du départ de ces trois pieds nickelés pour la Syrie. Ce dut être bien difficile pour ce père de famille musulman, très certainement convaincu d'ailleurs que l'intervention américaine constituait une agression illégitime contre un peuple musulman, de dénoncer son propre fils à la justice française dans l'espoir de lui sauver la vie. Il ne fut pas le seul à devoir se résoudre à une telle extrémité et cela fait partie des tragédies intimes qui émaillent nos dossiers et qui sont l'apanage de ces drôles de guerre. L'une des caractéristiques du conflit en Irak fut cette facilité de rejoindre le terrain du Jihad par la Syrie. Les ressortissants des pays du Maghreb n'ont en effet pas besoin de visa pour se rendre en Syrie, et cela est bien entendu valable pour les personnes vivant en France et possédant la double nationalité. Il leur suffit de présenter leur passeport algérien, tunisien ou marocain à la douane. Cela est tout aussi vrai pour les ressortissants de ces pays vivant en France à titre de résident, sans être de nationalité française. Cette situation, qui n'avait rien d'anormal en soi, devint un paradoxe en pleine guerre d'Irak. Il était en effet, à titre d'exemple, plus facile pour ces personnes vivant en France de se rendre en Syrie plutôt qu'à Londres ! Nos trois jeunes de Tours, dont deux étaient à peine majeurs, ne seraient jamais partis en Syrie sans cette facilité bien tentante. Du reste, ils avaient initialement envisagé de se rendre en Afghanistan et en Tchétchénie, mais les formalités étaient trop compliquées. Il fallait notamment fournir un certificat d'hébergement alors que pour la Syrie l'adresse de n'importe quel hôtel suffisait. Ces quelques obstacles administratifs étaient aisément contournables pour un véritable réseau d'acheminement de jihadistes mais nos trois pieds nickelés n'étaient pris en charge par aucun réseau. Au cours de l'instruction, ce fut la constatation de l'absence totale de réseau qui permit d'ailleurs de remettre en liberté deux de nos trois mis en examen. À Tours, quelques-uns de leurs amis connaissaient leur projet mais leur aide se limita à un billet par-ci, une recommandation par-là, sans que l'on puisse parler d'un soutien logistique quelconque. Nous étions dans le degré zéro du terrorisme. Une fois à Damas, nos trois hommes n'eurent qu'à se procurer une carte routière et à se rendre à Aboukamal, ville proche de la frontière irakienne. De là, ils demandèrent à un chauffeur de taxi de les conduire jusqu'à la frontière. Mais les choses avaient changé. Nous n'étions plus en 2003, à l'époque où la Syrie laissait passer en Irak ceux qui le désiraient. Nos trois jeunes de Tours furent donc arrêtés par les services syriens alors qu'ils n'avaient parcouru que quelques mètres dans leur taxi. La Syrie ne nous les rendit que cinq semaines plus tard, après leur avoir posé toutes les questions utiles avec la courtoisie et la tendresse qui caractérisent les méthodes d'interrogatoire au Moyen-Orient. La garde à vue en France a dû leur sembler bien douce en comparaison.

À défaut d'avoir permis de démanteler un réseau inexistant en l'espèce, ce dossier aura eu le mérite d'enrichir notre réflexion et notre expérience.

Le premier enseignement que l'on peut en tirer est que l'intégration dans la société française (l'une des personnes poursuivies faisait même de hautes études) n'est pas un frein suffisant et que l'appartenance religieuse a eu plus de poids que « l'identité nationale », à supposer que ce terme soit adapté.

Le second enseignement est que nos jeunes jihadistes, s'ils n'ont bénéficié que d'une aide matérielle très limitée de leurs amis, ont eu un soutien au moins moral de leur part, dans la mesure où personne ne leur a tenu de discours propre à les dissuader de partir. Et pour cause, la décision de faire le Jihad en Irak était perçue comme étant parfaitement légitime par une grande partie de la communauté musulmane. Si peu de musulmans ont franchi le pas, bien peu ont condamné moralement l'attitude des frères prêts à mourir en combattant les troupes américaines. Dans les mosquées et sur les sites islamistes, les discours contre les États-Unis étaient au contraire d'une rare violence et, *a contrario*, la présentation de la « résistance islamique » était idéalisée. Dès la première année, l'Amérique avait perdu la bataille médiatique. Le renversement de tendance n'eut lieu que très progressivement. Non pas que l'image de l'Amérique dans ce conflit s'améliora d'une quelconque façon mais celle de la « résistance islamique » prit du plomb dans l'aile. Cependant, il y eut un temps de latence certain entre l'évolution de la situation en Irak et la modification corrélative de la présentation du conflit dans les mosquées et sur les sites Internet. En 2006, à l'époque où nos trois pieds nickelés décidèrent de « rejoindre la caravane », la situation est déjà devenue incompréhensible. Or ils avaient encore dans l'esprit l'image du conflit telle qu'elle leur était apparue au fil des vidéos trouvées sur Internet. Cette image, tout à fait dépassée, ne correspondait qu'à une vision romantique du Jihad bien éloignée de la réalité sur le terrain. Il y avait un gouffre entre le rêve de ces jeunes gens et l'image terrible d'Al-Zarkaoui égorgeant un otage ou l'image terrifiante de corps déchiquetés sur un marché en Irak.

Fondamentalisme religieux et terrorisme

Je suis revenu à Paris pour traiter des dossiers de terrorisme islamiste. C'est ce qui était prévu avec Jean-Louis Bruguière. Cela correspondait à mes goûts et à mes compétences. Je me souviens encore de la question de ma collègue Marie-Antoinette Houyvet, qui m'avait appelé à La Réunion pour savoir si j'avais pris ma décision : « Alors, tu choisis La Réunion ou le reste du monde ? »

Étant compétent en matière de terrorisme islamiste, ce que personne ne m'a contesté jusqu'à présent, je me garderai bien, en revanche, d'infliger au lecteur de longs développements sur des sujets dont je ne m'estime pas être suffisamment connaisseur, comme ETA ou la Corse. Nous avons à la section de très grands spécialistes de ces deux domaines. Je me vois mal disserter sur ETA avec Laurence Le Vert à trois bureaux de là, au risque d'aligner soit des banalités, soit des absurdités. De même, je n'oserais même pas survoler la Corse, bien qu'elle soit si jolie et que j'ai quelques souvenirs truculents de l'époque où, de permanence au parquet antiterroriste, je faisais de fréquents sauts de puce sur l'île de Beauté. Gilbert Thiel est fort heureusement toujours là. Il est la mémoire de la galerie sur le sujet, bien qu'il soit actuellement au pain sec (à défaut d'être à l'eau), étant donné qu'il a déplu, et que des collègues de la Galerie, au nom de la toute nouvelle théorie selon laquelle n'importe qui peut faire n'importe quoi, se retrouvent nommés en premier désigné dans des dossiers corses. Mais cela aussi n'aura qu'un temps car je ne vois pas pourquoi il faudrait se passer d'un collègue aussi compétent que Gilbert.

Pour ma part, ma spécialisation est clairement circonscrite au radicalisme islamiste. Pourtant, j'ai fort improprement choisi pour ce chapitre le titre de « Fondamentalisme religieux et terrorisme » et non celui d'« Islamisme et terrorisme ». Je l'ai fait à dessein. Bien que nous n'ayons en l'état à traiter que des dossiers de fondamentalisme islamiste, tout fondamentalisme religieux peut conduire à une forme ou une autre de terrorisme. Le fondamentalisme est de toute façon un terrorisme de la pensée et des comportements. Nous aurions pu nous trouver confrontés à des groupes terroristes porteurs d'une vue déviée et radicale du christianisme comme nous sommes aujourd'hui confrontés à des mouvements islamistes. Certains courants évangélistes aux USA présentent un profil inquiétant et puis, à mi-chemin entre la religion et la sectarisme, le terrorisme n'a jamais eu de mal à faire son entrée. Les exemples les plus topiques se trouvent bien sûr aux États-Unis où tout se déroule sur une échelle démesurée, le meilleur comme le pire. Jusqu'au 11 septembre 2001, l'attentat le plus meurtrier jamais commis aux USA l'avait été à Oklahoma. Le 19 avril 1995, Timothy Mc Veigh détruisit, avec un camion rempli de 2500 kilos de nitrate d'ammonium, de fertilisant agricole et de nitrométhane, un immeuble fédéral au beau milieu du centre ville d'Oklahoma. Cet attentat spectaculaire coûta la vie à 168 personnes et en blessa plus de 800 autres. Le terroriste n'avait eu aucune pitié. À l'heure de l'explosion, soit 9 heures du matin, le bâtiment était déjà plein, y compris la crèche et la garderie. Dix-neuf enfants périrent d'ailleurs dans l'explosion.

On pourrait dire aujourd'hui que cette attaque au camion piégé préfigurait les méthodes d'Al-Qaida. Mais ce n'était pas Al-Qaida. Le seul lien existant entre le terrorisme islamiste et Mc Veigh se trouvait dans le passé de ce dernier, vétéran de la guerre du Golfe, et dans l'extrémisme de ses convictions politico-religieuses. À moins de se plonger dans les 25 000 témoignages recueillis par le FBI au cours de son enquête, il est difficile d'avoir une vue précise des motivations de Mc Veigh et de son complice Terry Nichols. Néanmoins, le date de l'attentat était hautement symbolique. Elle correspondait à la fois au dénouement tragique du siège de Waco et au jour de l'exécution de Richard Wayne Snell pour assassinats. Richard Snell était un membre d'un groupe luttant pour la suprématie de la « vraie religion » et de la « race blanche » appelé le CSA (The Covenant, the Sword and the Arm of the Lord). Pour ceux qui ne savent pas ce qu'est le Covenant, je conseille la lecture des *Puritains d'Écosse* de Walter Scott, livre qui permet de se convaincre que le fanatisme religieux a connu de belles heures dans des pays parfaitement chrétiens. Richard Snell, qui n'avait certainement pas lu Walter Scott, avait été en revanche en relation avec Mc Veigh mais sans que des liens étroits soient démontrés par le FBI. S'il acheva sa carrière de terroriste par l'assassinat d'un prêteur sur gage qu'il soupçonnait d'être juif mais qui ne l'était pas, et d'un soldat noir de l'État d'Arkansas qu'il soupçonnait d'être noir et qui l'était vraiment, il avait été également poursuivi un temps pour la préparation d'un attentat à l'explosif contre le bâtiment visé par Mc Veigh. Il était donc difficile de ne pas faire la relation. Toutefois, c'est avec le siège de Waco que Mc Veigh admit lui-même une relation. Deux ans plus tôt, l'assaut donné au camp retranché du groupe religieux des Davidiens, à Waco (Texas), s'était terminé par un carnage. Ce groupe, issu d'une scission avec l'Église adventiste du septième jour, s'était trouvé dans le collimateur des autorités fédérales en raison, officiellement, de sa propension à s'entraîner à l'arme automatique au risque de déranger les voisins et de paraître un peu trop para-militaire, même au Texas. Comme de surcroît David Koresh, le chef religieux de ce petit groupe de vrais Américains, refusa de se rendre avant d'avoir terminé un commentaire des « Sept Sceaux de l'Apocalypse » qu'il était justement en train d'écrire, les choses tournèrent vraiment mal.

Quiconque connaît le degré d'humour que l'on peut attendre d'un policier américain en service quand on lui dit, *grosso modo*, que l'on a plus urgent à faire que d'obéir à ses ordres, aura une idée assez juste de ce qui advint. Non seulement Koresh ne put terminer, à notre grand regret à tous, un texte qui aurait certainement marqué une étape essentielle dans notre compréhension de la Bible, mais en plus il ne devait plus rien écrire par la suite. Malheureusement, il ne fut pas le seul à périr lors des assauts successifs. Plus de quatre-vingts personnes dont vingt enfants trouvèrent la mort. Deux ans plus tard, Mc Veigh se vengeait sur d'autres innocents. Ce premier exemple a le mérite de rappeler d'une part que les attentats de masse et à l'aveugle, s'ils sont l'apanage des fanatiques, ne sont pas sous licence exclusive des terroristes islamistes, d'autre part que ce sont toujours les innocents qui trinquent. Il serait aisé de multiplier les exemples de terrorisme puisant sa source d'inspiration dans l'expiration des autres sous couvert d'opinions religieuses poussées à l'extrême. La secte AUM, par exemple, composée pourtant de Japonais parfaitement imberbes, ne fit pas vraiment dans la dentelle en déversant du gaz sarin dans le métro de Tokyo, en 1995. Cette année 1995, terriblement marquante sur le front du terrorisme, fut aussi celle d'un activisme redoublé du côté des extrémistes juifs, qu'il s'agisse du massacre de trente musulmans au tombeau des Patriarches ou de l'assassinat du Premier ministre israélien lui-même. À un bien moindre niveau, les quelques actions criminelles commises par des individus et des groupes combattant le droit à l'avortement aux États-Unis ne semblent parfois pas loin de mériter la qualification terroriste. L'assassinat du docteur George Tiller au Kansas, à la fin de mai 2009, est un exemple récent de violence trouvant sa source dans l'extrémisme religieux. Ce médecin pratiquant l'avortement, abattu dans une église luthérienne, avait déjà été victime d'une tentative d'assassinat par arme à feu et sa clinique avait été fortement endommagée par un engin explosif. Ces actes criminels avaient une fonction manifestement terrorisante ou intimidante, non seulement pour la victime, mais aussi pour ses collègues praticiens de l'avortement.

En France, fort heureusement, nous n'avons jamais atteint un tel degré de violence dans l'expression de l'opinion, en soi parfaitement respectable, des adversaires du droit à l'avortement. Au milieu des années 1990, toutefois, nous avions vu revenir l'utilisation, par les groupes anti-avortement, de modes d'action illégaux pour imposer leur point de vue.

J'en ai gardé un souvenir très précis car, substitut à Nantes, j'ai eu droit à mon commando anti-IVG pendant l'une de mes permanences. Le 6 décembre 1994, au lieu d'aller faire les courses de Noël comme tout le monde, onze personnes s'étaient enchaînées entre elles par les chevilles et le cou à l'aide d'antivols de motocyclette en forme de U bloquant ainsi l'accès aux salles d'intervention et de consultation du centre d'IVG de l'hôpital Saint-Jacques de Nantes.

Un évêque à la retraite se trouvait parmi les onze membres du commando et comme des complices étaient partis en emportant les clés, les sapeurs-pompiers avaient mis plus de trois heures à découper les antivols en essayant de ne pas trop entailler le cou de nos futurs prévenus. Pendant ce temps, le service avait été entravé, lui aussi. Les jeunes femmes venues se faire avorter ce jour-là, qui, pour certaines, se trouvaient déjà en arrivant dans l'état d'esprit et la fragilité psychologique que l'on imagine en pareille circonstance, étaient reparties dans un état de détresse accentué. Je n'avais pas trouvé alors que ce genre de commando soit si non violent que cela et la détermination farouche de ses membres m'avait fait froid dans le dos. Il m'avait semblé que des dérives pouvaient aisément survenir. Le 23 février 1995, les onze prévenus comparaissaient à l'audience et j'avais été désigné par le procureur pour représenter l'accusation. Le collègue du parquet qui officiait habituellement à cette audience correctionnelle avait exercé son « droit de retrait », étant résolument lui-même contre l'avortement. L'audience ne s'était finalement pas trop mal déroulée pour se terminer vers 1 heure du matin. Il faut dire que j'avais décidé de la jouer à la britannique, avec flegme. L'idée générale est qu'il vaut mieux garder son calme quand on vous accuse, en qualité de membre du ministère public, de vous rendre complice d'un génocide.

Si, à la sortie de cette audience, j'étais donc inquiet et imaginais le pire pour l'avenir, la suite n'a pas confirmé mes craintes. La situation n'a pas dégénéré. J'aurai au moins appris que le pire n'est pas toujours certain.

Aujourd'hui, je reste convaincu que le pire n'est jamais sûr, même dans le domaine du fondamentalisme islamiste.

Toutefois, il existait une différence essentielle entre l'intégrisme des mouvements anti-IVG français et les groupes terroristes islamistes. Les uns, même sans respect pour les choix et libertés individuelles de ceux qui ne partagent pas leurs convictions, luttaient tout de même pour la vie ou ce qu'ils estimaient être la vie alors que les autres luttent pour la mort. C'est pourquoi je me garderai bien de qualifier de terroristes les membres de commandos anti-IVG. Ce n'est pas seulement parce que je préfère que ce livre soit brûlé par des islamistes plutôt que par des intégristes catholiques, ce qui serait vraiment le comble, mais c'est parce qu'il y a cette différence fondamentale, cet attrait malsain pour la mort qui caractérise nos jihadistes mais est totalement étranger à nos extrémistes catholiques.

Définition du terrorisme

D'un point de vue strictement judiciaire, les dossiers iraniens amènent nécessairement à se poser la question de la définition du terrorisme. Je ne vous donnerai évidemment pas mon point de vue sur les dossiers iraniens eux-mêmes puisqu'il faudra peut-être que je tranche la question de la qualification pénale applicable à ces dossiers. La question de la qualification terroriste ne se pose d'ailleurs pas que dans les dossiers iraniens. Dans l'héritage bruguèrien figurent plusieurs dossiers dans lesquels le problème se pose du caractère terroriste ou non des faits poursuivis. À une époque récente, ce débat s'est retrouvé sur la place publique avec des dossiers que je n'ai pas instruits, comme l'affaire de Tarnac. Beaucoup de personnes s'expriment sur le caractère terroriste ou non de tel ou tel groupe. Or le terrorisme est défini dans le Code pénal et c'est à cette définition que le juge doit s'attacher. Cependant, celle-ci est très large et permet des interprétations divergentes.

Dans le Code pénal, le terrorisme est défini comme étant une « entreprise individuelle ou collective ayant pour but de troubler gravement l'ordre public par l'intimidation ou la terreur ». Sans me lancer dans un cours de droit, il convient de souligner que tous les éléments constitutifs de l'infraction doivent être réunis. Il doit tout d'abord s'agir d'une « entreprise ». Le terme « entreprise » exclut toute improvisation. Une « entreprise » est la réunion de moyens humains et matériels au service d'un projet.

Certes, l'on peut soutenir ce projet terroriste tout seul puisque le texte mentionne la possibilité d'un entreprise « individuelle » même si la plupart du temps l'entreprise sera « collective » et se développera dans le cadre d'une association de malfaiteurs. Il n'en reste pas moins qu'un projet doit exister et que ce projet doit avoir « pour but de troubler gravement l'ordre public ». Toute action criminelle trouble l'ordre public. Quand un groupe de malfaiteurs fait sauter un distributeur automatique de billets, il trouble manifestement l'ordre public, mais ce n'est pas le but recherché. Dans la délinquance de droit commun, le trouble à l'ordre public est une conséquence de l'action criminelle et non son objectif. Le mobile pour lequel le terroriste veut troubler l'ordre public n'est pas précisé dans la loi. Il s'agit en effet du mobile de l'acte criminel et, en droit pénal, le mobile est théoriquement indifférent. En réalité, le mobile n'est pas indifférent en matière terroriste. Il permet de faire le partage entre les actions violentes, qui cherchent à atteindre un objectif catégoriel et ont pour cause un état de désespoir ou de ras-le-bol (des ouvriers qui menacent de faire sauter leur usine, des marins-pêcheurs qui provoquent des incendies, etc.) et les actes terroristes dont le mobile premier est politique : il s'agit de modifier la situation politique d'un pays ou d'une région, d'avoir une action sur une situation donnée. Dans les démocraties, les citoyens pourront changer cette situation par leur vote, en portant au pouvoir les représentants chargés d'appliquer une politique donnée. Le terrorisme sera confronté à la loi majoritaire, une façon pour la minorité de faire valoir tout de même son « point de vue » par la force.

C'est ainsi le cas de tous les mouvements autonomistes ou indépendantistes qui essayent d'obtenir par la violence ce qu'ils n'arrivent pas à obtenir par les urnes. La définition du terrorisme implique donc que le terroriste ne trouble pas l'ordre public juste pour le plaisir de le troubler ou en raison d'un mécontentement social conjoncturel. Il veut construire quelque chose d'autre à la place de ce qu'il détruit. Il veut l'indépendance, la liberté ou l'application de la charia, mais en tout cas il veut quelque chose : il a un projet de société qu'il veut imposer. S'il tue pour y parvenir, il tue précisément pour y parvenir et non par simple désespoir ou défoulement. C'est ainsi que l'on peut également différencier les actes des terroristes des « massacres gratuits » qui ensanglantent assez régulièrement notre actualité. Nous avons eu entre autres Safir, le tueur de Béziers, ou encore Richard Durn. L'Amérique ne compte plus ses « tueurs de masse », le record étant encore détenu par Cho Seung-Hui et ses 32 victimes dans une école américaine. Aucun de ces tueurs convulsifs n'était porteur d'un quelconque projet, à part celui de mourir en faisant parler d'eux. Ce sont des kamikazes qui ne revendiquent pas de mourir pour quelque chose, et en tout cas pas pour des idées. Il n'empêche qu'il faut, derrière chacun de ces actes, soigneusement évaluer l'aspect éventuellement terroriste. Parfois, ce n'est pas évident.

Aux États-Unis, le cas du commandant Nidal Malik Hasan, psychiatre militaire affecté à la base de Fort Hood (Texas), pose question. Le 5 novembre 2009, il a ouvert le feu sur ses collègues (13 morts et 42 blessés). Il était apparemment désespéré parce qu'il devait partir en Afghanistan, ce qui aurait créé un conflit intérieur insupportable entre son « moi militaire américain » et son « moi musulman ». Comme il avait eu des contacts avec un imam radical, la qualification terroriste ne semble pas absurde mais ne s'agit-il pas tout simplement d'un acte désespéré ? En France, il y a quelques années, un individu a mis des traverses sur la ligne TGV à hauteur de Chasse-sur-Rhône. Comme cette tentative n'était pas sans rappeler celle de Khelkal au même endroit lors de la campagne d'attentats de 1995, le caractère terroriste de cet acte semblait *a priori* probable. L'enquête ne l'établira cependant pas. Au contraire, l'expertise psychiatrique de l'intéressé conclura à son irresponsabilité pénale : on ne peut pas être terroriste et fou, même « fou de Dieu ». L'acte terroriste suppose en effet « une entreprise », un projet, et donc implique une action réfléchie.

Si cette action doit avoir pour but de « troubler l'ordre public », elle doit, précise le texte, vouloir la « troubler gravement ». C'est sur cet aspect de la définition du terrorisme que de nombreux débats se sont portés ces dernières années. La qualification terroriste jette en effet l'opprobre. Accuser quelqu'un de terrorisme revient à le montrer du doigt, à le désigner à l'opinion publique comme représentant un danger public. La tendance à utiliser « cette lapidation juridique » à des fins politiques peut donc être grande. La Justice a un rôle à jouer pour éviter des débordements sur ce point, pour limiter l'usage de la qualification terroriste aux actes les plus graves, pour que le mot ne soit pas galvaudé, pour que l'expression d'une opinion, même extrémiste, ne puisse pas demain être en soi considéré comme constituant un acte de terrorisme. Le contrôle de la qualification terroriste est donc essentiel et doit être assuré par un juge, d'autant que le fait de retenir la qualification terroriste a des conséquences procédurales importantes : si l'acte poursuivi est terroriste, alors les enquêteurs pourront utiliser une garde à vue d'une durée maximum de six jours, les juges d'instruction pourront ordonner des actes comme des sonorisations de véhicule ou d'appartement, les personnes interpellées ne verront un avocat qu'au bout de soixante-douze heures de garde à vue. Elles pourront être détenues provisoirement, c'est-à-dire avant leur jugement, plus longtemps qu'en droit commun (jusqu'à trois ans pour les délits terroristes et jusqu'à quatre ans pour les crimes terroristes). Comme le terme « troubler gravement l'ordre public » est particulièrement flou, la rigueur du juge est importante. Il va de soi que des tags indépendantistes ou même une manifestation suivie de dégâts matériels mineurs ne doivent pas être considérés comme étant des actes de terrorisme. Il n'est pas évident que des menaces très ponctuelles, non renouvelées, puissent constituer un « trouble grave » à l'ordre public. Les dégradations et destructions de biens publics, si elles ne présentent pas de danger pour les personnes et si elles ne sont pas d'une ampleur exceptionnelle, peuvent difficilement répondre au degré de gravité voulu par le législateur afin que toute expression même violente d'une opinion ne soit pas considérée *ipso facto* comme un acte de terrorisme.

L'acte terroriste implique que l'on cherche à troubler gravement l'ordre public par « l'intimidation ou la terreur ». Il faut donc terroriser ou, *a minima*, intimider. L'acte d'intimidation lui-même doit être suffisant pour que son auteur puisse raisonnablement espérer atteindre ainsi l'objectif poursuivi.

La définition légale française doit enfin être complétée par notre Déclaration des droits de l'homme de 1789. Juridiquement, tout d'abord, celle-ci est intégrée à ce que l'on appelle le bloc de constitutionnalité. C'est-à-dire qu'elle a une valeur constitutionnelle supérieure à la loi. Or notre Déclaration des droits et l'homme et du citoyen mentionne expressément en son article 2 le « droit de résistance à l'oppression ». Ce texte révolutionnaire impose aujourd'hui de s'efforcer à différencier le terrorisme de la résistance. Les Résistants français troublaient l'ordre public quand ils faisaient exploser un bâtiment abritant des officiers allemands ou lorsqu'ils éliminaient un collaborateur particulièrement diligent en pleine rue. La comparaison avec la Résistance française est souvent prise en exemple par des personnes poursuivies en France du chef d'accusation de terrorisme qui estiment pour leur part lutter contre une dictature dans leur pays et que la justice du Pays des droits de l'homme ne saurait leur reprocher d'appliquer leur « droit naturel de résistance à l'oppression ». Voici un problème que l'on élude la plupart du temps avec une pudeur hypocrite. Pourtant, ce problème existe non seulement d'un point de vue humain et moral mais aussi d'un point de vue juridique. La France a depuis de nombreuses années été une terre d'accueil pour des diasporas en tout genre ayant dû fuir pour de bonnes raisons leur pays. Assez souvent, ces diasporas se sont contentées d'établir en France des bases logistiques ou de rechercher des financements pour leur lutte armée en dehors de la métropole. Ce fut bien entendu le cas de l'ETA qui, sous Franco, bénéficiait en France d'une neutralité bienveillante. C'était logique et c'était conforme à nos principes.

Mais ETA continue ses activités alors que depuis longtemps l'Espagne est devenue une démocratie, alors qu'à de multiples reprises les Espagnols se sont exprimés dans les urnes. ETA a donc glissé très nettement de la résistance au terrorisme. La France a également abrité de nombreux Tamouls ayant fui le Sri Lanka. Nous avons traité récemment en France un dossier concernant le financement des tigres tamouls par un système d'extorsion de fonds dans la communauté tamoule. Qu'il s'agisse d'ailleurs d'extorsions de fonds ou de dons consentis librement par la diaspora tamoule ne change pas grand-chose au problème de la qualification terroriste dans la mesure où la Justice ne peut retenir l'infraction de financement du terrorisme qu'après avoir résolu la question suivante : les tigres tamouls sont-il un mouvement terroriste ou, au minimum, leur arrive-t-il de commettre des actes de terrorisme au Sri Lanka ? La difficulté est de taille pour la Justice. À la suite de décisions politiques, un opération est menée en France contre une organisation de soutien financier aux tigres tamouls. La France savait évidemment depuis longtemps à quoi s'en tenir concernant les activités des personnes interpellées, mais une évolution s'est fait jour. Sur un plan international, les tigres tamouls ont été inscrits sur la liste des organisations terroristes. Il s'agit là d'une décision purement politique qui ne s'impose pas à la Justice mais qui, néanmoins, signifie que la communauté internationale ou une partie d'entre elle, pour des raisons diverses, a décidé de mettre fin aux agissements de ce groupe. Bien loin des grandes stratégies politiques, qui peuvent ou non être parfaitement fondées, le juge, et le juge d'instruction en première ligne, se trouve dans une situation inhabituelle. Il va en effet devoir approfondir rapidement ses connaissances de l'histoire du pays concerné pour avoir une petite idée de la « légitimité » et des méthodes du groupe qu'on lui présente comme un groupe terroriste. Mais l'histoire des pays est bien compliquée.

En outre, il faut pouvoir obtenir des sources fiables, objectives, diversifiées. À partir du moment où la décision d'arrêter les activités de tel ou tel groupe a nécessairement été politique, il est évident que la procédure établie par les services spécialisés présentera ce groupe comme ayant une nature terroriste. Le ministère public, pour les mêmes raisons de soumission à un système hiérarchique, suivra le courant, le chemin tracé. Il fera interpeller et présenter devant des juges d'instruction les membres de ce groupe sous une qualification terroriste parce qu'il aura estimé (dans le meilleur des cas), accepté à contre-cœur (dans le pire des cas), de retenir la qualification terroriste.

Il va de soi que la problématique du choix de la qualification terroriste n'est pas nouvelle : elle se pose chaque fois qu'un groupe ou une organisation se présente comme étant voué à une lutte contre un État oppresseur. Les mouvements nationalistes utilisent évidemment cet argument mais avec un handicap majeur quand le système qu'ils combattent fonctionne de façon démocratique et que leur aspiration nationaliste a été rejetée par les urnes. La fonction du juge est beaucoup plus difficile quand aucun point de repère n'existe, qu'aucune donnée n'est disponible sur les aspirations ou le point de vue de la population.

Quel est le soutien du groupe concerné au sein de la population palestinienne, tamoule ou iranienne ? Que va pouvoir faire le juge ? Il instruit son dossier, recueille le plus d'éléments possible et devra dire, en fin de compte, si le groupe est terroriste ou non. Or cela peut revenir à devoir porter une appréciation sur un État étranger. Ce n'est en effet, dans certains cas, que si cet État peut être considéré comme un État oppresseur vis-à-vis du groupe poursuivi en France que le juge va estimer que ce groupe a utilisé son « droit naturel de résistance à l'oppression » et que la qualification terroriste doit donc être rejetée. N'est-ce pas trop demander à un juge français, assis derrière son bureau ? Il lui faudrait connaître parfaitement l'histoire du pays, les aspirations de son peuple et la situation actuelle, tout cela sans se fier particulièrement à une présentation officielle qui peut être trompeuse. Qui plus est, alors que nous travaillons en matière de terrorisme avec les pays concernés par les mêmes dossiers que les nôtres, nous ne pouvons *a priori* pas, confrontés à une situation d'opposition politique majeure entre le groupe poursuivi en France et le régime en place dans le pays en question, demander l'aide de celui-ci sous forme d'entraide pénale internationale. Ce pays sera trop heureux de nous fournir tous les éléments démontrant que le groupe factieux qu'il combat est un groupe terroriste qui utilise des méthodes inacceptables. Mais quelle valeur pourrions-nous accorder aux éléments fournis ? Il faut donc se passer de l'aide du pays en cause et ne pas construire son dossier avec des preuves toutes faites apportées, sans que nous puissions rien contrôler, par le pays dont le statut de victime ou au contraire d'oppresseur est soumis à discussion. Mais quelle responsabilité pour le juge ! Qualifier un régime d'oppresseur ou lui donner l'absolution et donc qualifier les opposants à ce régime de terroristes !

Aujourd'hui, mis à part quelques islamistes, personne ne veut être qualifié de terroriste. Dans le passé, cette appellation était au contraire revendiquée, cette méthode était assumée puisqu'elle était seule susceptible de renverser le régime établi. La terreur elle-même avait été théorisée par Robespierre. Elle était pour lui un outil indispensable et nos manuels scolaires s'en souviennent : « La Terreur n'est autre chose que la Justice, prompte, sévère, inflexible ; elle est donc une émanation de la vertu. » Les anarchistes en Russie, à la fin du XIXe siècle, revendiquaient également la méthode terroriste comme moyen d'action politique légitime face à l'oppression. L'appellation « terroriste », du fait des abus de ceux qui se réclamaient du terrorisme, est devenue avec le temps tellement péjorative que d'aucuns préfèrent être qualifiés de nationalistes, autonomistes, séparatistes, libérateurs, combattants, jihadistes.

Fort heureusement, quatre-vingt-quinze fois sur cent, nos clients nous facilitent la tâche car leurs méthodes, quelle que soit la légitimité de leur cause, se sont avérées par essence terroristes ou ont fini par le devenir. Cette qualification, quand aucun élément ne permet de déterminer si le groupe poursuivi est minoritaire, et veut imposer ses vues à la majorité par l'usage de la force, ou si le groupe représente des idées ou un combat auquel adhère majoritairement la population, peut également être retenue lorsque les méthodes employées sont elles-mêmes terroristes. Certes, la définition légale du terrorisme est muette sur ce point, mais elle découle d'un parallèle avec le droit de la guerre.

Lors de mon premier procès d'une cellule du GIA en qualité de membre du ministère public, un avocat avait souligné que le FIS avait gagné les élections et qu'un coup d'État militaire avait été à l'origine de la lutte armée qui s'en était suivie. Autrement dit, les divers groupes armés algériens ne faisaient qu'exercer leur droit de résistance à l'oppression. Les membres de ces groupes se présentaient d'ailleurs eux-mêmes comme des moudjahidin, c'est-à-dire des combattants. Ils s'estimaient en guerre contre le régime d'Alger. Tout ceci était historiquement exact. Il y a bien eu un coup d'État en Algérie qui a empêché le FIS de prendre le pouvoir. En revanche, en 2000, date de ce procès, il était déjà impossible de déterminer quel était le soutien dans la population des divers GIA. La référence au FIS était devenue inopérante dans la mesure où les années précédentes le GIA avait exécuté de nombreux dirigeants et militants du FIS, à commencer par l'imam Sahraoui, en juillet 1995, à Paris, juste avant le début de la campagne d'attentats.

S'il était donc impossible de connaître la positon du peuple algérien, il était en revanche possible de rappeler que les méthodes utilisées par le GIA étaient terroristes.

En quoi le fait de mener une guerre civile en Algérie légitimerait le fait de placer des bombes dans un métro à Paris ou même d'exécuter des civils en Algérie ? Comment peut-on s'arroger le droit de tuer à l'aveugle des innocents ? Si ceux qui commettent ces actes se qualifient eux-mêmes de combattants, s'ils estiment qu'ils sont en guerre, alors force est de constater que leurs actes sont des « crimes de guerre » au sens des conventions de Genève. En ce sens et dans ce cas précis, on peut dire que la qualification terroriste est utilisée à la place de celle de crime de guerre, quand la France estime pour sa part ne pas être en conflit. La fin ne justifie donc pas les moyens. Il reste cependant les 5 % d'affaires hors normes, celles qui concernent des groupes dont on ne connaît pas réellement la légitimité, qui combattent des régimes de prime abord « non exemplaires » en utilisant des moyens qui ne sont pas par essence terroristes.

REMERCIEMENTS

Un très grand merci à Stéphane Arteta qui a su épargner au lecteur ce qui n'intéressait que moi.

Merci également à ma greffière et à tous mes collègues magistrats, greffiers, greffières ainsi qu'aux enquêteurs qui participent à la lutte antiterroriste.

Merci enfin à ma femme et à mes enfants, grâce auxquels je suis un peu plus qu'un juge.

TABLE DES MATIÈRES

Pour l'éditeur, le principe est d'utiliser des papiers composés de fibres naturelles, renouvelables, recyclables et fabriquées à partir de bois issus de forêts qui adoptent un système d'aménagement durable.

En outre, l'éditeur attend de ses fournisseurs de papier qu'ils s'inscrivent dans une démarche de certification environnementale reconnue.

Cet ouvrage a été composé
par IGS-CP à l'Isle-d'Espagnac (16)

Impression réalisée par
CPI BRODARD ET TAUPIN
La Flèche
en février 2011

Imprimé en France
Dépôt légal : février 2011
N° d'édition : 01 – N° d'impression : 62465